THE
GENRAL ANNALS OF CONFUCIANISM IN
THE 20TH CENTURY
CHRONICLES

20世纪
儒学通志

庞朴 主编

纪 事 卷

浙江大学出版社 ZHEJIANG UNIVERSITY PRESS | 全国百佳图书出版单位

目　录

尚贤堂及《尚贤堂纪事》

尚贤堂是美国基督教长老会传教士李佳白（Gilbert Reid）等人于1897年2月在北京发起、设立的文化交流机构，英文名称是"The International Institute of China"（中国国际学会）。

1857年11月29日，李佳白出生于美国纽约一个牧师家庭。1882年，李佳白从纽约协和神学院毕业后受美国北长老会差派来华，在中国山东等地传教，由于提出以中国上层人士为传教对象的设想未获批准，于是在1894年脱离长老会，前往北京。同年，尚贤堂初创于北京，堂址设在城西，名为"中外友谊会"，旨在"召集中西善士，凡道德高深，学问渊博者"，"讲一切济世救人之法"，"使外人乐于与华人合作，挽救中国"。1897年2月，在美国驻华公使田贝、总税务司赫德以及英国驻华公使窦纳乐的支持下，尚贤堂在北京正式成立，李佳白自任会长，邀请当时在京的一批清朝官僚和士大夫充当会员。尚贤堂以"集中中西有道仁人，同讲振兴中国之理"，"扩充封建旧识和启迪基督新知"，"美化庸众，转移人心，使中外教民趋于和洽，趋于国际友善"为宗旨，以中国上层人士为工作对象，鼓吹"孔子加耶稣"，基督教与孔教"互相和合"、"互相辅助"，以防"社会之骚动兴起"。尚贤堂的成立，在国内得到了湖广总督张之洞、两江总督刘坤一、美国基督教长老会传教士丁韪良和中国招商轮船公司等的捐助，在国外得到了法、德、英、俄、美等国政府的赞助。1900年，尚贤堂在义和团运动中被焚毁。1903年，李佳白在巨商盛宣怀、银行家严筱舫等人捐助下，在上海法租界霞飞路购地14亩（今上海市卢湾区淮海中路358弄），重建尚贤堂。除举办新年茶会等各种中外社交活动外,尚贤堂还开设学堂、藏书楼和华品陈列所,并邀请宗教界人士聚集,进行演讲和探讨,宣扬宗教大联合的思想。尚贤堂的重建,得到了上海各国领事和外商的捐助,并与清朝官僚刘坤一、张之洞、盛宣怀等加强联络。1910 年,尚贤堂组成董事会,吕海寰任董事长,并以特别有限公司的名义在香港注册。尚贤堂创办了《尚贤堂晨鸡录》月刊,反对孙中山的革命主张,支持清政府的"预备立宪"。1912 年起尚贤堂扩大征集会员,"达到二十国人,十宗教"之多,还附设教务、商务、教育、妇女等联合会;打着"发明本教,研究他教"的旗号,邀请儒、佛、回、道教名人到堂演讲。第一次世界大战爆发后,由于极力反对中国参战,激怒了美国及协约国公使,经美国驻华公使要求,李佳白于1917 年被中国当局驱逐出境,尚贤堂关闭。1921 年,李佳白再度来华。1922 年,李佳白在北京恢复尚贤堂,致力于各种和平活动,并出版《国际公报》,组织"中外睦友会"、"中外教务联合会"等团体,但应者寥寥,受欢迎程度已经大为下降。1926 年,李佳白又将尚贤堂迁回上海。1927 年 9 月 30 日,李佳白在上海去世。尚贤堂由他的儿子李约翰勉强支撑到抗日战争前夕。

《尚贤堂晨鸡录》(The Institute Record)是尚贤堂主办的机关刊物,以彰显尚贤堂宗旨、宣传各教联合、扶助中国为目的,内容以宣传各种宗教、评论社会问题和国际时事政治为主,并介绍西方思想文化。1911 年 2 月,《尚贤堂晨鸡录》更名《尚贤堂纪事》,月刊,刊址在上海,李佳白任主编。该刊采用线装书形式,有光纸单面印刷。每年 1 期,每期 12 册,每册约 30 页。每次出约 1000 本,主要赠送给京内外各行政机关及司法、教育、宗教各界人士,本堂会员和各界友人。该刊共设本堂纪事、论著、丛钞、译辑四个栏目。本堂纪事登载尚贤堂的各项活动。论著栏目刊登宣扬和平的杂文。丛钞栏目议论办事得失,"涉猎古人名理粹言,眇旨闳典",按照中国经、史、子、集四部进行分类。译辑栏目精选中外人士对有关内政外交的议论。从第二期开始,不再设本堂纪事栏目,但保留内容。从第三期开始,增加了英文论说和女士会论说。从第五期第十二册开始,撤销了丛钞栏目,改设纪述栏目,将原来本堂纪事的内容归入其下,同时增加时政和论说文章的篇幅。该刊极力干预中国政治,辛亥革命前后,宣传社会改良,反对武装革命;支持袁世凯统一,反对洪宪帝制,同情护法斗争;提倡尊孔,反对定孔教为国教,主张"万教联合",触及社会变革和国际矛盾的敏感问题,提出所谓"中国自强"的种种主张,引起了社会各界的广泛注目。该刊还从维护美国在华权益出发,抨击英、法、俄、日侵略中国的行为,从中宣扬美国对华的基本国策,介绍美国的天赋人权说,宣传美国的资产阶级法治思想及美国的民主制度和两党政治,并呼吁改革经济和发展教育。1922年10月,出至第十三期第十册后,并入由李佳白主持的北京《国际公报》,至此,该刊停刊,前后共出154册,历时13年。

李佳白创办的尚贤堂,根据中国社会的特点,通过采用向中国上层社会传教的方式,来宣传各教联合,传播西方文化,积极参加中国的政治活动,影响社会各界对时局的认识,进而影响中国的政治进程,最终实现扶助中国的目的。尚贤堂的各项活动,在晚清到民国的一段时期里,引起社会的广泛关注。尚贤堂及其发展过程,折射出从晚清到民国时期中国社会的变迁。尚贤堂成立时,正是中国甲午战败后急于向西方寻找救国方案的时期,李佳白看到了中国社会的需要,并与其宗教传播联系起来。既尊重中国传统文化,又积极导入西方文化,竭力打通二者。尚贤堂的发展遭受挫折,李佳白反对参战致其声誉受到影响是一个原因,但更重要的是中国民族主义的兴起,代表西方势力的在华传教士成为众矢之的。20世纪20年代后,尚贤堂的境遇每况愈下,尽管李佳白苦心维持,但还是逐渐淡出了中国历史的舞台。从尚贤堂兴起及衰落的过程,可以窥见中西文化在清末民初的冲撞融合之一斑。

(法　帅)

孔 教 运 动

孔教运动是 19 世纪末由康有为发起的一场思想文化运动,20 世纪初期达到高潮。这场运动开始于戊戌变法之前,康有为试图通过儒学的宗教化来重塑儒学的权威,并将改造后的孔教作为变法的理论工具,以挽救民族国家于危亡。戊戌政变之后,孔教运动并没有随着运动的失败而消亡,相反,政治上渐入颓唐的康有为将全部精力都转入了思想文化领域,大力推进孔教运动。这一时期的孔教运动与辛亥革命相抵触,而与袁世凯的尊孔复古紧密相关,因此引起了陈独秀等知识分子的批判,并引发了一场彻底的反传统的新文化运动。孔教运动从戊戌变法之前开始,到新文化运动时结束,历时近 30 年,前后分为两个时期。由于所处的时代环境和任务截然不同,前后期的性质也不尽相同。

孔教运动是在近代中国孔子地位日渐式微的背景下出现的。19世纪后半期,西学对中国的冲击逐渐由器物技艺、制度层面波及思想文化层面,以儒学为中心的传统思想受到了极大的冲击,孔子的圣人地位也受到了前所未有的挑战。为了重塑以儒学为基础的传统价值观,重振儒学的声威,并为戊戌变法提供理论依据,康有为提出了"保教"的口号,在《保国会章程》中明确要求会员"卧薪尝胆,惩前毖后,以图保全国地、国民、国教","讲求保国、保种、保教之事,以为议论宗旨"①,积极筹建各种孔教组织,在全国范围内掀起了声势浩大的孔教运动。

康有为的孔教观形成于 19 世纪。在《性学篇》中,康有为就肯定了

---

① 　汤志钧编:《康有为政论集》,中华书局 1981 年版,第 233 页。

孔教的价值，对孔教进行了相应改造。1891—1898 年，在佛教、基督教及今文经公羊学派的影响下，康有为的孔教思想逐渐明确化、系统化。① 在晚清特殊的时代背景下，康有为借鉴西学对儒学进行了现代改造，西方的自由、平等、博爱观念以及进化论观点都被康有为拿来征用，并由此对传统的"三世说"进行了全新的阐释，将孔子改造为变法维新的先导。在《新学伪经考》和《孔子改制考》两文中，康有为借助进化论来重新诠释公羊学，对儒学进行了现代改造，认为孔子之道，其用在"与时进化"。由此，孔子便被塑造成变法维新的表率。为了适应形势的变化，康有为重新发掘了《易经》中的变易思想，使得孔子的形象焕然一新，孔子不再是僵化的、不知变通的圣人，而是一个与时俱进的改革家。

1895 年，康有为上书光绪皇帝，建议清政府大力扶持孔教"以塞异端，改乡落淫祠为孔子庙，令各善堂会馆独祀孔子，派教官游历于海外，施圣教于蛮貊"②。1898 年，康有为正式向清政府提出成立孔教会的建议，力陈振兴孔教的重大意义，并对孔教会的全国性和地方性的组织构成、组织方法、领导原则等提出了比较具体的意见。③ 轰轰烈烈的戊戌变法黯然落幕后，与之相伴随的孔教运动也陷入了低谷。但是，孔教运动并没有随着变法的失败而退出历史舞台，辛亥革命时期，康有为将其全部精力都投入到思想文化领域，再次掀起了声势浩大的孔教运动。

在康有为的积极运作和倡导下，孔教组织如上海的"孔教会"、济南的"孔道会"、北京的"孔社"、太原的"宗圣会"、扬州的"尊孔社"、青岛的"尊孔文社"等纷纷成立，而尤以康有为领导的孔教会影响最大、机构也最健全，是康氏制度化宗教思想的集中体现，展现了孔教最为完善的形式。④ 1912 年 10 月 7 日，孔子诞辰纪念日，陈焕章、麦梦华等人根据康有为的指示在上海创立了孔教会，由康有为出任会长，陈焕章为主任干事总揽会务。孔教会成立之后，从 1913 年 2 月到 1914 年 1 月，根据发行的 12 期《孔教会杂志》统计，孔教会已成立 140 多个支会联合部、支

① 范玉秋：《康有为孔教运动刍议》，《孔子研究》2003 年第 6 期。
② 汤志钧编：《康有为政论集》，中华书局 1981 年版，第 132 页。
③ 黄明同、吴钊熙：《康有为早期遗稿述评》，中山大学出版社 1988 年版，第 292 页。
④ 范玉秋：《康有为孔教运动刍议》，《孔子研究》2003 年第 6 期。

会、分会,除西部几省外,几乎遍及全国绝大部分省区和港澳地区以及日本东京、美国纽约等地。

与此同时,康有为加紧了神化孔子的步骤,以孔子为教主,以六经为圣经,以儒家的"忠孝仁爱"为信条,以尊孔之典礼为宗教仪式,全国遍设孔庙,接受全国俗世男女的顶礼膜拜。至此,儒学在形式上已经完全被宗教化、制度化。

1913年8月15日,孔教会代表陈焕章、严复、夏曾佑、梁启超、王式通等人向国会请愿,主张立孔教为国教,孔教运动达到高潮。《孔教会请愿书》指出:"唯立国之本,在乎道德,道德之准,定于宗教……故中国当奉孔教为国教有必然者。"并指出:"信教自由者,消极政策也;特立国教者,积极政策也,二者并行不悖,相资为用。"①请愿书公布之后,社会上引起了很大的反响,很快兴起了一股孔教热。9月3日,数千人参加了孔教会在国子监举行的"仲秋丁祭祀孔",其中有学界名流严复、梁启超等人,以及政界要人梁士诒、汤化龙、陈昭常等人。9月9日,副总统黎元洪致电国务院、参众两院及各省都督、民政长、议会,表示支持孔教会"奉孔教为国教"的主张。9月17日,教育部致电各省都督、民政长:"旧历八月二十七日为孔子生日,应定是日为圣节,令各学校放假一日,并在该校行礼。"②

《孔教会请愿书》在《孔教会杂志》、《时报》刊出之后,立即遭到了各方人士的强烈反对。正是在全国舆论强烈的反对声中,1913年10月13日,请愿书被宪法起草委员会否决,在立孔教为国教的议案表决中,出席者40人,只有8人赞成,孔教运动受挫。但袁世凯为复辟帝制,积极谋划尊孔复古,因此,孔教运动得到了袁世凯的大力支持,使得孔教运动在1913—1914年间仍旧得到了迅速发展。袁世凯先后颁布的"祀孔令"和"尊孔告令",以政府法令的形式在全国推广孔教。1916年,袁世凯因帝制失败忧愤而死,黎元洪继任大总统。9月20日,康有为在《时报》上公开发表《致总统总理书》,再次请求将孔教定为国教,写入宪法。1917年5月14日,宪法评议会再次否决孔教为国教的议案。7月

---

① 陈焕章:《孔教会请愿书》,《孔教会杂志》第1卷第6号。
② 《政府公报·公电》第499号,1913年9月24日。

1日,张勋复辟,拥戴废帝溥仪为皇帝,康有为积极响应,再次希望借助复辟帝制的机会恢复孔教至高无上的地位。但这次复辟仅仅持续了12天就宣告结束,孔教运动也受到了打击。1918年,康有为辞去孔教会会长职务后,孔教会作为孔教运动的组织逐渐瓦解,从此,孔教运动跌入低谷。

由康有为发起的孔教运动,萌芽于戊戌变法时期,兴起发展于民国初年,袁世凯复辟时一度达到高潮,张勋复辟失败后随之走向衰落。运动前期,康有为"托古改制",将孔子改造成为变法革新的表率,为戊戌变法服务,具有一定思想启蒙的作用。运动后期,康有为在变幻莫测的时代大潮中趋向保守,为了寻求政治的保证,孔教运动与两次复辟帝制紧密联系在一起,客观上成为复辟帝制的工具。

(张秀丽)

国粹派及《国粹学报》

　　国粹派是清末资产阶级革命派阵营中的一个派别,成员多是一些具有传统学术根柢的知识分子,主要代表人物有章太炎、邓实、刘师培、黄节、黄侃、马叙伦等。他们不仅主张从中国的历史与文化中汲取营养以宣传革命,而且强调在改革中国政治的同时立足于复兴中国固有文化。因而他们不仅是激烈的排满革命派,也是热衷于重新整理和研究传统学术的国学大家。

　　国粹主义思潮产生于 20 世纪初,是西方文化与中国传统文化发生碰撞的必然结果。在古今中西的文化冲突融合的过程中,如何重新界定传统文化的精华与糟粕,把保存、发扬传统文化的精华与吸收西方文化有机结合起来,建立有中国特色的近代民族文化,正是国粹派所急需解决的问题。

　　国粹派认为,"国粹"不是要人们去尊奉孔教,而是要去"爱惜我们汉种的历史",汉种的历史包括"语言文字"、"典章制度"、"人物事迹"。提倡国粹的目的,一是"激动种性,增进爱国的热肠",借国粹宣传革命排满,救亡图存;二是从古代"良意美法"中寻找克服和避免资本主义弊端的对策,反对"醉心欧化",提出独特的"中西文化观"。① 在国粹派看来,笼统地认为中国文化不如西方文化是不可取的,应该以客观的态度分析中西文化。当时的欧化派主张废弃中国语言文字以及中医学,国粹派进行了坚决的抵制。

---

　　① 章太炎:《东京留学生欢迎会演说辞》,载汤志钧编:《章太炎年谱长编》,中华书局 1979 年版,第 213 页。

20世纪初,"醉心欧化"的一部分人指出中国文字艰深,倡导废除汉语。国粹派坚决反对废弃中国文字,章太炎、邓实等人都撰文给予了批判。他们认为,语言文字是保国、保种的重要纽带,因此不可轻言废弃。当然他们也不否认中国文字有自身的缺点,章太炎并因此设计了一套汉语注音方案。

在西方自然科学的冲击下,中国传统中医也受到了挑战,一部分崇奉西医的人主张废弃中医,代之以西医。国粹派坚决反对废弃中医,《国粹学报》第29、30期上连载了沈经钟的《医科应用论》,认为中西医在根本上是相通的。章太炎也对这个问题给予了充分的关注,在仔细品评中西医短长之后,他摒除偏见,承认应该取长补短,中西医兼容。

《国粹学报》是国粹派进行国学研究和宣传国粹思想的重要机构——国学保存会的机关刊物。1905年初,国学保存会由邓实、刘师培等人在上海成立。同年2月23日,《国粹学报》正式发行。《国粹学报》由邓实任主编,章太炎、刘师培、陈去病、黄节、黄侃、田北湖、马叙伦、罗振玉等为主要撰稿人。该刊为月刊,每期约60页左右,售价3角。有光纸(后用连史纸)铅印,竖排、线装本。图版均用道林纸印刷;刊物版心上端署报名,中间署栏目名称及该栏页码,下端书口外署期数;发行前四年为32开本,后三年为25开本。《国粹学报》以"发明国学,保存国粹"为宗旨,用文言文撰写稿件。主要栏目前两年设社说、政篇、史篇、文篇、丛谈、撰录,第三年增设博物篇、学术篇。第四年第一号又设藏书志,第二号开地理篇,第五号设绍介遗书。第六年起栏目有较大更动,分通论、经篇、史篇、子篇、文篇、博物篇、美术篇、丛谈、撰录等。该刊连续刊行七年,至1911年9月12日,共出82期。

《国粹学报》停刊后,国粹学派的成员也多各自散去。国粹派在辛亥革命头几年,"以国粹激动种性"为号召,积极配合了同盟会所宣传的三民主义,抵制盲目西化倾向,在改变学术风气等方面起到了一定的积极作用。但由于不能处理继承与批判历史遗产的关系,一味地鼓吹发扬国粹,在客观上又配合了守旧派和君主立宪派的需要。辛亥革命后,国粹派在政治上渐入颓唐,逐渐蜕化为复古保守势力,起了阻碍革命的作用。

（张秀丽）

废除科举制

　　科举制是隋以后各封建王朝设科取士的制度。汉代就已有考试取士之法，但只是临时措施，并未形成定制。隋文帝废除九品中正制，于开皇七年(公元 587 年)设"志行修谨"、"清平干济"二科，改为考试取士。隋炀帝时置进士科，并以"试策"取士，标志着科举制正式诞生。唐代承袭隋制，考试科目分常科、制科及武举。常科有秀才、明经、进士等10 余门，制科则有 80 多种，武举分马射、步射、负重等。诸科之中，唯进士科为常设，最为重要。宋以后各朝科举制仅有进士科。唐宋进士科主要考试诗赋。宋神宗时，王安石改用经义。元、明、清均沿用其法。明、清两朝的经义以四书五经的文句为题，规定文章格式为八股文，解释必须依朱熹《四书集注》等书。科举制是一种通过考试来选拔官吏的制度，它的设立，相对于世袭、举荐、九品中正制等选拔人才的制度，无疑更为公平、公开、公正，为中国历代封建王朝选拔了大量德才兼备的人才，对中国的政治、社会、文化、教育等各方面产生了深远的影响。但同时，在科举制的影响之下，学子们从小就必须诵读四书五经，学习八股文，结果思想被禁锢，脱离社会实际，逐渐成为阻碍历史发展的因素。历史上许多有识之士都对科举制这一负面作用进行过抨击。

　　近代以来，尤其是鸦片战争之后，在西方现代文明的冲击和比照下，科举制的这种弊端和消极方面日渐显露。中国不断遭到西方列强的侵略，这迫使清政府不得不想办法图强自救，以改变与现代西方世界脱节的窘况，并开始改革以科举制为核心的教育制度。同时，随着西学的传播和洋务运动的发展，清代的科举制逐渐发生了一些改变。1888

年,清政府准设算学科取士,首次将自然科学纳入考试内容。1898年,加设经济特科,荐举经时济变之才。19世纪80年代后,随着列强的不断入侵,清政府的一败再败,废除科举制的呼声四起。康有为曾向光绪帝力陈科举之害:"今日之患,在吾民智不开……而民智不开之故,皆以八股试士为之。"[1]应康有为等建议,光绪帝几次下诏,废八股改试策论,亦不凭楷法取士。戊戌变法失败后,科举改革随之流产,慈禧下令所有考试悉照旧制。

1901年7月26日,为了缓和由义和团运动、八国联军入侵造成的国内矛盾,张之洞等上奏提出,改革政府选官考试内容,"设文武学堂",建立由小学、中学、大学构成的现代教育体系,并增设实用性学科,减少四书五经的比重,并逐年减少科举取士名额,以10年为期废除科举制。[2] 1901年9月,清政府实行"新政",包括科举改革。罢时文诗帖,改以经义、时务策问取士。1903年3月,袁世凯和张之洞再度上奏,强调要逐年递减科举名额的办法。同年,清政府颁布学生章程,对各级学堂毕业学生,可视情况授予贡生、举人、进士等身份,科举制日趋式微。《辛丑条约》的签订,使得科举制成为众矢之的。不管维新人士还是开明的政府官员,都主张废除科举。1905年,袁世凯等人再度上奏,指出目前国家形势,比以前更为紧急,如果不停止科举,那么士人的侥幸心理就不会改变。1905年9月,袁世凯、张之洞联名上奏立即停止科举,推广学堂。清政府为形势所迫,诏准袁世凯、张之洞所奏,下诏自1906年开始,"所有乡、会试一律停止,各省岁、科考试,亦即停止"[3],并令学务大臣迅速颁发各种教科书,严饬府厅州县于乡城各处遍设蒙小学堂。至此,在中国历史上延续了1300多年的科举制终被废除,同时也意味着延续了1000多年的以儒学为标准的选官制度走向了终结。

科举制的废除对中国社会发展产生了深远影响,它不仅使国家的政治基础开始向现代转型,而且还打开了现代教育发展的大门,此后新式学堂迅速遍及全国,到辛亥革命前,全国已有6万多所新式学堂,学生数将近200万。然而,废除科举制意味着清政府放弃了以儒家的价

---

① 《康有为自编年谱》光绪二十四年。
② 朱寿朋编:《光绪朝东华录》,中华书局1958年版,第4728页。
③ 《清德宗实录》。

值标准来选拔人才,使儒学失去了国家政权的制度依托,极大地减弱了儒家思想在社会各层面的影响;从长远来看,这使得国家丧失了维系儒家价值体系的正统地位的根本手段,导致了中国文化传统的一次重大断裂。

（法　帅）

章氏国学讲习会

　　章太炎，清末民初革命家、思想家，国学大师。早年积极从事革命，被誉为有学问的革命家。后期传播、讲授国学，是国学保存会和国粹派的精神领袖。1906 年，章太炎发表《东京留学生欢迎会演说辞》，提出唤起民众觉醒需要注意的两件大事：一是"用宗教发起信心"，二是"用国粹激动种性"。为此他一生有过四次国学讲习活动。

　　第一次讲学是 1906—1909 年在东京的国学讲习会。1906 年，章太炎出狱东渡，鼓吹反满革命，又注重研究国学、发扬国粹。是年 9 月，留日青年成立国学讲习会，公认章太炎为"国学界之泰斗"，请其讲授国学。在《国学讲习会》序中，章太炎对为什么讲习国学做了解释，并将民族语言、民族文化、民族共同心理等提到了关系民族危亡的重要位置。国学讲习会分预科、本科。预科讲文法、作文、历史，本科讲文史学、制度学、宋明理学、内典学。章太炎亲临讲席，《论语言文字之学》、《论文学》、《论诸子学》便是他的三篇演讲词，这三篇演讲词对封建统治思想作了无情的批判。

　　章太炎在东京寓次和大成学校讲授小学和历史，中国的留学生中师范班、法政班占多数，日本人也有旁听者，先后达百数十人。1908—1909 年，章太炎除了在民报社主讲《说文》之外，还特意应龚未生等人之请成立了一个国学讲习的小班，在留学生中很有影响。许季茀、钱家治、周作人、周树人、龚未生、钱夏（后改名玄同）、朱希祖、朱宗莱等先后前去听讲。①

国学讲习会开办不久,章太炎又创办了国学振起社,担任社长并亲自编辑、发行《国学振起社讲义》。章太炎指出,国学振起社是为发扬国光而设,内容分为诸子学、文史学、制度学、内典学、宋明理学、中国历史等六种。1906—1908 年间,章太炎一边主持《民报》,撰写了大批战斗性的政论,一边利用空余时间,从事文字、音韵、伦理、逻辑、文学、史学等方面的研究。《民报》被封禁以后,章太炎便开始专心讲学,陆续撰成了《小学答问》、《新方言》、《文始》、《国故论衡》、《齐物论释》等一批专著。

第二次讲学是在 1913—1916 年章太炎被袁世凯羁滞在京期间,借"讲学之事,聊以解忧"。这次国学讲习会,听讲者达 100 多人,大部分是北京各大学的教员。此时,袁世凯雇佣了一批"御用"文人,组织孔教会,以"孔教"为国教,为其称帝作舆论准备。章太炎对孔教会严加谴责,并在钱粮胡同章氏国学讲习会门前张贴告示,指出凡参加孔教会者,不得入内听讲,鲜明地表明了其态度。

在此次讲学中,章太炎讲述内典精义,由弟子吴承仕记录成《菿汉微言》,稍加润色,即以自己的名义编入手定的《章氏丛书》中。黄侃弟子金毓黻亦参加听讲,写成《听讲日记》手稿。章太炎第四次(1933 年)在苏州办国学讲习会时,邀请吴承仕讲《三礼》,金毓黻讲《中国史学史》。吴承仕当时已加入中国共产党,无法分身,因此学会所设《三礼》讲席,一直虚待,始终没有开课;金毓黻则按时来苏讲授《中国史学史》。②

第三次讲学是 1922 年夏天章太炎在上海时,应江苏省教育会的邀请,在上海主讲国学。与前两次不同的是,这次是系列演讲,前后共十讲,并有《申报》与之配合,规模影响超过以往。首次开讲在1922 年 4 月 1 日,讲"国学大概",听讲者有三四百人。第二讲 4 月 8日,续讲前题,听讲者也有约四百人。第三讲 4 月 15 日,讲"治国学的方法"。第四讲 4 月 22 日,讲"国学之派别"。第五讲 4 月 29 日,

① 周作人:《民报社听讲》,载陈平原、杜玲玲编:《追忆章太炎》(增订本),生活·读书·新知三联书店 2009 年版,第 264 页。

② 沈延国:《章太炎先生在苏州》,载陈平原、杜玲玲编:《追忆章太炎》(增订本)。

讲"经学之派别"。第六讲 5 月 6 日,讲"哲学之派别"。第七讲 5 月 13 日,续讲"哲学之派别"。第八讲 5 月 27 日,讲"文学之派别"。第九讲 6 月 10 日,续讲"文学之派别"。第十讲 6 月 17 日,讲"国学之进步"。此次讲学持续一个半月,每次演讲上海《申报》都作报道,并刊载记者写的内容摘要。曹聚仁整理的章太炎《国学概论》一书,就是此次系列演讲的记录。另外还有张冥飞整理的《章太炎先生国学讲演集》,是另一个听讲版本。

在章太炎演讲之前,1922 年 3 月 29 日的《申报》特地刊出《省教育会通告》,对国学讲演的缘由作了说明,其中指出:"自欧风东渐,竞尚西学,研究国学者日稀"、"同人深惧国学之衰微,又念国学之根柢最深者,无如章太炎先生,爰特敦请先生莅会,主讲国学"。由此可见,"深惧国学之衰微"是章太炎此次演讲的目的所在。然而,这次讲学除传授国学之外,章太炎还时不时讲几句"反赤"的话,为此遭到了《醒世周报》、《向导》等刊物的批评。

第四次讲学是 1933 年章太炎移家苏州,先是在李根源等成立的国学会讲课,但后来感到自己的讲学旨趣与国学会的要求不太一致,便着手创办"章氏国学讲习会",其宗旨是"研究固有文化,造就国学人才"。

当时国民政府派章太炎的老友张继、丁维汾到苏州省视,希望能请他到南京讲学;广东粤海书院派副院长前去邀请,希望他能南下讲学于粤;北平的门人钱玄同、吴承仕等则恭迎他北上。但当时章太炎的身体已经逐渐孱弱,所以谢绝各方面的聘请,留在苏州静养。后来,章太炎得到国民政府资助的 1 万元支票,正踌躇不知如何处置时,章夫人建议以"取诸政府、还诸大众"的方法,把这笔钱用来开设"章氏国学讲习会"和"制言半月刊社",并充作讲学会的助学金。章太炎也以为这个办法甚好,随即在苏州、上海的各报上登载广告①,并发布《简章》②。布告发出以后,海内外纷纷发来贺电,并询问上课日期和征订讲义诸事。

《制言》杂志列了一个任课讲师的名单,有朱希祖、汪东、孙世扬、

---

① 汤国梨:《太炎先生轶事简述》,载陈平原、杜玲玲编:《追忆章太炎》(增订本)。

② 沈延国:《章太炎先生在苏州》,载陈平原、杜玲玲编:《追忆章太炎》(增订本)。

诸祖耿、王謇、王乘六、潘承弼、王牛、汪柏年、马宗芗、王绍兰、马宗霍、沈延国、金毓黻、潘重规、黄焯等 20 多人，多数都为章氏门人。并且请章太炎的老友王小徐、蒋竹庄等人进行了特别演讲，会务由章夫人、孙世扬总其事。每逢周二由章太炎主讲，系统讲述文学、经学、子学、史学。

讲学前，虽然校舍还处于紧张施工当中，但学子皆期望能早日聆讲。于是四月起，先办章氏星期讲演会，出版星期讲演记录，由王謇、吴契宁等记录，后又由他人记录。除星期讲演会以外，还组织读书会，集弟子于一室，逐章逐句，扎扎实实通读全书。

由于讲学无固定地址，听讲者大多也不固定。不少人以章太炎先生有大学问之名而来。据学会统计，学员中年龄最高的为 73 岁，最小的为 18 岁。以大学专科学生占大多数，也有担任大学讲师、中学国文教师的，学员籍贯遍布 19 省。住宿于学会里的有 100 多人，原有房屋无法容纳，便在屋后购地 10 余亩，建筑房屋以供讲习所之用。

1935 年 9 月，新学舍落成，正式开学。章太炎讲述通论之部，即印行各《略说》记录本。由于大部分听讲者程度较高，章太炎又博引古今，断以卓见，所以对那些高中毕业或相当高中程度、有志钻研的人来说却不易入门。章太炎在拟定简章时，已有见及此。为更好培育青年学子，后来学会在苏州侍其巷十八号双树草堂内增设预备班，收高中程度学员 50 名，学习一年，均寄宿班内，进行基础训练。由章夫人任班主任，沈延国任教务主任、王乘六任训育主任、徐复任总务主任，三人也住班内。讲师有孙世扬、诸祖耿、汤炳正、金德建等。学员来自江苏、浙江、江西、云南等 17 省。抗战起，就介绍学员至峨眉山马一浮先生复性书院深造。

1936 年章太炎逝世后，章氏国学讲习会继续办理，推马相伯为董事长、章夫人为理事长，授学不辍。日军侵入，苏州沦陷，学会移至上海，会址设在上海河南路五洲大楼。学会下设太炎文学院并附属中学，《制言》改为月刊，继续编印。1941 年，太平洋战争爆发，讲习会遂停办，《制言》亦停刊。①

---

① 沈延国：《记章太炎先生若干事》，载陈平原、杜玲玲编：《追忆章太炎》（增订本）。

　　章太炎一生四次开办国学讲习会,桃李众多,冠绝一时,众多弟子及再传弟子共同支撑了中国古典学术由传统到现代的转变与传承,于中华学术实为功德无量。

　　　　　　　　　　　　　　　　　　　　　（张秀丽）

废 止 读 经

民国元年（1912年）1月19日，中华民国临时政府教育部颁布了《普通教育暂行办法》，对旧教育进行改造，其中规定："小学读经科一律废止"，代之以修身、国文和历史等，而有关儒家经典的内容也只是众多课程中的一部分。5月，教育部又颁发了第二道法令，"废止师范、中、小学读经科"。同时，时任教育总长的蔡元培在全国第一届教育会议上提出了"各级学校不应祭孔"的议案。三个连续动作，标志着中国长久以来的读经制度正式废除。

临时政府教育部颁布的第一个教育法令《普通教育暂行办法》的具体内容有：初等小学实行男女同校，小学读经科一律废止，各种教科书务合于共和国教育之宗旨。根据教育部公布的《小学校令》第三章规定，初等小学校所教科目为修身、国文、算术、图画、唱歌、体操等。如遇特殊情况可暂缺手工、图画、唱歌一科或数科。高等小学校所教科目为修身、国文、算术、中国历史、地理、手工、图画、唱歌、体操；男子加授农业，女子加授缝纫。各地根据实际情况，农业可以暂缺。为了加强国民军事教育，体育注重兵式操，春秋两季以运动会形式举行操练。同时规定：学堂改为学校，堂长改称校长，停止使用旧课本。废除县劝学所，设立县学务局。

废止读经教育法令的颁布，是民国政府对清末"忠君"、"尊孔"教育宗旨的彻底否定。蔡元培于1912年2月发表《对于新教育之意见》一文，率先对民国教育方针从理论上进行了整体构想，指出"忠君与共和政体不合，尊孔与信教自由相违"。此外，他还从中国教育的实际情况出发,参考欧美各国的教育经验,提出了军国民教育、实利教育、公民道德教育、世界观教育和美感教育等"五育并举"的教育方针。同年 7 月,全国临时教育会议召开,确立了新的教育宗旨:"注重道德教育,以实利教育、军国民教育辅之,更以美感教育完成其道德。"同时提出废止读经,代之以"五育并举",体现了民国政府新的教育方针。

废除读经法令曾引起舆论的激烈争论,并在实施过程中遭到抵制,各地私塾或私立小学多未执行。如上海"为开明之地,各小学校读经者固类多废止,而各私塾则仍多抱持不废"①。广州"市区各学塾遵令废止,呈报到司者已居多数,而照旧读经未能一律废止者亦尚有人"。教育当局于是再下通令:"值兹改良私塾,调查伊始,合亟重申告谕,市区废止私塾务须遵照部令,废止读经,并依司订改良办法,酌量仿照小学课程教授……如仍有课读经书,不谙教授,或阳奉阴违,希图取巧者,一经调查投告到司,查核无异,不论该塾设备如何,生徒多寡,当即严加惩诫,并函请警厅行区勒令解散,以为违背部令误人子弟者戒。"这一规定引起"各小学校之反对者甚多",有人斥责当局"援照秦始皇偶语诗书者弃市之条,抑或量从末减",甚至还写了"驳正教育部废止读经浅说"。②小学读经因袭的是儒家教育旧制,虽然能够学到立身处世的道理,但是经过千余年的发展,已经成为禁锢人们思想的教条,尤其是在近代欧风美雨侵袭之下,对于儿童的智力成长弊多利少。但顽固守旧之人"误会废止读经之条文,以为圣经贤传,万无可废,硁硁然有抱残守缺之思。儿童父兄以此相要,顽固塾师以此相市"③。他们认为经书包含治国人伦之道,综合了古代圣贤的精华,没有废止的道理。有的人则支持废止读经,认为"四书六经之菁华在意蕴不在句读,四千年来奉孔教为一尊,默守死读,遗其精华而占其糟粕,所以误我神州学子者匪浅鲜也",只要把儒家"有裨于世道人心者列入中学之国学教科书"就可以了。

1912 年 2 月 15 日,袁世凯就任中华民国临时大总统,为了巩固自己的统治和为复辟帝制做准备,很快就同社会上的守旧势力结合起来,极力提倡尊孔读经。同年 9 月 20 日,袁世凯发布《崇孔伦常文》,强调

---

① 《杂评三》,《申报》,1913 年 5 月 18 日。
② 《粤教育界争废止读经问题》,《申报》,1913 年 5 月 18 日。
③ 《粤教育界争废止读经问题》,《申报》,1913 年 5 月 18 日。

"中华立国,以孝、悌、忠、信、礼、义、廉、耻为人道之大经。政体虽更,民彝无改"。1913 年 6 月 22 日,袁世凯又颁布《尊崇孔圣令》,认为:"国家强弱存亡所系,惟此礼义廉耻之防","天生孔子为万世师表",孔子的学说"放之四海而准者",有如"日月之无伤,江河之不废"。因此,要求各省"根据古义,将祀孔典礼,折衷至当,详细规定,以表尊崇,而垂久远"。① 同年 7 月,袁世凯政府内阁向国会宣布的《大政方针宣言》中说道:"我国二千年之社会,以孔子教义为结合之中心,论者或疑国体改变为共和,即孔道亦无庸尊尚,是非唯不知孔子,抑不知共和也。故政府所主张,一面既尊重人民信教之自由,一面仍当以孔教为风化之本。"② 10 月,国会宪法起草委员会起草宪法时,将"国民教育,以孔子之道为修身大本"写入宪法,指出:"民国肇始,帝制告终,求所以巩固国体者,惟阐发孔子大同学说,可使共和真理深入人心。升平太平进而益上,此为世界学者所公认。有疑孔子学说不合民主国体者,实囿于专制时代。凡所习闻,不外尊君权,误以小康学说,该圣道之全体,因而生惑。"③ 由此可见,袁世凯政府把尊崇儒家思想作为巩固统治和提高国民道德的有效途径。袁世凯政府将孔子思想视为传统道德的代表,认为"孔学撷道德之精,立人伦之极,渊泉溥博,沾被无垠,高山景行,向往弥笃"④,并宣称:"共和国家首重道德,孔子集群圣之大成,为生民所未有,其道德为世师表,其学说亦与世推移,故春秋大一统,讥世卿,未几而秦汉混一,开布衣卿相之局,礼运尚大同公天下,迄今日而中华民国遂定民主共和之局。"⑤还指出:"中国数千年来,立国根本在于道德。凡国家政治、家庭伦纪、社会风俗,无一非先圣学说,发皇流衍。是以国有治乱,运有隆污。惟此孔子之道,亘古常新,与天无极。"⑥因此,在短短的一年多时间里,袁世凯政府的教育总长汤化龙下发号令,否定蔡元培任教育总长时提出的国民教育理念,并指出:"国民教育首当注重国民道德,

---

① 袁世凯:《临时大总统令》,《政府公报》第 406 号,1913 年 6 月 22 日。
② 上海经世文社编辑:《民国经世文编》(第 2 卷),北京图书馆出版社 2006 年版。
③ 《大总统致孔社祝词》,《孔社杂志·录要》第 1 期,1913 年 12 月。
④ 袁世凯:《大总统令》,《政府公报》第 563 号,1913 年 11 月 27 日。
⑤ 《教育部致各省都督民政长等电》,《政府公报·公电》第 499 号,1913 年 9 月 24 日。
⑥ 袁世凯:《大总统令》,《政府公报》第 860 号,1914 年 9 月 26 日。

国民道德之养成,端赖有本国模范人物树之表而立之准。我国之有孔子,固数千年来所奉为师表,国性之永存,国维之弗坠胥在乎是。本部拟于中小学修身及国文教科书中采取经训,务以孔子之言为旨归。"①至此,废止的读经又恢复了。

袁世凯政府不仅恢复读经,而且采取了一系列尊孔祭孔行动,以此进一步抬高孔子在国民心目中的地位。1912 年 9 月 13 日,教育部通令各省,10 月 7 日为孔子诞辰,全国各校届时均举行纪念会。1913 年 9 月 17 日,教育部规定旧历八月二十七孔子生日为圣节,令各学校放假一日,并在该校行礼。同年 11 月 26 日,政府下令厘定尊孔典礼,并接见衍圣公孔令贻,授予一等嘉禾章。1914 年 1 月 29 日,政府会议议决在全国祭孔,沿用清朝祭孔礼仪。同年 2 月 7 日,袁世凯通令各省崇祀孔子,以春秋两丁(即阴历二月、八月上旬之丁日)行祀孔礼,20 日公布《崇圣典例》,并通令全国以祭天之礼为通祭,各省每年冬至行祀天礼。同年 9 月 25 日发布的《大总统亲临祀孔典礼令》指出:"近自国体变更,无识之徒,误解平等自由,逾越范围,荡然无守,纲纪沦弃,人欲横流,几成为土匪禽兽之国","本大总统躬膺重任,早作夜思,以为政体虽取革新,而礼俗要当保守"。因此,告令宣布全面恢复清朝祀孔礼制,规定每年旧历仲秋上下,举行祀孔典礼;京师由大总统致祭,各省地方文庙,由各省长官主祭。② 9 月 28 日,袁世凯率各部总长并文武官吏,在北京孔庙举行"秋丁祀孔"礼。袁世凯政府的尊孔主张及其行动,极大地鼓舞了一些尊孔人物的尊孔热情。于是,在北洋政府的初期,全国上下形成了尊孔浪潮。孔学社团遍地开花,宣传儒学主张的刊物纷纷出现。随着袁世凯复辟帝制活动进入高潮,教育部于 1915 年 7 月公布的《国民学校令》中便正式加入了"读经"的科目,直至 1916 年袁世凯的复辟活动失败,才被删去。

虽然袁世凯复辟帝制失败,但尊孔读经的潮流却并未随之终结,随着五四新文化运动的兴起,废止读经与反孔反传统的风潮又掀起巨澜。新文化运动旗帜鲜明地提出了"打倒孔家店"的口号,陈独秀、胡适、鲁

---

① 《政府公报》第 769 号,1914 年 6 月 27 日。

② 《政府公报》第 860 号,1914 年 9 月 26 日。

迅等新文化运动的旗手,大量撰文对当时尊孔读经的潮流进行了猛烈批驳,孔子及儒学被打倒在地,废止读经取得了最终的胜利。

废止读经,是中国近代以来在西方文明的极大冲击下,在寻求国家现代化的过程中,对旧的教育体制的一次重大突破,是中国教育现代化的一次重大尝试。封建时代的教育主要以忠君尊孔为宗旨,以此来维护封建专制统治。这是一套迂腐的教育内容和方法,不利于造就经世致用的人才。但到了民国时期,在共和政治下,再继续推行尊孔读经明显与时代不相符合,废止读经可以说是时代进步的必然要求。儒家的经典一贯受到官方的保护,神圣不可侵犯,废止读经必然伴随着一场激烈的斗争。而反对废止读经的行为,则是封建顽固派对其时代所作的最后的努力。

（法　帅）

孔 教 会

　　孔教会是康有为在 1912 年 10 月 7 日孔子诞辰纪念日授意陈焕章等人在上海成立的一个尊孔复古团体。

　　1912 年 10 月 7 日，康有为授意其学生陈焕章等在上海的山东会馆成立孔教会。成立的动因是"目击时艰，忧从中来，惧大教之将亡，而中国之不保也"，因而要"挽救人心，维持国教，大昌孔子之教，聿昭中国之光"。[①] 其精神领袖康有为为之作会序："今欲存中国，先救人心，善风俗，拘彼行，放淫辞，存道揆法守者，舍孔教未由已。"[②]孔教会简章宣称，该会以昌明孔教，救济社会为宗旨，凡诚心信奉孔教之人，无论何教、何种、何国，皆可入会。章程规定，在国内各县市设支分会，每年开全国大会一次，同时每月朔望各开常会一次。会务方面，分讲习、推行两部。讲习部分经学、理学、政学与文学四类；推行部分敷教、养正、执礼、济众四类，其功能分别是讲道化民、拜圣谈经、考礼正俗、仁民爱物。从其宗旨看，该会明确把孔教当作救治社会、普度众生的圭臬。

　　1912 年 11 月，孔教会在上海设立总会事务所，后经袁世凯政府批准，在全国各地设立分会。1913 年 2 月，发行《孔教会杂志》作为机关刊物。3 月 17 日，在上海举行丁祭，总支会全体成员恭谒圣庙，行三跪九叩礼。9 月 3 日，在北京国子监举行"仲秋丁祀孔"。袁世凯特派梁士诒为代表前往"献香"。9 月 24 日至 29 日，在山东曲阜召开第一次

---

　　① 陈焕章：《孔教会序》，《孔教会杂志》第 1 卷第 1 号。
　　② 汤志钧编：《康有为政论集》，中华书局 1981 年版，第 740 页。

全国孔教大会,举行大规模祭孔活动。11 月,推康有为任总会会长、张勋任名誉会长、陈焕章为主任干事,总会迁至北京。其主要成员是清王朝遗老遗少,以及一些鼓吹在中国实行帝制的外国人,如美国的李佳白、日本的有贺长雄、英国的庄士敦、德国的卫礼贤等。

孔教会成立后,便千方百计发展组织,扩大影响,至 1914 年初,已有支会联合部、支会、分会 140 余个,遍及除西部数省以外的绝大部分省区和港澳地区,以及纽约、东京等地。在积极宣传、扩大影响的同时,对孔教礼仪也很重视。一方面,极力恢复原有的祭孔、孔诞日庆祝等活动;另一方面,则仿照基督教等其他宗教,增加了阙里大会、来复日礼拜讲经等新的内容。

1913 年 6 月 22 日,袁世凯政府发布《尊崇孔圣令》,极力提高孔子的地位。1914 年,又发布《大总统亲临祀孔典礼令》,规定春秋两丁祀孔,京师由大总统主祭,各地文庙由地方长官主祭。1915 年 2 月,又通令全国学校恢复"尊孔读经",强调"国民教育,以孔子之道为修身之本"。一时之间全国上下尊孔之风大盛。

定孔教为国教是孔教会的多年愿望,康有为在戊戌变法时就曾上书光绪皇帝请立孔教为国教。1913 年 8 月 15 日,陈焕章、严复、梁启超等人,以孔教会的名义向参、众两院递交请愿书,请定孔教为国教,各地尊孔组织及各界人士也纷纷上书,以为声援。但是宪法委员会经过反复争论,最终还是否决了"定国教"的议案。

1916 年 8 月,第一届国会复会,康有为、陈焕章再次向国会提出定孔教为国教的意见书,并于 11 月 12 日召集参、众两院中支持定孔教为国教的 100 多名议员,组成"国教维持会",大力活动。1917 年 3 月 4 日,孔教会又联合各省的尊孔组织,在上海成立"全国公民尊孔联合会",推张勋、康有为为名誉会长,作为争定国教的团体,大造声势,但是,即便如此,定孔教为国教的议案始终未能在国会通过。

1917 年,张勋拥溥仪复辟前后,孔教会更是活跃一时,改《北京时报》为《经世报》,作为机关报。五四运动期间,孔教会受到进步人士的猛烈抨击。1920 年后制定《孔教会教规》,曾募捐筹建北京孔教大学。孔教会先后投靠皖系军阀段祺瑞,直系军阀曹锟、吴佩孚及国民政府等。1937 年 9 月,曲阜的孔教总会被国民党政府改名为"孔学总会",

成为文化团体,但海外仍有孔教会的活动。

　　孔教会在民国前期的社会上一度颇具影响力。孔教会本是康有为实现当年政治抱负的一种手段,所以,成立后就介入到复杂的政治纠纷中,其兴衰也与时局的影响有极大的关系。

(法　帅)

《 不 忍 》

  《不忍》杂志,月刊,康有为主办。1913 年 2 月(民国二年 2 月)创刊,在上海出版,由广智书局发行。内容除"国闻"、"附录"部分外,均系康有为个人著作,先后由其门人陈逊宜、麦鼎华、康思贯担任编辑人。1913 年 11 月出版第 8 期后,因康有为母丧停出。1918 年 1 月,续出第 9、10 期合刊,由潘其璇编辑,以后再未续出,共计发行 10 期。

  戊戌变法失败后,康有为避难日本,设立保皇会,鼓吹"开明专制",反对革命。1913 年康有为回国后主编《不忍》杂志,宣扬尊孔复辟。《不忍》杂志主要刊登康有为个人的著述,间或也刊登其先辈的诗文、朱九江诗文和袁世凯给康有为的电报,但所占的比例相对比较小。

  关于《不忍》杂志创刊的理由,康有为在《〈不忍〉杂志序》提出了"十不忍":"睹民生之多艰,吾不能忍也;哀国土之沦丧,吾不能忍也;痛人心之堕落,吾不能忍也;嗟纲纪之亡绝,吾不能忍也;视政治之窳败,吾不能忍也;伤教化之陵夷,吾不能忍也;见法律之蹂躏,吾不能忍也;睹政党之争乱,吾不能忍也;慨国粹之丧失,吾不能忍也;惧国命之分亡,吾不能忍也。"以此阐述了杂志创刊的理由,并对以袁世凯为代表的北洋政府给予了大力批判。

  《不忍》杂志反映了康有为对共和制的看法,前后相较,经历了几个阶段:从君主立宪制到虚君共和,从虚君共和到附和共和制,最后抨击共和制,走上了复辟的道路。[①] 武昌起义前,康有为正在日本,为了抑

---

  ① 冯祖贻:《从〈不忍〉杂志看康有为民初的政治主张》,《近代史研究》1994 年第 3 期。

制革命形势的发展,主张说服袁世凯实行君主立宪。武昌起义爆发后,
国内的革命形势促使康有为进行新的思考,不得不对君主立宪进行修
订,提出了虚君共和论。《不忍》杂志第 7 期收录的《救亡论》,就反映了
康有为这一思想的变化。此后,随着宣统帝退位,孙中山让位于袁世
凯,康有为又一次修订了他的政治主张,开始倡导在共和政体下保存
"国粹",主张尊孔子为教主,"欲不亡中国乎? 必然自至诚至敬尊孔教
为教主始也"。① 康有为这一时期反对民权,提倡孔教,与袁世凯进行
封建复辟密切相关。从《不忍》杂志第 4 期开始,康有为的政治主张又
有了新的变化。这时他对共和与民权、自由、平等一起进行了攻击,并
主张恢复辛亥前的一切秩序。《不忍》杂志第 4 期《蓄乱》、第 6 期《中国
颠危误在全法欧美而尽弃国粹说》、第 8 期《中国还魂论》就反映了这种
变化。《蓄乱》一文猛烈攻击共和制,认为民国建立以来的所有内忧外
患都是因为共和制而产生,并在《中国颠危误在全法欧美而尽弃国粹
说》一文中,分析产生这种现象的根本原因,就是摈弃了国粹而盲目效
法欧美,进而在《中国还魂论》一文中全盘否定了辛亥革命,提出保存国
粹才是挽救民族危亡的根本。到《不忍》杂志第 8 期,康有为的政治思
想经过了波折后又回到了虚君共和,而这时的"君"主要是指清废帝。②
1917 年,康有为联合张勋复辟帝制失败以后,仍旧认为共和制不适合
当时的中国,并在《不忍》杂志的第 9、10 期合刊上全文刊登了《共和评
议》三卷,以说明中国万万不可行使共和制。

此外,《不忍》杂志所刊文章中,也有一部分反映了康有为对边疆危
机、财政危机的看法。清末民初,俄国觊觎中国的外蒙古,英国在我国
西藏地区怀有野心,袁世凯的北洋政府却又一味妥协退让。为了换取
俄国的支持,袁世凯派人与俄国签订了《中俄协定草案》,承认所谓的外
蒙"自治",俄国从外蒙非法取得的权益全部予以保留。同样,为了取得
英国的支持,袁世凯也积极与英国商洽西藏问题。对此,康有为愤然写
下《蒙藏哀辞》上下篇,指出俄国、英国企图瓜分中国的阴谋,并希望北
洋政府能够"以保全疆土为职志",进行坚决抵制。此外,袁世凯为了换

---

① 《中华救国论》,《不忍》第 1 期。
② 《与徐太傅书》,《不忍》第 9、10 期合刊。

取支持,还大举外债,也就是"善后大借款"。康有为对袁世凯的这一举动进行了大力批判,《不忍》杂志第 1 期《大借款驳议》即是这种思想的集中反映。康有为不仅批判了袁世凯的这一举动,还具体分析了这一举动的四大危害,号召全国四万万同胞奋起反抗。

康有为还就当时的政治、经济、法制、外交、教育、民俗等问题发表了自己的见解。《不忍》杂志第 1 期《忧问一》一文将袁世凯的北洋集团与南方之"魁杰"看作是争夺权力的团体。《不忍》杂志第 1 期刊登的《中华救国论》、第 6 期刊登的《问吾四万万国民得民权平等自由乎》等文章则对于民国初年政党林立的现象给予了批判。

《不忍》杂志对于了解康有为在民初的政治主张与文化思想有着极其重要的文献价值。它集中体现了康有为的政论思想,不仅可以看到康有为政治主张前后的鲜明变化,也可以看到康有为对政局弊端的揭露主要是为批判共和制服务的。然而我们也可以感受到,对于国粹和传统文化的信仰则是其基本格调。① 《不忍》杂志现今留存量极其稀少,被《北京集报信息》评定为"大珍"级别。

(张秀丽)

---

① 　参见冯祖贻:《从〈不忍〉杂志看康有为民初的政治主张》,《近代史研究》1994 年第 3 期。

《甲寅》

　　1914—1927 年的十几年间，章士钊先后办过《甲寅》月刊、《甲寅》日刊、《甲寅》周刊三份以《甲寅》为名的刊物。

　　《甲寅》月刊是袁世凯执政时期中国社会最重要的政治刊物之一，它反对帝制复辟，宣传民主共和，为新文化运动的兴起开辟了道路并做了思想上的准备。1913 年"二次革命"失败后，孙中山、黄兴等人流亡日本。1914 年由黄兴筹款、章士钊创办的《甲寅》月刊在东京编印，于上海发行。自 1914 年 5 月到 1915 年 10 月，前后共发行了 10 期，后因袁世凯政府禁止其在邮局寄售而停刊。

　　章士钊最初在国内创办《独立周报》，表达了对当时政治的失望。反袁革命失败后，章士钊东走日本，于 1914 年 5 月主编出版一份政治性刊物，因这年为中国农历甲寅年，故以"甲寅"为刊名（甲寅年为虎年，该刊封面绘一老虎，人称"老虎报"）。该刊以独立讨论政治为职志，以言论大胆著称，是《新青年》杂志问世前传播西方思想文化的一个主要阵地。这一时期的《甲寅》月刊虽然也刊登诗歌、小说和时事等内容，但主要以讨论民主政治为主。杂志主要由论著、时评、评论之评论、论坛、通信、文艺等栏目构成。其中，"通信"栏开展自由讨论，答疑辩难。主张社会革新，反对封建专制，批评袁世凯统治，但力主调和，反对使用暴力。

　　章士钊等人极力想要创建一个超越党派政治的论坛，故而《甲寅》月刊公开宣称："本志非私人所能左右，亦非一派之议论所得垄断。"其创办宗旨为："本志以条陈时弊，朴实说理为主旨，欲下论断，先事考求，与曰主张，宁言商榷，既乏架空之论，尤为无偏党之怀，惟以己之心，证天下人之心，确见心同理同，即本以立说，故本志一面为社会写实，一面为社会陈情而已。"①对此，常乃惪曾经评价说："《甲寅》杂志也是谈政治的刊物，但是他谈的政治和一般的刊物不同，他是有一贯的主张，而且是理想的主张，而且是用严格的理性态度去鼓吹的，这种态度确是当时的一副救时良药。在当时举国人心沉溺于现实问题的时候，举国人心悲观烦闷到无以复加的时候，忽然有人拿新的理想来号召国民，使人豁然憬悟现实之外尚复别有天地，这就是《甲寅》杂志对于当时的贡献。"②

李大钊、陈独秀、刘文典、高一涵等人，都成为《甲寅》月刊的支持者和主要撰稿人。李大钊在 1914 年写给章士钊的信中指出："仆向喜读《独立周报》，因于足下及所率群先生，敬慕之情，兼乎师友。""得《甲寅》出版之告，知为足下所作，则更喜，喜今后有质疑匡谬之所也。"③这封信反映了李大钊对《甲寅》月刊的赞成态度。陈独秀也是《甲寅》月刊的主要撰稿人，他对苏曼殊的爱情小说极为欣赏，《甲寅》月刊第 1 卷第 7 号发表了苏曼殊的《绛纱记》，第 1 卷第 8 号又发表了《焚剑记》。此外他还向中国留日学生征稿，易白沙、刘文典和高一涵就是其中的骨干。

探讨中国文学的出路并非《甲寅》月刊的主旨，但由思想的更新而带来文学趣味的变迁似乎又是顺理成章的事情。④ 由此，便有了《甲寅》月刊向《新青年》的过渡，即由政治向文学领域的过渡。黄远庸曾致信指出："愚以为居今论政，实不知从何说起。""至根本救济，远意当从提倡新文学入手。"⑤《甲寅》月刊与《新青年》杂志不仅在人员和思想上有一定的渊源关系，对于新文化运动核心人物群体的形成和文化取向的发展，也起了关键作用，并且为新文化运动作了理论上的准备。⑥ 就

①　《本志宣告》，《甲寅》月刊第 1 卷第 1 号。
②　常乃惪：《中国思想小史》，上海古籍出版社 2005 年版，第 136 页。
③　李大钊：《物价与货币购买力》，《甲寅》月刊第 1 卷第 3 号。
④　郭华清：《〈甲寅〉时期章士钊的哲学思想——调和论》，《中山大学学报论丛（社会科学版）》2000 年第 3 期。
⑤　黄远庸：《释言》，《甲寅》月刊第 1 卷第 10 号。
⑥　闵锐武：《〈甲寅杂志〉与〈青年杂志〉的渊源关系》，《河北师范大学学报（哲学社会科学版）》2001 年第 3 期。

这方面而言,它是《新青年》杂志的先声,正是由于《甲寅》对现代性的思考,才催生了新文化运动的基本思想,并为之准备了人力资源,《甲寅》的支持者和主要撰稿人高一涵、易白沙、李大钊、胡适、杨昌济、程演生、吴虞、刘文典、吴稚晖等都成为新文化运动的大将。

此外,该刊还探讨了辛亥革命后中国再次回到专制独裁的原因。章士钊(秋桐)刊登在第 1 卷第 3 号上的《自觉》、陈独秀刊登在第 1 卷第 4 号上的《爱国心与自觉心》、张东荪登载在第 1 卷第 6 号上的《行政与政治》等文章都涉及这一问题。该刊在当时非常流行,北京、天津、上海、南京、长沙、武昌、广州、成都和重庆等大多数城市都能够买到。吴虞曾经在日记中指出,在一些偏远的城市,如他居住的成都,《甲寅》月刊单行本在读者中如接力棒一样,一个接一个地传阅。①

1915 年袁世凯复辟帝制时,章士钊号召大家一致反对袁世凯,并在《甲寅》月刊上撰文讽刺袁世凯的复辟阴谋,以法国的拿破仑、墨西哥底亚士(迪亚斯)的独裁统治为例说明独裁统治是行不通的。② 这篇文章发表之后,袁世凯就发布了对章士钊的通缉令,并禁止邮局继续寄售,《甲寅》月刊随即停办。

1917 年 1 月 28 日,章士钊又在北京创办《甲寅》日刊,该刊分社评、时评、要闻、外电、文苑、传记、通信、杂俎、随笔、琐谈、本来纪事、海园春秋等栏目,主要撰稿人有章士钊、李大钊、邵飘萍和高一涵等人。章士钊在创刊号《发端》社论中阐述了创办该刊的宗旨。他认为,袁氏帝制已废除,共和制开始逐步建立,这是"新旧代谢、时序莫复"的不可抗拒规律。对于北洋政府,他表示"绝非于现在有所典庇",要找出政治弊端,给以适当药剂,而决不要抛弃。对于当时的社会环境,他认为"决非理想之域",但"吾人不可逃之"。因此,"舍尊今,别无良法"。当今现实政治,"新旧相冲,错综百出,欲爬梳而调理之,所须调和质剂之功"。最后主张"勿妄忆过去而流于悲观,勿预计将来而蹈乎空想,脚踏实地从所踏处做去"。

李大钊本来是支持《甲寅》日刊创办的,但他与章士钊政治观点不

---

① 中国革命博物馆整理、荣梦源审校:《吴虞日记》,四川人民出版社 1984 年版,第 149、151、197、206 页。

② 章士钊:《帝制驳议》,《甲寅》月刊第 1 卷第 9 号。

同。在对待现政府和研究系、政学系的问题上，两人所持态度不尽相同。1917年5月初，李大钊回乐亭探亲，除寄过两篇通讯外，便不再为日刊撰稿。邵飘萍也于同年5月离开。6月9日，张勋的"辫子军"先头部队开进北京，章士钊躲避于天津。6月11日，章士钊发表紧急声明，声称"与本报脱离关系"。此后，《甲寅》日刊由高一涵一人支撑局面。同年6月19日停刊，共出刊50号。

《甲寅》日刊是在袁世凯复辟帝制失败后创办的，主要思想倾向为反对封建帝制复辟，主张实行民主共和，提倡信仰自由，并大力批判康有为定孔教为国教的做法。此外，该刊倡导中华民族精神、反对日本侵略，重视对俄国二月革命爆发原因的探究，对于农民和城市广大工人的艰难困苦生活也有所反映。该刊还通过诗歌、小说、谚语、谐文等形式，揭露军阀、官僚、政客等上层社会的腐败生活。如张究公写的《北京竹枝词》数首，对他们的腐朽生活作了形象的描绘。如《宴会忙》：请帖挥成付信差，军人政客坐团圆；《捧角忙》：楼名广德欢歌舞，嘱咐车来莫太迟；《疏通忙》：拍马吹牛擅长技，国亡家破也何妨；等等。军阀政客们醉生梦死的生活，与劳动人民挣扎在死亡线上的情景，形成了鲜明的对比。此外，该刊对青年和学生问题也发表了自己的见解，指出学生问题在中国和工人、农民、妇女问题一样重要；认为"中国之学生，实为最可怜之一阶级"，袁氏称帝时，"亦视学生如蛇蝎"。该刊最后得出结论说："欧美之革命，泰半渊源于工人之呼号；中国之革命，则全酝酿于学生之运动。"这样的一个杂志自然难为当局所容。

1925年，章士钊出任北洋政府教育总长，同年7月11日《甲寅》周刊创刊。但这一时期的《甲寅》周刊宣传复古和尊孔读经，反对白话文，反对人民群众的革命斗争，是抨击新文化运动的主要阵地。1925年9月发表的《评新文化运动》①以及此后的《评新文学运动》②，对新文化运动以及胡适倡导的白话文运动给予了批判。由此该刊遭到了以鲁迅为代表的进步力量的抨击。《甲寅》周刊除了撰文批评新文化运动和新文学运动外，还反映了一些社会现实的热点问题，比如说时事、教育、代议制、科举

---

① 章士钊：《评新文化运动》，《甲寅》周刊第1卷第9号。
② 章士钊：《评新文学运动》，《甲寅》周刊第1卷第14号。

制、人口问题等。后刊址迁至天津出版,于 1927 年 2 月停刊,共出 45 号。

　　总体而言,《甲寅》这本刊物前后期的风格差异很大。前期,该刊是《新青年》杂志问世之前比较有影响的期刊之一,并与《新青年》之间有着相反相成的复杂关系。后期,该刊却成为反对新文化运动的阵地。新文化运动后,章士钊思想随之一变,由主张新旧调和到回归传统,反对新文化运动,并压制学生运动,成为保守的力量。然而也对现实社会的弊病以及政府当局给予了无情揭露和批判。其作者阵容相对而言也比较强大,蔡元培、梁漱溟、吴承仕、沈钧儒、黄侃、钱基博、陈三立、章太炎、杨树达、叶德辉等人都是其主要的撰稿人,这为《甲寅》周刊的学术及史料价值增色不少。

（张秀丽）

《大中华》

  《大中华》是中华书局于民国初年主办的一部以政论为主的综合性杂志,以梁启超为总撰述。"就当时条件而言,《大中华》资料充实,印刷精美,确是办得很不错的大型杂志,可以与《东方杂志》媲美。"①

  1915 年 1 月 20 日,中华书局在上海出版发行《大中华》,请梁启超担任总撰述。1917 年 1 月,《大中华》因经济原因停刊,前后共出版两卷,共 24 期。中华书局总经理陆费逵在该刊第 1 期发表的宣言书中称:"梁任公先生学术文章,海内自有定评。窃谓我国中上流人稍有常识,因先生之功居多,而青年学子作应用文字其得力于先生者尤众。我大中华杂志与先生订三年契约,主持撰述。"接受中华书局聘请之际,梁启超刚好于上年末辞去了在政府中的币制总局总裁的任职,成了中华书局的专任编辑。《大中华》是中华书局历史上最重要的刊物之一,梁启超在创刊号上发表数千字的《发刊词》,阐述发刊宗旨与职志,是要为国人从事个人事业与社会事业提供帮助。至于其总撰述的职责,在当时应该是兼有总编辑与总写作人的双重角色。②

  1915 年是中国近代史上比较重要的一年,以袁世凯复辟帝制和护国运动的兴起而为国内外所关注。《大中华》在很大程度上反映了袁世凯执政时期民国社会的状况与当时中国所处的国际环境,具有很强的时代特色。梁启超在《大中华》上发表了揭露"二十一条"要求的文章,

---

① 刘伟:《〈大中华〉杂志研究》,河南大学硕士学位论文,2008 年。
② 王建辉:《近代中国出版史上之梁启超》,《江汉论坛》2002 年第 9 期。

警告日本不得乘人之危,对于唤起国人的警觉心具有重要的作用。1915年,准备"黄袍加身"的袁世凯加紧了对舆论的控制,发布命令禁止报纸刊载议论国体的文章,并令各地政府派员进驻当地邮局,检查往来邮件,一旦发现反袁报纸与书刊,立即没收。袁世凯称帝前夕,袁克定说:"得渠一言,贤于十万毛瑟也。"①但梁启超对此不屑一顾,在《大中华》第8期上发表了《异哉所谓国体问题》一文,成为当时著名的讨袁檄文,标志着梁启超从"联袁拥袁"最终走向了"反袁讨袁",吹响了护国运动的战斗号角。此文未发表前,袁世凯得知,马上派人带着20万大洋找到梁启超,要求他不要公开发表这篇文章,如果不发,立即送上20万,以后还可以再加。梁启超断然拒绝了袁世凯,文章也如期在上海《大中华》发表,《申报》、《时报》等大报迅速转载,风行一时,在全国激起强烈反响。

《大中华》对于民初的政治、文化建设有一定建树。首先,在民初的国体之争中,它主张国体宜保持而不宜变更,变更国体易遭暴乱,祸国殃民。政治家关注的应该是政体的改良,使之有序、合理、服务大众。它极力主张维护共和政体,反对袁世凯复辟帝制,大力声援护国运动。其次,在当时大多数报刊纷纷撰文支持联邦论的情况下,它认为联邦制不利于国家统一,不适合中国国情,民选省长也是弊大于利;同时,它也反对"废省集权"的观点,主张实行一种既非联邦制、亦非严格意义上的中央集权的政治制度。再次,它反对康有为提出来的立孔教为国教的主张,认为孔学大部分已不适应现实社会,进而反对以儒学为主的传统礼教,反对复古,这为五四新文化运动的彻底反孔奠定了基础。第一次世界大战的爆发震惊了国人,《大中华》除了全程报道第一次世界大战的进程,分析爆发原因,预测其结果外,还重点考察和分析了第一次世界大战中的德国和中国的应战措施,指出中国需抓住有利时机发展自己,否则战后必将面临更加严峻的国际形势。②

(张秀丽)

---

① 陶菊隐:《政海轶闻》,上海书店1998年版,第2页,
② 孔祥东:《〈大中华〉杂志与民初的政治文化思潮》,湖南师范大学硕士学位论文,2007年。

新文化运动及"打倒孔家店"

　　新文化运动是 1915 年至 1919 年之间,由一群受过西方教育的人发起的一次革新运动。陈独秀在其主编的《新青年》刊载文章,提倡民主与科学("德先生"与"赛先生"),批判传统中国文化,并传播马克思主义思想;以胡适为代表的温和派,则反对马克思主义,支持白话文运动,主张以实用主义代替儒家学说,即为新文化运动滥觞。新文化运动中提出了"打倒孔家店"的口号,是五四运动的先导。

　　20 世纪初,辛亥革命推翻了清王朝的统治,结束了两千多年的封建帝制,中华民国成立。以孙中山为领袖的资产阶级革命派政治上提倡资产阶级的民权、自由和平等;思想文化上反对封建伦理纲常,主张废除尊孔读经,将地方性的孔庙改为学校或游乐场所,停止每年春、秋两季的祭孔典礼,在近代政治和思想文化上具有划时代的意义。但是,资产阶级的民主政权犹如昙花一现,几个月以后,就被袁世凯篡夺了胜利果实,"民主共和"名存实亡。政治上,袁世凯实行专制独裁统治,积极进行帝制复辟,民主被任意践踏,《临时约法》被撕毁,成为一纸空文。在思想文化领域,袁世凯为了复辟帝制,倡导了一股尊孔复古的潮流。

　　1912 年 9 月,袁世凯发布《崇孔伦常文》,提倡封建礼教,下令尊崇伦常,要全国人民恪守礼法。1913 年 6 月 22 日,袁世凯发布《尊崇孔圣令》,并在《中华民国宪法草案》中规定:"国民教育,以孔子之道为修身大本。"1914 年 9 月 25 日,袁世凯在其正式颁布的祭孔告令中指出:

"孔子之道,亘古常新,与天无极……国纪民彝,赖以不坠。"①并规定每年的旧历中秋上丁,举行祀孔典礼。三天后,也就是 9 月 28 日,全国举行了民国以来第一次全国性的大规模的祀孔活动,袁世凯亲自率领文武百官在孔庙祭孔,行三跪九叩之礼,并下令正式恢复前清的祭天制度。在袁世凯的表率下,一批封建遗老纷纷开始活动,鼓吹尊孔复古。全国各地的孔道会、尊孔会、经学会等社团组织纷纷响应,其中以康有为的孔教会影响最大。对于民国政府提倡的民主、平等、自由,康有为就曾撰文将之批评为破坏礼乐制度,他指出:"今天坛不祀,殆将经年,其他百神,殆将废祀,甚至孔子文庙,亦废丁祭,遂至举国礼坏乐崩,人心变乱……并五千年中国之礼教而去之,若尧、舜、禹、汤、文、武、周公、孔子而有知,应无不悼心而泣血也。"②康有为的孔教会掀起了请愿运动,要求中国以孔教为国教。帝国主义分子也对这一尊孔复古潮流加以推波助澜,主张"孔教"与"耶教"要"携手合作",明目张胆地为其复辟帝制做舆论上的准备。③

在尊孔复古潮流中,鬼神迷信思想也甚嚣尘上。1917 年秋俞复、陆费逵与杨光熙等人在上海成立灵学会,设立盛德坛,并出版会刊《灵学杂志》(自 1918 年 1 月创刊至 1920 年 9 月,共出 2 卷 18 期,第 1 卷 1—10 期为月刊,以后不定期出版),把中国传统的鬼神迷信与西方的灵学结合起来,在科学的外衣下进行封建迷信活动。他们指出,灵学"专研究人鬼之理,仙佛之道,以及立身修养种种要义",实为"凡百科学之冠",即"谓之圣学可也"。④ 灵学会还得到了政客、军阀的支持,黎元洪曾为《灵学杂志》题词,清废帝溥仪的老师、英国人庄士敦也正式参加了灵学会,一时间祭天、请神、扶乩等各种迷信活动兴起。正是在这样的背景下,一批中国人意识到辛亥革命的不彻底性,尤其是在思想文化领域的不彻底性,发起了新文化运动,高举"科学"与"民主"两面大旗,提倡新道德反对旧道德,提倡新文学反对旧文学,提倡白话文反对文言

---

① 《政府公报》,1914 年 9 月 26 日。

② 汤志钧编:《康有为政论集》,中华书局 1981 年版,第 827—828 页。

③ 龚书铎:《社会变革与文化趋向:中国近代文化研究》,北京师范大学出版社 2005 年版,第 28、278 页。

④ 余冰尘:《余冰尘先生书》,《灵学杂志》第 1 卷第 3 期。

文,将批判的矛头直接指向了维护封建伦理制度的孔教。

1915 年 9 月,陈独秀在上海创办了《青年杂志》,标志着新文化运动的兴起。1916 年 9 月,《青年杂志》自第 2 卷第 1 号起更名为《新青年》。1917 年 1 月,陈独秀应北京大学校长蔡元培的邀请,任北大文科学长,《新青年》杂志编辑部也随之迁到了北京。之后,在北京大学任教的李大钊、胡适、钱玄同、刘半农等都积极参加到《新青年》的编辑和撰稿工作中。鲁迅从 1918 年第 4 卷起开始为《新青年》撰稿。陈独秀撰文指出要坚决"拥护那德莫克拉西(Democracy)和赛因斯(Science)两位先生",而拥护"德先生",便"不得不反对孔教、礼法、贞节、旧伦理、旧政治";要拥护"赛先生",就"不得不反对旧艺术和旧宗教";既拥护"德先生"又拥护"赛先生",便"不得不反对国粹和旧文学"。陈独秀指出,"德先生"和"赛先生",可以"救活中国政治上、道德上、学术上、思想上一切的黑暗"。①

新文化运动批判的焦点是孔教,陈独秀、李大钊、吴虞、易白沙等人都撰文对尊孔复古的倾向作了猛烈批判。1916 年 2 月,易白沙在《新青年》上发表了《孔子平议》(上),第一次点名批评孔子,认为孔子早已被汉武帝利用,从而拉开了"打倒孔家店"的序幕。在此之后,陈独秀和李大钊等人相继撰写文章,指出孔子是"历代帝王专制的护符"。陈独秀指出:"孔子影响至深且大,每一封建王朝,都把孔子当作神圣供奉,信奉孔子是假,维护统治是真。农民起义之时,孔子就一时倒霉,新的王朝得胜,即刻又把孔子抬得天高。五四运动之时,我们提出'打倒孔家店',就是这个道理。"在五四运动初期,陈独秀、吴虞旗帜鲜明地提出了"打倒孔家店",是"攻击孔教最有力的两位健将"。吴虞在四川省"只手打孔家店",陈独秀则是北京城"炮打孔家店"的主将和先锋。② 他们在新文化运动的风口浪尖上,对封建思想体系进行了猛烈的批判,加速了国人的思想启蒙。

1916 年 10 月至 12 月,陈独秀连续发表了《驳康有为致总统总理书》、《宪法与孔教》、《孔子之道与现代生活》等文章,对康有为的孔教观进行了批判,认为孔子学说的封建性质与民主、共和思想是根本对立

① 陈独秀:《本志罪案之答辩书》,《新青年》第 6 卷第 1 号。
② 胡适:《〈吴虞文录〉序》,《胡适文存》(第一集卷四),黄山书社 1996 年版。

的。《驳康有为致总统总理书》一文批判了康有为将孔教定为国教的做法，指出"别尊卑、重阶级、事天尊君"的孔教思想为历代帝王所利用。①《宪法与礼教》一文则指出"'孔教'本失灵之偶像，过去之化石，应于民主国宪法，不生问题"②。《孔子之道与现代生活》一文则从现代经济生活和现代伦理关系上论证了孔教之道不适应于现代经济生活。③

李大钊撰写了《孔子与宪法》、《自然的伦理观与孔子》等文章，指出孔子不过是统治阶级利用民众的盲目崇拜心理而装扮出来的一具偶像，是"数千年前的残骸枯骨"，进而论述了孔教与帝制的关系，指出将孔教载入宪法是"专制复活之先声"。④

此外，鲁迅的《狂人日记》、《我之节烈观》，吴虞的《家族制度为专制主义之根据论》、《儒家主张阶级制度之害》、《吃人与礼教》等，都是揭露封建礼教的罪恶，批判忠、孝、节等封建道德。1918 年 5 月，鲁迅在《新青年》上发表《狂人日记》，将批判的矛头直接指向封建礼教。鲁迅借狂人之口指出，"翻开历史一查"，"满本都写着两个字是吃人"。对于在"节烈"的名义下牺牲的妇女，鲁迅认为应该予以同情和追悼，并号召自此以后将妇女从"节烈"观念下解放出来。吴虞的《家族制度为专制主义之根据论》一文，猛烈攻击封建家族制度和孔子学说，将儒家的伦理学说与政治上的专制制度以及社会组织上的家族制度，进行了三位一体的批判，特别是对儒家所极力提倡的孝、悌给予了无情的批判。他认为正是孝、悌观念与两千年来的专制政治家族制度连接在一起，使中国社会长期停留在宗法社会状态，而不能前进。⑤ 吴虞的激烈言辞，在思想界引起了巨大的反响，胡适就曾评价其为"四川省只手打孔家店的老英雄"，赞其能用最严厉、最平允的方法扫除那弥漫扑人的孔渣孔滓的尘土，为"中国思想界的一个清道夫"。⑥

（张秀丽）

---

① 陈独秀：《驳康有为致总统总理书》，《新青年》第 2 卷第 2 号。
② 陈独秀：《宪法与孔教》，《新青年》第 2 卷第 3 号。
③ 陈独秀：《孔子之道与现代生活》，《新青年》第 2 卷第 4 号。
④ 李大钊：《孔子与宪法》，《甲寅》日刊，1917 年 1 月 30 日。
⑤ 吴虞：《家族制度为专制主义之根据论》，《新青年》第 2 卷第 6 号。
⑥ 胡适：《〈吴虞文录〉序》，《胡适文存》（第一集卷四），黄山书社 1996 年版。

《新青年》

　　《新青年》是中国近代历史上具有深远影响的革命刊物之一，从 1915 年创办到 1926 年停刊，在十多年的时间里始终是中国新文化运动的旗手和新思想宣传的主要阵地，尤其在五四运动时期起到了重要作用。该刊 16 开本，每月 1 号，每 6 号为 1 卷；由陈独秀在上海创立，群益书社发行；由陈独秀、钱玄同、高一涵、胡适、李大钊、沈尹默以及鲁迅轮流编辑。自 1918 年后改为同人刊物。《新青年》的创刊是新文化运动兴起的标志，主要宣传倡导科学、民主和新文学。俄国十月革命后，又成为宣传共产主义的刊物之一。1922 年 7 月休刊。1923 年 6 月，成为中国共产党中央委员会的理论性机关刊物，改为季刊，迁至广州出版，由瞿秋白主编，出刊 4 期后再次休刊。1925 年 4 月复刊，出 5 期，翌年 7 月停刊。

　　在创办《新青年》之前，陈独秀参加了 1913 年反对袁世凯的"二次革命"，失败后东走日本，帮助章士钊编辑《甲寅》月刊，后来《甲寅》月刊等一大批报刊在袁世凯的压制下停刊。面对这一现实，陈独秀认识到必须唤起中国人民尤其是青年人的觉醒，这样中国才有摆脱军阀桎梏的可能。于是，陈独秀开始着手创办新的刊物。在上海群益书社和亚东图书馆经理汪孟邹等人的支持下，1915 年 9 月 15 日，《青年杂志》在上海创刊，由陈独秀任主编。《青年杂志》每月 1 号，每号支出 200 圆，最初发行量为 1000 份。陈独秀在创刊号上发表《敬告青年》一文，对青年提出六点要求："自由的而非奴隶的"、"进步的而非保守的"、"进取的而非退隐的"、"世界的而非锁国的"、"实利的而非虚文的"、"科学的而非想象的"。并指出："国人而欲脱蒙昧时代，羞为浅化之民也，则急起直追，当以科学与人权并重。"①也就是提出了民主与科学的思想。

1916 年，群益书社接到上海基督教青年会的来信，信上说《青年杂志》与青年会杂志《青年》、《上海青年》同名，要求《青年杂志》改名。于是自第 2 卷起《青年杂志》改为《新青年》，逐渐成为反封建和宣传民主革命的中心刊物。最初的撰稿人有陈独秀、高一涵、刘书雅、刘半农、易白沙、吴虞等，陈独秀为主编。1916 年 2 月起，因护国战争停刊 7 个月。1917 年 1 月，陈独秀任北京大学文科学长，总部随之迁往北京，办公地点在东华门外箭杆胡同，但印刷地点仍在上海。1917 年 8 月后，因故中断 4 个月。1918 年 1 月 15 日，复刊出版第 4 卷第 1 号。在第 4 卷第 3 号中，刊登了《本志编辑部启事》："本志自第四卷第一号起，投稿章程业已取消，所有撰译，悉由编辑部同人共同担任，不另购稿。其前此寄稿尚未录载者，可否惠赠本志？尚希投稿诸君，赐函声明，恕不一一奉询，此后有以大作见赐者，概不酬。"即《新青年》自第 4 卷第 1 号起改为同人编辑，不再接受来稿。

自 1919 年 1 月第 6 卷改组编委会后，由陈独秀、钱玄同、高一涵、胡适、李大钊、沈尹默轮流编辑。在五四运动前后，以提倡民主、科学，提倡新文学为主要内容，曾刊载鲁迅的短篇小说《狂人日记》、《孔乙己》、《药》，李大钊的论文《庶民的胜利》、《Bolshevism 的胜利》，陈独秀的论文《新青年罪案之答辩书》等。该杂志在宣传马克思主义、反对封建伦理道德、呼唤人性的觉醒等方面发挥了积极的作用。

1919 年 6 月陈独秀被捕，《新青年》停刊 5 个月。同年 10 月迁回上海，但仍保留北京编辑部。1919 年 12 月的第 7 卷起由陈独秀一人主编。1920 年胡适提出《新青年》应"声明不谈政治"，遭到了陈独秀、李大钊、鲁迅等人的反对。自 1920 年 9 月 1 日第 8 卷第 1 号起，《新青年》成为上海共产主义小组公开出版的机关刊物，北京编辑部被取消，改由新青年社发表。1921 年陈独秀返回上海后又任主编，直到 1922 年 7 月休刊。为借助《新青年》的影响力，中国共产党于 1923 年 6 月 15 日再刊《新青年》，改为季刊，由瞿秋白主持。自此，《新青年》成为中国共产党中央委员会的理论性机关刊物，迁至广州出版。中共四大决定

---

① 陈独秀：《敬告青年》，《青年杂志》第 1 卷第 1 号。

改为月刊,由彭述之负责。1925 年 4 月 1 日出版第 1 号后,彭述之因病住院,复由瞿秋白主持,改为不定期刊物。后因人力物力困难,难以为继,1926 年第 5 号后终刊。

《新青年》创刊前后,封建文学和文言文仍然统治着中国文学界,严重阻碍着新文化运动的开展。自 1917 年 2 月起,《新青年》又提出了提倡白话文、反对文言文,提倡新文学、反对旧文学的口号,从而举起了"文学革命"的大旗。1917 年 1 月 1 日第 2 卷第 5 号上胡适发表《文学改良刍议》一文,呼吁推广白话文,提出了对文学改良的八条建议。接着第 2 卷第 6 号上刊载了陈独秀的《文学革命论》,旗帜鲜明地提出文学革命的三大主张:"推倒雕琢的阿谀的贵族文学,建设平易的抒情的国民文学"、"推倒陈腐的铺张的古典文学,建设新鲜的立诚的写实文学"、"推倒迂晦的艰涩的山林文学,建设明了的通俗的社会文学"。这篇文章成为文学革命的真正宣言书,钱玄同、刘半农等人相继响应,而鲁迅则更以其文学创作为文学革命作了重要贡献。文学革命是新文化运动的重要一翼,它倡导的"人的文学"、"平民文学"和"写实文学",为中国新文学的诞生奠定了理论基础。与此同时,北京大学古文字教授钱玄同提出了在中国推广世界语的方案。第 3 卷第 3 号、第 6 号,第 5 卷第 2 号,第 6 卷第 1 号通信栏中都对文学革命的问题进行了讨论。编辑部规定,从 1918 年开始,任何作者"非白话文不用"。1919 年 12 月 1 日的《新青年》刊登了《本志所用标点符号和行款的说明》,指出"现在从七卷一号起,划一标点符号和行款"[①]。自此,白话文逐渐成为语言文字的主要工具。

受 1917 年俄国十月革命的影响,《新青年》在后期开始宣传马克思主义以及马克思主义哲学。许多共产党员,如毛泽东都受到过《新青年》的影响。1919 年 5 月,李大钊为《新青年》第 6 卷第 5 号主编"马克思主义研究专号",刊登了李大钊的《我的马克思主义观》(上)等传播马克思主义的文章。马克思主义的进一步传播,为中国无产阶级政党——中国共产党的成立奠定了思想理论基础、组织基础。

(张秀丽)

---

① 《本志所用标点符号和行款的说明》,《新青年》第 7 卷第 1 号。

东西文化论争

　　东西文化论争是五四运动前后东西文化论者在文化特点、性质及相互关系问题上的一场思想学术论争。从 1915 年陈独秀创办《青年杂志》(后改名为《新青年》)发起新文化运动开始,到 1927 年社会性质论战为止,前后跨越了十几年,产生了几次文化论战,所持的观点也多种多样,但基本上可以划分为两大阵营:一是以陈独秀、李大钊、胡适为代表的西方文化派;一是以杜亚泉、章士钊、梁启超、梁漱溟为代表的东方文化派。双方主要围绕东西文化孰优孰劣,东西文化差异何在(是时代差异还是民族差异)、能否调和,以及它们各自在未来世界文化中的地位如何而展开论战。这一论战也是新文化运动的重要组成部分。

　　这场论争的发生有其特定的历史背景。辛亥革命虽然推翻了统治中国几千年的封建帝制,但革命的胜利果实迅速被袁世凯所获取。由于辛亥革命没有从政治、经济上彻底摧毁封建专制统治,更没有在思想文化领域彻底铲除封建势力的根基,因此,袁世凯上台后,迅速在思想文化领域掀起了一股尊孔复古的潮流,一时封建迷信思想泛起。民主共和的命运将会怎样?国家的出路最终在何方?这些都促使国人作出积极的思考和回答。在这样的背景下,以陈独秀、胡适、李大钊为代表的知识分子高举科学与民主大旗,在思想文化领域对封建思想文化展开了猛烈的抨击,引发了一场前后历时十几年的论争。

　　这一论战,依时间发展顺序,大致划分为三个阶段:

　　1915—1919 年为第一阶段。在五四运动前夕,由于新文化运动刚刚兴起,当时的论争主要集中在比较东西文化优劣方面。罗列各种现象,从中引申出东西文明的异同,是这一阶段的基本特点。当时争论主要在以陈独秀、李大钊等人为主的《新青年》与杜亚泉任主编的《东方杂志》间展开,蔡元培、毛子水等后来也加入了论争。

论争首先从《新青年》对封建文化展开的有力批判开始。1915 年在创刊号上,陈独秀旗帜鲜明地提出中国要"改弦更张",向西方学习,走民主和科学的道路,并对中国旧思想,特别是孔孟之道进行了猛烈批判。李大钊也指出:"中国文明之疾病已达炎热最高之度,中国民族之命运已臻奄奄之垂死之期。"①同时认为中国文化的出路已经不再是细枝末节的修补就可以解决的,而是需要一个根本的改变。在此基础上,胡适提出了"重新估定一切的价值"的口号。《新青年》对中西文化优劣进行了对比研究,陈独秀、李大钊、胡适等知识分子,一方面揭示中国封建传统文化的落后性;另一方面大力宣传西方文化的优越性,主张彻底反叛传统。陈独秀的《法兰西人与近世文明》、《东西民族根本思想之差异》,李大钊的《东西文明根本之异点》、《新的! 旧的!》等文章,从政治习惯、伦理道德、社会风俗等方面比较了东西文化的差异,由此得出结论:中西文化的差异是时代的差异,中国文化落后于西洋文化。他们认为,西洋文明为近代文明,它"最足以变古之道,而使人心社会划然一新",故应"受西洋文明之特长,以济吾静止文明之穷"。② 因此,"一切都应该采用西洋的新法子"③,淘汰传统的东方文明,代之以近代西洋文明。

从 1916 年起,以杜亚泉为代表的文化保守主义者,为了捍卫传统文化,反对西化,连续在《东方杂志》上发表文章,反驳陈独秀等人的观点和主张,他们极力宣扬中国传统文化,认为西方文化不如中国文化,反对西方文化的输入。辜鸿铭作《春秋大义》,鼓吹尊王、尊孔,宣扬中国固有文化,杜亚泉等人也发表一系列文章支持辜鸿铭的观点。杜亚泉认为,东西文化差异并非时代差异,而是民族差异,进而否认东西文化有优劣之别,认为东西文明各有利弊,不存在取此舍彼的问题。他

---

① 李大钊:《李大钊文集》(上),人民出版社 1984 年版,第 562 页。
② 陈独秀:《独秀文存》,安徽人民出版社 1987 年版,第 10 页。
③ 陈独秀:《独秀文存》,安徽人民出版社 1987 年版,第 152 页。

说:"盖文明之价值,不能不就其影响于人类生活者平定之。"①西方社会虽然科学先进,经济发达,但已"陷入混乱矛盾之中,而亟亟有待于救济"。② 东洋文明虽然也有陋弊,但在精神文明上较西方略胜一筹,故"吾人当确信社会中固有之道德观念,为最纯粹最中正者","吾国固有之文明,正是以救西洋文明之弊,济西洋文明之穷者"。③ 他呼吁,"名教纲常诸大端为吾国文化之结晶",万万不能丢掉,而西方来的"权利竞争,今日不可不使之渐灭"。④ 并提出要以中国传统文化济西方文化之弊。

为了应对《东方杂志》的公开挑战,陈独秀先后发表《质问东方杂志记者》、《新青年罪案之答辩书》、《再质问东方杂志记者》等文章,批判《东方杂志》维护君道臣节、名教纲常等封建制度与封建伦理,反对西方文化的立场,并进一步阐明了新旧文化、东西文化的根本区别与优劣。李大钊写了《东西文明根本之异点》,肯定西方文明比东方文明优越,指出中国的唯一出路是积极吸收西方文化,彻底摒弃中国固有的封建文化。

1919—1921 年为东西文化论争的第二阶段。东西文化能否调和是这一时期论争的焦点。争论由比较东西文化的差异,发展到如何处理东西文化间的关系,进而又转化为新的文化问题之争,即从讨论二者关系引申出新旧文化能否融合的问题。这一时期的主要代表人物有陈独秀、李大钊、章士钊、蔡元培、张东荪、陈嘉异、蒋梦麟、常乃惪等。

就在《新青年》与《东方杂志》激烈论争之时,章士钊的"新旧调和论"出台,将论战推向新一轮高潮。1919 年 9 月,章士钊在一次演说中提出,社会总是在新旧杂糅中进化的,"不有旧,决不有新,不善于保旧,决不能迎新,不迎新之弊,止于不进化,不善于保旧之弊,则几于自杀"。他以历史的继承性为论据,强调任何新的文化都是在旧的文化基础上发展起来的,新旧不能分割。他认为,社会的改造"俱不可不以旧有者为之基础",因此,他坚决反对《新青年》一派发表的观点。章士钊的主

① 伧父(杜亚泉):《战后东西方文明之调和》,《东方杂志》第 14 卷第 4 号。
② 伧父(杜亚泉):《迷乱之现代人心》,《东方杂志》第 15 卷第 4 号。
③ 伧父(杜亚泉):《静的文明与动的文明》,《东方杂志》第 13 卷第 10 号。
④ 伧父(杜亚泉):《迷乱之现代人心》,《东方杂志》第 15 卷第 4 号。

张与杜亚泉的主张在表述上虽有所不同,但实质上都是东西文化的调和论,显然是呼应了杜亚泉等人的观点。

西方文化派认为,西方文化与中国传统文化是两种性质截然相反的文化,存在新旧之分,是水火不容的。中国的旧文化在古代虽然有它的价值,但到了现代则成了过时的东西,已失去存在的价值和意义,因此他们从新胜于旧、今胜于古的前提出发,反对新旧调和,反对保存旧的文化传统,而主张破旧立新、以新代旧。章士钊等东方文化派则认为,新旧是一个历史的范畴,其含义因时、因地和内容的变化而异,所以对文化之优劣的评判,不能仅仅以新或旧为标准,更不能以新旧来评判西方文化和中国文化。他们认为,就文化演化的趋向而言,也是新中有旧、旧中有新,是一个由新而旧、由旧而新的递嬗过程,新旧不能也无法分开,新是旧的发展,旧是新的根基,没有旧也就没有新。所以认为,西化论者反对新旧调和、反对继承传统文化的观点是站不住脚的,中西文化彼此难分优劣,各有所长,也各有所短。因此中国文化的出路,只能是"一面开新,一面复旧",取西方文化之长,补中国文化之短,从而实现中西文化的折衷调和。

1921—1927 年为第三阶段。梁启超的《欧游心影录》与梁漱溟的《东西文化及其哲学》相继出版,使东西文化之争进入一个新高潮。虽然从表面看这一时期争论重点又回到东西文化优劣比较的老问题上,但论战的深度已加强,涉及面也大大超过了从前,并且开始关注东西文化如何结合的实践问题。这一时期的代表人物有梁启超、梁漱溟、冯友兰、张东荪、胡适、瞿秋白、郭沫若、章士钊等。

1920 年初,《晨报》副刊连载了梁启超的《欧游心影录》,对战后欧洲的惨败境况给予了描述,并记载了一部分西方人士对中国文化的赞美和期许之情。此时,梁启超已转而从传统文化中寻找救国良方,主张以东方精神文明接济西方物质文明之疲敝。1921 年底,梁漱溟的《东西文化及其哲学》出版,该书从文化渊源和人生哲学的角度对新文化运动作了全面清算,明确表示反对西方文化,认为中国文化发展的唯一选择是东方化。几乎在同一时间,二人都撰文主张复兴儒学。围绕着二梁的著作,东西文化论争达到了一个新的高潮。《新青年》的代表人物,坚决批判二人的观点。胡适、吴稚晖、常乃惪等人仍然坚持反传统的立场;陈独秀、李大钊、瞿秋白等人则接受了马克思主义,成为早期的马克思主义者,同样将批判的矛头指向了东方文化派。

可以说,这一次东西文化的论争实质上是对要不要向西方(后来包括俄国)学习、如何学习以及如何对待中国传统文化的问题的探讨,也可以说是清末以来中学、西学之争的继续。因为它发生在新的历史条件下,带有许多新的特点,所以对后来中国文化的发展走向产生了相当深刻的影响。尽管这场大论争无法解决提出的所有问题,但论争本身推动了新文化运动的发展,为科学与民主观念的深入人心作出了贡献,甚至还对马克思主义在中国生根、开花、结果起到了积极的作用。

(张秀丽)

《 学 艺 》

　　《学艺》是 20 世纪初以融合科学与艺术为宗旨的一份杂志。继中国留美学生于 1915 年发起成立中国科学社,创办《科学》杂志,提倡自然科学与应用科学之后,1916 年 12 月 3 日,中国留日学生陈启修、王兆荣、郑贞文、吴永权、杨栋林、许崇清、白鹏飞、文元模、屠孝实等 47 人在日本东京发起成立了丙辰学社(1923 年改名为"中华学艺社")。1917 年 4 月,《学艺》杂志创刊,以"昌明学术,灌输文明"为宗旨;该刊为季刊,内容广泛,包括自然科学、应用科学、社会科学、人文科学等方面。1920 年 10 月,在上海建立事务所,1922 年 6 月起改由上海出版发行。自 1920 年第 2 卷第 1 期起,该由商务印书馆出版。抗战期间停刊。1949 年在出版了最后 3 期之后,最终停刊。

　　中华学艺社的成员大部分是留学日本的,以许崇清、周昌寿、文元模和郑贞文为代表。他们吸收的西方文化是经过日本学者筛选和解读的。在哲学方面,与留美学生侧重于英美的经验论、实在论和实用主义不同,他们侧重于欧洲大陆的理性论、生机论和直觉主义。在社会理论方面,他们侧重于社会主义、马克思主义,而不侧重于个人主义。如果说中国科学社的成员有不少倾向于科学救国、工业救国,中华学艺社的部分成员则更倾向于文学革命、教育救国和社会改革。[①]

　　《学艺》意在融合科学与艺术,因此,他们能够兼重科学与人文,自

---

　　① 范岱年:《中华学艺社和〈学艺〉杂志的兴衰》,《科学哲学和科学史研究》,北京科学出版社 2006 年版。

然科学、社会科学、人文科学的文章都予以收录,一视同仁。他们特别讨论了"真、善、美"三者的关系,指出科学的目的在于求真,艺术的目的在于求美,二者都是组成文明不可分割的部分。"天下有三极则,悬于道德之上者为善,悬于科学之上者为真,悬于艺术之上者为美,苟离乎善真美而欲向人间占一位置,于永续者未之闻也。然而道德缥缈而不易得其究竟,窃以为公共之善真之中求之,个人之善美之中求之,两者缺一,则道德为不完全,而其国文明程度亦必失其半,于是乎科学之钻研不可不力,而艺术之修藏与美感亦不能置焉。"①而他们的科学讨论的范围也甚广,并没有拘泥于自然科学的领域,凡哲理、社会、政法及人文、社会科学的问题也都包括在内。楼适夷在创刊号上特别对名称作了解释,他说所谓"学艺"二者,"即求真求美之途术也"。求真就要借助于科学,求美须借助于艺术。"今者吾人欲以真美为正鹄,以学艺为对象,非曰吾人所列者,即真即美,所研究者,即学即艺,不过以之互相策励云尔,是则本社之微意也已。"②

《学艺》设有"通信"一栏,旨在促进读者与作者的互动。对读者关于《学艺》宗旨的疑问,楼适夷给予了答复,他说:"我们的主张,原是在以科学与艺术为对象,以求真求美为目的,直到现在并无变更……来的稿件关于艺术的文字,比较的少些,这是限于事实,并非挂起求美的招牌,不谈艺术。至于科学一面,我们所说科学的意义甚为广泛……是将形上形下的学问,都包含在内,所谓精神科学社会科学物质科学,都兼容并包,并不是专指所谓自然科学。"③另外,特别启事也将这一宗旨列为第一条。④

对于黄典元《学艺》应该"文实分开"的提议,周昌寿以为"文实分立"不见得有多少好处,学科学的人只知道崇拜德国,却不知道德国科学的精神一大半是由歌德、席勒等哲学家提出来的。学哲学的人只知

① 天虹一友:《学术浅说》,《学艺》第 1 卷第 3 期。
② 楼适夷:《说学艺》,《学艺》第 1 卷第 1 期。
③ "通信",《学艺》第 2 卷第 1 期。
④ 《学艺》杂志特别启事:"1、本志从科学艺术两方面,发阐自然及人生诸问题。2、本志以现在为立脚地,企图创造未来之变化,但仍不蔑视过去历史。3、本志发挥独立之主张,不受任何方面支配及影响。4、本志对于各种问题,以研究的态度,发切实之言论。"

道说思想改造,不知道人家的思想,都是有科学依据的。所以哲学和科学是息息相关的,对于对方领域的新发展应该给予密切关注。^① 周昌寿以此为《学艺》的宗旨作了辩护。

该刊与民国初年专门提倡科学的杂志不同,致力于科学与人文的沟通。供稿的作者,有杜亚泉、杨端六、范寿康、周作人、郭沫若、沈雁冰、杨树达等人,其中既有重要的自然科学家,也有经济和社会学者,同时还包括文学家,涉及科学与人文领域的方方面面。所涉及的内容,不仅包括对西方近代自然科学与社会科学知识与理论的介绍和吸收,还包括对人文科学的弘扬。

该刊头两期内容,就涉及政治、经济、文化、教育、哲学、科学等各个领域。自然科学方面涉及周期律说、重力法则、宇宙、化学等方面,应用科学方面则涉及德国的化学武器与飞船史等方面。在第 2 期,许崇清在与蔡元培的争论中提到了相对论,据考证这是国人第一次提到这个 20 世纪最重要的学说,此时离爱因斯坦提出相对论不过数年。1921 年 5 月出版第 3 卷,内容仍以兼顾科学与人文为宗旨。自 1922 年 6 月起,编辑出版事务由上海事务所的郑贞文、周昌寿和刚从日本回国的范寿康负责,《学艺》也改由上海出版发行。1923 年 6 月,学社改名为中华学艺社。1923 年 12 月,郑贞文任总干事,周昌寿任副总干事。1923 年到 1926 年间,《学艺》共出了四卷,除了介绍宣传马克思主义学说与社会主义学说,介绍西方最新哲学、经济学、社会学、政治学、自然科学、应用科学之外,还在此间加入了科学与玄学的论战。

在反科学主义思潮中,学社成员明显站在了同情玄学派的立场上。屠孝实早在 1920 年就在《学艺》第 2 卷上发表了讨论人生观和信仰的文章。论战展开以后,又于 1923 年在《晨报》上发表了《玄学果为痴人说梦耶?》^②,公开支持玄学派。该刊还开辟专号介绍了柏格森等人的学说。范康永《柏格森的时空论》^③介绍了柏格森的直觉主义哲学。费

---

① 周昌寿:《覆黄典元先生函》,《学艺》第 3 卷第 1 期。
② 屠孝实:《玄学果为痴人说梦耶?》,载郭梦良编辑:《人生观之论战》,泰东图书馆 1923 年版。
③ 范康永:《柏格森的时空论》,《学艺》第 2 卷第 9 期。

鸿年《生机论》①介绍了杜里舒生机论。1923 年 7 月,又刊载了杜里舒的肖像和三篇介绍他的生机论和生物学的文章,其立场很鲜明。杜里舒主张的生机论是反科学主义思潮者的主要哲学依据,介绍杜里舒思想学说等于认同他与玄学派的某些观点。同年第 5 卷第 3 期刊载了杜里舒的《生命问题上之科学与哲学》一文,指出"科学与哲学应当永远是极亲密的良友。他们的目的'并非'是彼此反对,他们是彼此帮助的。哲学把科学的结果格外深入,科学又能助哲学使其发见哲学自己忘却的'可能性'"。② 8 月,范寿康发表了《评所谓"科学与玄学之争"》,以中立的态度对科学派与玄学派作了评价,认为人生观与科学是有关系的,但科学却不能解决所有的人生问题。他说:"人生观即是关于人生的现实及理想两方面的见解,科学又指广义的科学,那末,人生观与科学二者,我以为大部分是有关系的,可是同时我却主张科学决不能解决人生问题的全部。"同时人生观有一部分是先天的,一部分是后天的,先天的部分由主观的直觉而得,决不是科学所能干涉。而后天的部分则应该由科学决定。③ 1924 年范寿康继续发表关于人生观的看法,坚持中立的态度,对二者进行了客观评定。他认为科学与人生观论战问题是自由意志问题,"关于这个意志问题的两极端的见解,不消说是意志绝对自由论和意志绝对决定论。玄学家走的大都是前一条路,科学家走的却大都是后一条路"。范寿康不赞同任何一方的观点,以为"意志活动是受广义的因果律的支配,却未为齐一的原理所制限"。④ 1928 年第 9 卷第 2 期刊登了三浦藤作的《精神科学派哲学及教育学说》⑤一文,对康德以及狄尔泰的精神学说予以介绍。

到 1926 年底,中华学艺社的成员已达 1200 多人,其事务所国内有 16 个,美国有 3 个,日本有 2 个,英、德、法各 1 个。1927 年中华学艺社由王兆荣任总干事,范寿康、温晋城为副总干事,屠孝实、郑贞文为编辑干事。自 1927 年到 1931 年底,《学艺》共出版了四卷(第 8 卷到第 11

---

① 费鸿年:《生机论》,《学艺》第 4 卷第 5 期。
② 杜里舒:《生命问题上之科学与哲学》,《学艺》第 5 卷第 3 期。
③ 范寿康:《评所谓"科学与玄学之争"》,《学艺》第 5 卷第 4 期。
④ 范寿康:《论人生观的根本问题》,《学艺》第 5 卷第 9 期。
⑤ 三浦藤作:《精神科学派哲学及教育学说》,赵青誉译,《学艺》第 9 卷第 2 期。

卷）。从第 10 卷开始文理分家,单号发表人文社会科学方面的文章,双号发表自然科学方面的文章。这相比于融合科学与人文的宗旨是一个倒退,直到 1933 年第 13 卷时,才又将人文学科的文章与自然科学的文章放在同一期上发表,文理不再分家。自 1933 年到 1937 年抗日战争爆发,共出了五卷(第 12 卷到第 16 卷)。抗日战争时期,中华学艺社的常设机构并未离开上海,《学艺》转入地下,终止了发刊。从 1947 年 1 月出版的第 17 卷起,人文社会科学与自然科学又分别出版,单号是人文、社会科学,双号是自然科学。1949 年 5 月,罗宗洛出任中华学艺社理事长。1949 年在出版了最后三期之后停刊,而中华学艺社也随之在 1954 年结束了活动。①

《学艺》是推进新文化运动的一个重要学术阵地,它以留日学生为主力,以融合自然科学与人文社会科学为宗旨,不仅翻译、介绍了近代最新的自然科学知识和理论,还最早翻译、介绍了马克思主义等人文、社会科学方面的重要文献。在当时的科学大潮下,对促进科学与人文的融合起了重要的作用。

(张秀丽)

---

① 范岱年:《中华学艺社和〈学艺〉杂志的兴衰》,《科学哲学和科学史研究》,北京科学出版社 2006 年版。

《学 灯》

　　《学灯》作为上海《时事新报》的副刊,因倡导新文化而在 20 世纪一二十年代具有重要的地位,与《觉悟》、《晨报副镌》、《京报副刊》一起被誉为"五四"时期有名的四大副刊,在新文化运动史上和现代思想史上都有相当广泛的影响。

　　1918 年 3 月 4 日,《学灯》创刊于上海,以评论学校教育和青年修养为主,同时也是"五四"时期新文学创作的主要阵地之一。开始每周一期,5 月起每周两期,12 月起每周三期;1919 年 1 月起改为日刊,星期日休刊,12 月起逐日发行。1925 年 11 月,《时事新报》"教育栏"并入《学灯》,自此《学灯》不再刊登文艺创作,而以教育和新闻为主。1928 年 4 月 4 日,改为《学灯教育界消息》,由程晓湘主持。1929 年 5 月 16 日,改为《教育界》。1932 年 10 月 23 日,复刊,改为《星期学灯》,内容为书报评介、世界文艺思潮介绍、读书随笔、国内文化消息等,主要撰稿人有傅雷、曹聚仁、张资平、胡怀琛、赵景深、刘大杰等。1934 年 6 月 3 日,《星期学灯》易名为《时事新报学灯》,1935 年 9 月 22 日停刊。1937 年 2 月 14 日,《星期学灯》复刊,由薛农山主编,主要刊载有关政治、历史、哲学的论述,主要撰稿人有叶青、李季、郑学稼等。1937 年 8 月 8 日停刊。1938 年 6 月 5 日在重庆复刊。1946 年 4 月 12 日,上海出版的《时事新报》又复刊《学灯》,出至 1947 年 2 月 24 日终刊。先后担任编辑的有张东荪、匡僧、俞颂华、郭虞裳、宗白华、李石岑、郑振铎、柯一岑、朱隐青、潘光旦、钱沧硕等人。

　　《学灯》创刊初期主要侧重于评论学校教育和青年修养,其宗旨是

"促进教育,灌输文化","屏门户之见","为社会学子立说之地"。① 重点介绍学术、讨论理想、传播文化知识,刊载代表各种新思潮的文章。由于内容丰富,取材严谨,思想清新,对青年有着很大的吸引力,每天都收到大量的投稿,是"五四"时期新文学创作的主要阵地之一。1918 年12 月,第一次译载外国文学作品,1919 年 4 月开始发表新文学作品,同年 6 月起辟"社会问题"、"妇女问题"、"劳动问题"等专栏。1919 年 6 月在俞颂华的主持下改变方向,一般性的"思潮栏"取代"教育栏"占据了主要地位。

在新文化运动中,《学灯》采取中立的立场,一面对北洋军阀政府破坏"思想自由"与"学说自由"表示不满②,一面又指责《新青年》作者言论过激,鼓吹"不与他人争闲气"③。以"尽量充分的"输入新道德、新思想、新文艺,"自然而然会消灭"旧道德、旧思想、旧文化为标榜,大量登载了介绍无政府主义、杜威实验主义、工团主义、基尔特社会主义以及杜里舒、罗素、柏格森唯心主义哲学的译著,也译载了马克思的《劳动与资本》。在文学方面,则先后介绍了托尔斯泰、安徒生、莫泊桑、哈代、屠格涅夫、歌德、厨川白村、契诃夫、陀思妥耶夫斯基、王尔德、泰戈尔、施特林堡、巴比塞、魏尔兰、波特莱尔、爱罗先珂、惠特曼、左拉等不同倾向、流派的作家,出版过"歌德纪念号"、"但丁六百年纪念"专号,并介绍了批判现实主义、意象主义、表现主义、象征主义等流派的理论。

《学灯》在提倡新文艺、建设新文学方面具有一定的贡献。1920 年元旦,该副刊发表了"当力求进步"的宣言,表明它的理想为"从学术的根本研究,建中国的未来文化",并对"学灯"的意义重新给予界定:"奉学术作本栏新文化运动的指导明灯。"④郭沫若发表了《抱和儿浴博多湾中》、《鹭鸶》、《死的诱惑》等诗篇,从而"得到了一个诗的创作爆发期"⑤。沈雁冰也发表了其第一篇白话翻译小说——契诃夫的《在家里》。先后在《学灯》上发表著译的作者有:周作人、康白情、张闻天、沈

<hr>

① 张东荪:《学灯宣言》,《学灯》,1918 年 3 月 4 日。
② 匡僧:《为驱逐大学教员事鸣不平》,《每周评论》第 17 期。
③ 左学训:《闻北京大学教员被逐消息警告各方面》。
④ 《学灯栏宣言》,《时事新报·学灯》,1920 年 1 月 1 日。
⑤ 郭沫若:《创造十年》,现代书局 1932 年版。

雁冰、宗白华、叶圣陶、郭沫若、沈泽民、成仿吾、田汉、胡怀琛、胡适、鲁迅、郑振铎、王独清、刘延陵、落华生（许地山）、洪为法、王统照、郁达夫、郑伯奇、滕固、徐玉诺、冰心、谢六逸、王平陵、倪贻德、潘训、俞平伯、胡梦华、徐志摩、顾仲起、施蛰存、李金发等。该副刊还刊登、转载过周作人的《美文》及郭沫若《论国内的评坛及我对于创作上的态度》等文章，并多次组织了探讨新诗理论的专辑，如"诗学讨论号"、"诗歌讨论"、1920 年 9 月 12 日"新诗讨论"、1920 年 11 月 14 日"新诗讨论"等。它还十分重视对新文学作品的评介，其中由胡梦华《读了〈蕙的风〉以后》（1922 年 10 月 24 日）引起的关于"什么是不道德的文学"的讨论有较大影响。

在新文化运动之初，《学灯》与《新青年》相呼应，其贡献是不容抹煞的。它重视新教育，刊登学校的消息、学术信息以及学生社团活动的情况，为当时的社会带来了一股清新的气息。同时它侧重于介绍"西国掌故"和"欧战丛谈"，并办有《科学丛谈》，大力进行科学普及活动。它推出了郭沫若后来被收录于《女神》的新诗，同时也推出了其他一系列新诗，是对中国文学的一大重要贡献。1919 年 8 月 15 日，"新文艺"栏刊载黄仲苏的新诗《重来上海》，这可以看作是该副刊有系统大规模地刊载新诗的开始。进而对胡适等人在《新青年》等刊物上倡导新诗的主张作出呼应和支持，并一度形成热潮。[①] 1919 年 4 月，俞颂华任主编期间，曾全文转载毛泽东在《湘江评论》上发表的《民众的大联合》。五四运动后，《学灯》逐渐沦为抵制马克思主义思想传播的舆论阵地。

（张秀丽）

---

① 朱寿桐：《〈学灯〉与〈新文艺〉建设》，《新文学史料》2005 年第 3 期。

《每周评论》

　　《每周评论》是继《新青年》之后"五四"时期最有影响的刊物之一。1917 年,俄国十月革命胜利,第三国际成立;1918 年 11 月,第一次世界大战结束,随之举行了巴黎和会;1919 年,五四运动爆发。这几件大事汇集成一股强大的历史潮流,为《每周评论》的创刊提供了现实支撑。在这样的国内、国际背景下,陈独秀、李大钊等人在继续推动新文化运动的同时,于 12 月 22 日创办了一份专门报道评论巴黎和会和山东问题、推动政治运动的刊物——《每周评论》。编辑部设在北京大学红楼文科学长办公室,发行所设在宣武门外骡马市大街米市胡同 79 号安徽泾县会馆,参与者每人交 5 元大洋,作为开办经费。这份周报,既是新文化运动的产物,又是指导五四运动的一面旗帜。共设 12 个栏目,主要有国外大事述评、国内大事述评、社论、文艺时评、随感录、新文艺、国内劳动状况、通信、报刊选论等(每期有 5 个栏目以上)。内容侧重时事评述、文学创作和文艺批评,先后出版了"关于新旧思潮的舆论"、"山东问题"、"对于北京学生运动的舆论"等专号,以及罗素的讲演《我们所能做的》、胡适的《多研究些问题,少谈些主义》、李大钊的《再论问题与主义》等文章,对俄国十月革命、马克思主义、欧洲各国社会主义革命以及亚洲民族解放运动,进行了广泛的报道和宣传。1919 年 8 月 31 日,该刊被北洋政府查禁,共出版 37 期。

　　陈独秀在创刊词中指出,该刊的宗旨就是"'主张公理,反对强权'八个大字"。具体内容有两条,即美国总统威尔逊的两大主义:"第一不许各国拿强权来侵害外国的平等自由,第二不许各国政府拿强权来侵害百姓的平等自由。"第 1 期组稿时,为了模糊警察厅的注意,登了一些不痛不痒的文章。主要的文章有陈独秀的创刊词与四则"随感录"、王光祈的"社论"《国际社会之改造》、蔡元培的《劳工神圣》、梁启超的《欧战结局之教训》与胡适的新诗《奔丧到家》,既报道了国际事件,也关注国内的时局变化。

该刊谈政治的主要撰稿人有陈独秀(只眼)、李大钊(明明、守常)、张慰慈、张申府(赤、张赤)、王光祈(若愚)等,思想文艺类的主要撰稿人则有周作人(仲密)、高一涵(涵庐)、胡适等。① 陈独秀发表的文章主要有《我的国内和平意见》《国防军问题》《人种差别待遇问题》《为什么要南北分立》《贫民的哭声》《我们究竟应当不应当爱国》等,以及一大批"随感录"。对外,陈独秀明确提出了欧战后东洋民族的两大"觉悟和要求",主张"抛弃军国主义,不许军阀把持政治"②,明确提出了反帝反封建的主张。对内,陈独秀提出了"除三害",即军人、官僚、政客③,举起了反对北洋军阀统治的大旗。五四运动前夕,李大钊等人的影响以及国际、国内局势的新变化,促使陈独秀对于此前所看好的威尔逊"和平十四条"提出了质疑,他发表了《两个和会都无用》一文,指出"巴黎的和会,各国都重在本国的权利,什么公理,什么永久和平,什么威尔逊总统十四条宣言,都成了一文不值的空话……与世界永久和平人类真正幸福,隔得不止十万八千里,非全世界的人民都站起来直接解决不可"。

五四运动发生后,陈独秀密切关注国际、国内形势的发展,又发表了一系列颇有见地的文章,包括揭露北京政府卖国行为的《对日外交的根本罪恶——造成这根本罪恶的人是谁》④,为了号召全中国人民起来奋斗撰写的《为山东问题敬告各方面》⑤、《山东问题与国民觉悟》⑥等文章。他还谆谆告诫在运动中受尽磨难的学生:"我们青年要立志出了研究室就入监狱,出了监狱就入研究室,这才是人生最高尚优美的生活。

---

① 胡明:《陈独秀、李大钊、胡适与〈每周评论〉》,《苏州大学学报(哲学社会科学版)》1995 年第 2 期。

② 陈独秀:《欧战后东洋民族之觉悟及要求》,《每周评论》第 2 期。

③ 陈独秀:《除三害》,《每周评论》第 5 期。

④ 陈独秀:《对日外交的根本罪恶——造成这根本罪恶的是谁》,《每周评论》第 21 期。

⑤ 陈独秀:《为山东问题敬告各方面》,《每周评论》第 22 期。

⑥ 陈独秀:《山东问题与国民觉悟》,《每周评论》第 23 期。

从这两处发生的文明,才是真文明,才是有生命有价值的文明。"①从此,"出了研究室就入监狱,出了监狱就入研究室",就成为五四运动中青年学生的座右铭。特别是 1919 年 6 月 9 日,为了推动五四运动的深入展开,陈独秀不顾个人安危,亲自起草了《北京市民宣言》的传单,又亲自到闹市区去散发,不幸被逮捕入狱。

李大钊发表的文章主要有《新纪元》、《阶级竞争与互助》、《废娼问题》、《危险思想与言论自由》、《劳动教育问题》、《新旧思想之激战》,另外还有《罪恶之守护者》、《政客》、《乡愿与大盗》、《光明与黑暗》等一大批"随感录"。此外,张慰慈全面介绍了俄国革命与马克思主义及苏维埃各项法规与政策,发表了《俄国的新宪法》、《俄国的土地法》、《俄国的婚姻制度》等颇具影响力的文章。

陈独秀被逮捕以后,自第 26 期改由胡适主编,内容大多宣传杜威实验主义,并挑起了"问题与主义"的论争。胡适在《每周评论》上共发表包括《文学的考据》、《欢迎我们的兄弟——〈星期评论〉》、《多研究些问题,少谈些主义》、《〈孙文学说〉的内容及其评论》、《介绍新出版物——〈湘江评论〉、〈星期日〉》、《三论问题与主义》等在内的 8 篇文章,还发表诗词 5 篇,翻译短篇小说 3 篇。胡适接手编辑工作之后,编发的文章主要涉及思想文化领域,特别是主导了关于"问题与主义"的争论,成为影响中国思想文化领域的重要事件。

(张秀丽)

---

① 陈独秀:《研究室与监狱》,《每周评论》第 25 期。

新潮社及《新潮》

新潮社是 1918 年底在北京大学成立的一个以《新青年》为阵地,旨在提倡新思潮新文化的学生社团,是中国现代文学史上的一个重要社团。

1916 年蔡元培入掌北京大学,对北京大学进行了一番改革,他包容各种思潮,但主要是鼓励新思潮新文化的传播,给北京大学注入了新鲜气象。他大力鼓励学生依照自我兴趣,组织各类学会,以培养校内的学术研究氛围。经过两年的努力,北京大学的学生社团如雨后春笋般建立了起来。深受陈独秀以及《新青年》影响的北京大学中国文学门二年级学生傅斯年、英国文学门二年级学生罗家伦、哲学门二年级学生顾颉刚等,决定成立一个社团,他们联络同学杨振声、徐彦之、康白情、俞平伯等人,取得共识。1918 年岁末,在北京大学红楼图书馆的一个房间里,傅斯年、罗家伦、顾颉刚等在蔡元培、陈独秀、胡适、钱玄同、李大钊等师长的直接指导与帮助下,发起成立了北京大学第一个学生社团——"新潮社"。在五四运动时期蜂起的各种文化社团中,新潮社算得上是创办较早而且很有影响的一家。它一开始就旗帜鲜明地站在新文化运动的立场上,与师长们的《新青年》同声相应、同气相求,互成掎角之势。1919 年 11 月,傅斯年去英国留学,组织发生一些变更。在第二届职员中,只设编辑 1 人,由罗家伦担任;设经理 1 人,由孟寿椿担任;另外,由顾颉刚负责代派赠阅交换,高尚德负责广告,王星汉、宗锡均、李小峰负责记录与校对。1920 年罗家伦也要出国留学,组织又做了一次调整,恢复旧制,重设编辑和干事两部,周作人任主任编辑,毛子水、顾颉刚、陈达材、孙伏园任编辑,孟寿椿任主任干事,王星汉、孙伏园、高尚德、宗锡均、李小峰、郭绍虞等任干事。新潮社是个学生社团,它诞生于轰轰烈烈的五四运动前夕,它的成员经历了新文化运动和五四运动,其后又出国留学,后来大都成为中国现代文化领域中的重要人物。

社团与期刊共生,是"五四"时期的一个重要文化现象。各文化社团都纷纷把创办期刊列为社团的第一要事,试图通过期刊,向社会发表言论、宣传主张,从而影响文化学术、世道人心。1918 年 12 月 13 日,《北京大学日刊》刊登了《新潮杂志社启事》:"同人等集合同趣组成一月刊杂志,定名曰《新潮》。专以介绍西洋近代思潮,批评中国现代学术上、社会上各问题为职司。不取庸言,不为无主义之文辞。成立方始,切待匡正,同学诸君如肯赐以指教,最为欢迎!"还公布了首批 21 名社员的名单。全体社员均为杂志的撰述员。杂志社下设编辑部和干事部两个部门,均为三人编制,任事者由社员选举产生。1919 年 1 月,《新潮》杂志正式创刊。在新潮社的首届职员中,编辑部的三位依次是傅斯年、罗家伦和杨振声;干事部的三位依次是徐彦之、康白情和俞平伯。杂志甫一出版,便受到了社会读者的广泛欢迎,创刊号一个月内就再版了三次。

与此同时还产生了另外两个社团和杂志。一是学生许德珩、易克嶷、高尚德等人成立的国民杂志社和《国民》杂志;另一是在守旧的教员刘师培、黄侃、陈汉章、马叙伦、屠孝寔、康宝忠、陈钟凡、吴梅、黄节、林损等支持下,由国文系学生俞士镇、薛祥绥、杨湜生、张煊、胡文豹等成立的国故月刊社及《国故》杂志。新潮社和国故社,因思想观点对立,经常展开激烈的论战;而国民社则处于中立状态。不过,五四运动到来的时候,三个学生社团的大部分成员,都积极参加了运动,罗家伦、傅斯年、杨振声、许德珩等都成为当时学生运动的领袖人物。

按照最初的计划,《新潮》是每年一卷十期的定期月刊;前五期基本上如期出刊,后面的则常有拖延,时断时续,第二卷第五期,直到 1920 年 9 月 1 日才出完。第三卷总共只出了两期。第一期发行于 1921 年 10 月,第二期发行于 1922 年 3 月,中间整整相隔了五个月,而这也是《新潮》向历史奉献的最后一期杂志。刊物之所以不能按期正常出版,除了五四运动的短暂耽搁外,主要有两方面的原因。一是稿源方面,社团成员总共 40 余人,竟有 30 多人在国外,忙碌的留学生活使很多社员无暇写稿;而留在国内的一些社员,如叶绍钧、朱自清、孙伏园、郭绍虞等人,又分心于文学研究会的事情,稿源不足就可想而知。二是经济方面,虽然《新潮》的销路很好,但结账并不及时,兼之 1920 年新潮社开始从事书籍出版,分流了一部分出版资金,经济上周转不灵,杂志出版就只能延期。因此,《新潮》一共出版了 12 期,历时两年零五个月。

新潮社成立之初,就有出版图书的打算。社团早期主要领导人之一的傅斯年,一开始就认为新潮社具备了一个学会的雏形。1919 年 11 月 19 日举行全体社员大会,决议将该社从杂志社改为学会,并正式启动丛书的出版。经过短期的筹备,《新潮丛书》的第一本是王星拱编著的《科学方法论》(《科学概论》第 1 卷),于 1920 年 4 月出版。第二本陈大齐(百年)著的《迷信与心理》,于同年 5 月出版。第三本周作人翻译的外国近代名家短篇小说集《点滴》(上、下册),于同年 8 月出版。第四本蔡元培的《蔡孑民先生言行录》(上、下册),于同年 10 月出版。后因资金周转问题,丛书出版节奏慢了下来,第五本陶孟和著的《现代心理学》,拖至 1922 年 2 月才面世。第六本李小峰、潘梓年译的《疯狂心理》,到 1923 年 4 月才印行。而原计划作为丛书第七本出版的罗家伦译《思想自由史》,和第八本陈达材著《政治原理》,最终无法印行。此外,新潮社还出版《文艺丛书》,共出版冰心的《春水》等 11 种图书。

新潮社从创办到结束,一共出版了一种期刊两套丛书,出版物数量虽然不能算多,但相比于同时期的其他文化社团,这样的出版成绩,已是相当可观的了。而新潮社作为一个以学生为主的社团,在资助无多,经验不足,成员又一茬茬毕业,人员变换频繁的情况下,能把出版做到如此地步,应该说是十分难得。《新潮》杂志一直站在时代变革的最前沿,提倡白话文学,翻译西洋文字,介绍国外思潮,批评国内问题,为文学革命呐喊助威,为思想革命鸣锣开道。它是《新青年》最坚实的同盟军,与《新青年》一道,共同擎起了新文化运动的大旗,扩大了新文化运动的影响,成为新文化运动的重要阵地。

(法　帅)

国故月刊社及《国故》

　　1919 年 1 月 26 日，在北京大学教员刘师培、黄侃、陈汉章、马叙伦、屠孝寔、康宝忠、陈钟凡、吴梅、黄节、林损等支持下，国文系学生薛祥绥、俞士镇、胡文豹等发起成立"国故月刊社"。同年 3 月 20 日《国故》创刊，以"昌明中国固有之学术"为宗旨，总编辑是刘师培、黄侃。《国故》出至第 5 期停刊。

　　该社自称"慨然于国学沦夷，欲发起学报，以图挽救"。所发文章的思想倾向大都与新文化运动对峙，认为"五四"以来，"功利倡而廉耻丧，科学尊而礼义亡，以放荡为自由，以攘夺为责任；斥道德为虚妄，诋圣贤为国愿，滔滔者皆是也"[①]。

　　1919 年 5 月，毛子水在《新潮》发表了《国故和科学的精神》一文，对《国故》的办刊旨趣提出了尖锐批评。他认为，"国故是过去的已死的东西，欧化是正在生长的东西；国故是杂乱无章的零碎智识，欧化是有系统的学术。这两个东西，万万没有对等的道理"。由是，"国故虽然应当研究，但是比较起现在世人所应当研究的科学来，直是'九牛一毛'"，"现在我们中国人最要紧的事情，就是吸收欧洲现代确有价值的学术"。[②] 随后，张煊在《国故》第 3 期上发表《驳〈新潮〉〈国故和科学的精神〉篇》，对毛子水的观点进行反驳。他指出："国故之生死，将视治之者之何如。使国人皆弃置之勿复顾，或即治之而但为陈死人之陈列，不求

---

　　① 薛祥绥：《讲学救世议》，《国故》第 3 期。
　　② 毛子水：《国故和科学的精神》，《新潮》第 1 卷第 5 期。

进步,不肯推故演新,则信乎其且死矣！使国人之治之者尚众,肯推已知而求未知,为之补苴罅漏,张皇幽渺,使之日新月异,以应时势之需,则国故亦方生未艾也。""今之治国故者尚大有人在,以抱残守缺为已足者固偶有之,而肯精益求精不甘自封故步者,亦未尝无其人,谓之已死可乎？"他还指出:"学者之所孜孜以求者,未知者也,新也；其所根据以求未知与新者,已知者也,故也……故以进化言,新者未来之称号,故者求新之根据。"他认为"国故,东洋文明之代表也；欧化,西洋文明之代表也。今日东西洋之文明,当然处对等地位"。"譬诸造纸,将来之新文明为新纸,国故犹败布,欧化犹破纸,为造新纸故,破纸固不可弃,败布亦所当宝,败布与破纸其能改造为新纸则一也……收拾国故与输入欧化,皆为拾败布收破纸之事业……二者正宜相助而不宜相斥。"并且申明:"吾敢正告今日之学者曰:凡学无论其属于国故,抑属于欧化,皆有研究之价值,皆当尽力发挥。"不过,或许出于对世人群趋"欧化"的忧虑,他又呼吁道:"在世界学术方面观之,与其得一抄拾欧化之人,毋宁得一整理国故之人。抄拾欧化,欧化之本身不加长也；整理国故以贡诸世界学术界,世界反多有所得。"①

　　双方的观念相互抵牾,《国故》与《新潮》之间相互对峙,"二派杂志,旗鼓相当,互相争辩"②。双方经过激烈的交锋,提出了不少新的问题。正是受双方争论的启发,胡适撰写了《新思潮的意义》一文,掀起了一场"整理国故运动"。

（徐庆文）

───────────

① 　张煊:《驳〈新潮〉〈国故和科学的精神〉篇》,《国故》第 3 期。
② 　《请看北京学潮思潮变迁之近状》,《公言报》,1919 年 3 月 18 日。

五 四 运 动

　　五四运动是一场在北京爆发的中国人民反对帝国主义、封建主义的爱国运动。

　　1918 年 11 月 11 日,第一次世界大战以协约国战胜同盟国而告终。战后,就如何处理战败国等事宜,协约国一方举行了"巴黎和会"加以协商。协约国战胜的消息传到国内,作为战胜国之一,中国国内一时间弥漫着喜庆的气氛。是年 11 月 28 日至 30 日,北京政府以参战国资格在北京举办了三日大庆,在故宫内的太和殿前举行了四五个小时的阅兵典礼,由大总统黎元洪率领国务总理、陆军总长等进行检阅。民间也用自己的方式表达了庆祝。德国投降的消息传到北京时,北京各学校在 11 月 14 日至 16 日,连续放假三天庆祝胜利,"旌旗满街,电彩照耀,鼓乐喧阗,好不热闹"。[①] 15、16 两日,北京大学的学生在天安门举行演讲大会。28 日至 30 日,北京各学校又放假三天,举行了更大规模的联欢。

　　当时,许多中国人对"巴黎和会"的本质还认识不清。协约国取得胜利后,部分国人寄希望于美国总统威尔逊的"和平十四条",对于美英等国抱有幻想。梁启超撰文指出:"今此之战,为世界之永久平和而战也。"他认为威尔逊所提出的"国际同盟"是实现"将来理想之世界大同"的"最良之手段"。[②] 胡适在演讲中也曾说:"这一次协商国所以能大

---

　　① 《科林德碑》,《新青年》第 5 卷第 5 期。
　　② 《东方杂志》第 16 卷第 2 期,1919 年 2 月。

胜,全靠美国的帮助。美国所以加入战国,全是因为要寻一个'解决武力'的办法。""如今且说美大总统所主张,协商各国所同声赞成的'解决武力'的办法是什么?"即"把各国私有的武力变成了世界公有的武力,就是变成了世界公有的国际警察队了。这便是解决武力的办法"。[①]此时,不仅胡适有这样的看法,陈独秀也持这种观点,他在《每周评论》的发刊词中指出:"美国大总统威尔逊屡次的演说,都是光明正大,可算得现在世界上第一个好人。"发刊词的全篇主旨就是"公理战胜强权"。[②]在梁启超、胡适、陈独秀等人的宣传下,国内民众出现了对帝国主义以及巴黎和会的幻想,以为巴黎和会可以使中国摆脱帝国主义的奴役。

然而,这种想法是十分天真的。中国虽然名义上是战胜国,但实际上并没有一兵一卒参加欧战,而且作为弱国,实处于人微言轻之窘境中。由于美、英、法和日本相互勾结,中国北洋军阀政府又奉行对外妥协的政策,帝国主义根本不理睬中国人民的正当要求。面对举国上下的这种欢欣鼓舞,李大钊为代表的知识分子表示了深切的担忧。

第一次世界大战之后,战胜的协约国纷纷提出了各种瓜分世界的蓝图,巴黎和会实际上是分赃大会,而中国则是美日争夺的焦点。1919年1月18日,巴黎和会在凡尔赛宫正式开幕,参加的有美国、英国、意大利、日本、中国等20多个国家的代表共计1000多人。代表北京政府出席巴黎和会的是陆征祥(外长,1918年12月1日赴欧)、顾维钧(驻美公使)、施肇基(驻英公使)、魏宸组(驻比公使)、王正廷(南方军政府代表)等五人。会上,中国代表提出了废除势力范围、撤退外国军队等七项和平条件以及取消中日"二十一条"的提案,都遭到了拒绝,唯一的希望就是山东问题的顺利解决。经过几个月的讨论,中国代表所努力争取的权益都没有实现,相反,山东的权益却无条件地转交给了日本。

巴黎和会期间,国内各界、各团体都给予了密切的关注,并纷纷致电巴黎,表示必须坚决对抗日本的干涉,对山东问题要誓死力争。这时,北京的学生已经开始行动起来。2月5日,北京大学学生2000余

---

① 《北京大学日刊》,1918年11月27日。
② 《每周评论》第1期,1918年12月22日。

人在法科开全体大会，并推举干事 10 余人，分头联合各校的学生，致电巴黎专使，敦促他们拒绝日本的要求。① 巴黎和谈失败的消息不断传来之后，10 万山东人民于 4 月 20 日在济南举行了国民请愿大会，并赴北京各地进行活动。5 月 3 日，中国外交失败的消息见诸报端，全国群情激愤，一个声势浩大、波澜壮阔的爱国运动由此爆发！是日，全国各界举行了各种各样的集会，抗议山东问题的无理解决，北京政界人士拟定于 5 月 7 日在中央公园召开国民大会。但热血沸腾的北京学生已经开始行动，当晚，北京大学的 1000 多名学生举行了声势浩大的集会，还有十几个学校的学生代表加入集会。大会推举了北京大学法科四年级学生廖书仓为临时主席，北京大学文科学生黄日葵、孟寿椿二人做记录，许德珩起草宣言。② 会议结束已是深夜 11 点，学生连夜分头着手准备游行所需的宣言、电报、传单，以及旗帜、标语，所有标语几乎都是"收回山东权利"、"惩办卖国贼"、"拒绝在巴黎和会上签字"、"内除国贼，外抗强权"、"废除二十一条"等。③

经过紧锣密鼓的筹备，1919 年 5 月 4 日下午 1 时许，"北京大学等十数学校学生二三千人，因青岛问题，在天安门前集合，拟赴各使馆争议"。④ 北京大学的学生队伍在冲破警察的阻拦，到达天安门广场之后，受到了早在那里等候的其他各校学生的热烈欢迎。他们举着各种颜色的小旗，上书"外争主权、内除国贼"、"誓死力争，还我青岛"、"抵制日货"、"宁肯玉碎，勿为瓦全"、"收回山东权利"、"取消二十一条"、"拒绝和约签字"等标语。在天安门前，有人演说，有人喊口号，要求惩办亲日派曹汝霖、章宗祥、陆宗舆，并决定举行游行示威。

短暂的天安门集会之后，游行队伍向东交民巷的公使馆进发。学生由天安门出东华门行至东交民巷的西口时遭到了使馆巡捕的阻拦，声称"使馆界之巡捕谓须得大总统之同意始准入内游行"。被阻于东交

---

① 《每周评论》第 8 期，1919 年 2 月 9 日。

② 许德珩：《五四运动六十周年》，载中国社会科学院近代史研究所编：《五四运动回忆录》（续），中国社会科学出版社 1979 年版，第 51 页。

③ 许德珩：《五四运动六十周年》，载中国社会科学院近代史研究所编：《五四运动回忆录》（续），中国社会科学出版社 1979 年版，第 52 页。

④ 中国社会科学院近代史研究所、中国第二历史档案馆编辑部编：《"五四"爱国运动档案资料》，中国社会科学出版社 1980 年版，第 185 页。

民巷西口的 3000 多名学生,在烈日下曝晒了两个小时,使馆界不许通过,使馆人员又避而不见,学生"虽无厌倦之容,难免忿恨之态"。① 义愤填膺的青年学生决定转而向赵家楼胡同曹汝霖的住宅行进,沿途散发传单,围观的群众深受感动。下午 4 时许,游行队伍涌到了前赵家楼胡同,冲入曹宅,曹汝霖急忙躲藏起来,在场的章宗祥被学生认出,受到学生痛打,曹宅也被放火焚烧。火起后半小时,警察总监吴炳湘、步兵统领李长太率领大批军警赶到,逮捕了学生 32 人。② 为营救被捕学生,5 月 5 日上午,北京各大专学校学生代表召开会议,决议自即日起一律罢课,并通电各方请求支援。学生的正义斗争获得了社会各阶层的广泛同情,社会各界纷纷向政府当局提出抗议。继学生相继罢课之后,各校的校长也忙于向政府请愿,请愿失败后,他们纷纷递交了辞呈。

陈独秀在《每周评论》上发表了《研究室与监狱》一文,指出"我们青年要立志出了研究室就入监狱,出了监狱就入研究室,这才是人生最高尚优美的生活"。陈独秀的这篇文章迅速传遍了大江南北,不仅极大地鼓舞了学生的士气,而且全国各地人士也纷纷致电政府当局,要求释放被捕学生,废除"二十一条",严惩曹汝霖、章宗祥、陆宗舆三人。5 月 7 日,北京、天津、上海、南京、武汉、长沙、广州、重庆等地学生分别举行了大规模的集会和游行示威,运动在全国范围内迅速兴起。在国外的中国留学生和华侨也展开了爱国活动。当时在上海的孙中山也表示深切的同情和支持。北京政府迫于民众的压力,不得不在 5 月 7 日释放被捕学生。5 月 9 日,军阀政府以为风潮已过,下令为曹、章、陆辩护,并传讯被释放的学生,追究 5 月 4 日行动的主使人。当日,北京大学校长蔡元培因同情学生而辞职。

北京学生面对政府的种种举措,异常愤怒,5 月 19 日,各校学生同时宣告罢课,并向各省的省议会、教育会、工会、商会、农会、学校、报馆发出罢课宣言,要求严惩曹、章、陆三人,取消诬蔑学生的命令。天津、上海、南京、杭州、重庆、南昌、武汉、长沙、厦门、济南、开封、太原等地学

① 蔡晓舟、杨景工编:《五四》,载中国社会科学院近代研究所近代史资料编辑组编:《五四爱国运动》(上),中国社会科学出版社 1979 年版,第 454 页。

② 龚振黄:《青岛潮》,载中国社会科学院近代研究所近代史资料编辑组编:《五四爱国运动》(上),中国社会科学出版社 1979 年版,第 168 页。

生,也先后宣告罢课,支持北京学生的斗争。

北京学生在罢课以后,一方面派代表到全国各地联络,商讨采取一致行动,发动更大规模的抗争;另一方面组织演说团,在群众中广泛宣传。政府则采取各种手段,制止学生们的各项爱国活动,不许学生举行会议,还检查新闻,查封报馆。步兵和马队在街上往来巡逻,逮捕学生。5 月 21 日,日本驻华公使提交"紧急照会",威胁北京当局,迫使其加紧镇压学生运动。5 月 25 日,教育部下达指令:限各校学生三日内复课,否则将予以严厉镇压。6 月 1 日,政府下令取缔学生的一切爱国行动。政府的镇压,更加激起了学生的愤慨。6 月 3 日,北京各校学生分组出发到街头演讲。6 月 4 日,更多的学生加入宣传活动,两天内竟有近 2000 学生遭到逮捕,从而激起了全国人民更大的愤怒,触发了由全国响应、支援的"六三"运动。6 月 3 日政府大肆逮捕爱国学生的消息,迅速传遍全国,爱国运动的浪潮在 20 多个省份的 150 多个大中小城市掀起。从此,五四运动转入了一个新的阶段。以"六三"为界,五四运动的中心由北京转移到上海,运动的主力由学生扩大到工人,这一运动迅速遍及到了全国各地,由北京青年所点燃的星星之火,迅速变成燎原之势;海外华侨也都对五四运动表示了积极的响应和支持。

为了响应北京学生的号召,上海人民首先行动起来,自 6 月 5 日起实现了学生罢课、工人罢工、商人罢市的"三罢"斗争,大力声援北京学生。特别是上海工人,从 6 月 5 日起发动了有六七万人参加的政治大罢工。上海地区的"三罢"斗争,推动了全国其他地区的"三罢"的发展,南京、天津、杭州、济南、武汉、九江、芜湖等地工人,也都先后举行罢工和示威游行。北京政府为之震惊,不得不于 6 月 6 日释放全部被捕学生,并于 10 日宣布"批准"曹、章、陆三人"辞职"。至此,运动取得了初步胜利。

6 月 11 日,北京大学教授陈独秀、高一涵等人到北京前门外闹市区散发《北京市民宣言》,声明如政府不接受市民要求,"我等学生商人劳工军人等,惟有直接行动以图根本之改造"。陈独秀因此被捕。各地学生团体和社会知名人士纷纷发出通电,抗议军阀政府的这一暴行。17 日,北京政府违背全国人民的意愿,企图在《凡尔赛和约》上签字。北京学联立即号召学生投入拒签和约的斗争。18 日,山东派出各界代

表 80 多人进京请愿。北京、上海等地学生、工人纷纷响应。在巴黎的华工和中国留学生也强烈要求拒绝签约。6 月 28 日,中国的留法学生和工人包围了中国代表的寓所,代表被迫拒绝在和约上签字。这个消息传遍全世界,帝国主义国家大为震动。至此,五四爱国运动告一段落,而五四运动所提出的直接目标基本得到了实现。

五四运动并不是一个孤立的事件,五四运动之前,有新文化运动为先导。五四运动之后,各种各样救亡、强国的实践活动继续如火如荼地进行。五四运动所鼓荡起的各种思潮,所造就和推出的大师巨子,对整个 20 世纪中国学术思想史产生了深远的影响。

(张秀丽)

整理国故运动

  针对新文化运动中"保存国粹"的复古论,一部分学者提出了"整理国故"的学术口号,1919 年由胡适进一步提出"整理国故"的指导思想,从而发起了影响 20 世纪二三十年代中国思想发展的"整理国故运动"。

  1919 年 5 月,毛子水在《新潮》杂志上发表了《国故和科学精神》一文,倡导用科学的精神研究国学。他认为"国故的大部分是中国民族过去的历史的材料"。一再提醒人们,国故是过去的,是历史材料,它好比是一具得了奇病而死的"尸体"。还明确指出,"国故在今日世界学术上,占不了什么重要位置",但研究国故是必要的,一方面理清一段中国的学术史和中国民族的历史,可以在世界学术上占个位置;另一方面找出中国学术和历史不发达的病因,好设法救济它。①

  北京大学学生张煊反对毛子水的观点。他在《国故》上发表《驳〈新潮〉〈国故和科学的精神〉篇》的文章里,主张用历史的眼光,强调古代和现代的推演,强调学术和科学发展的连续性,指出新学术和新科学是根据旧学术和旧科学的发展而来的。张煊认为,国故未死,它还"支配我国多数人之心理,于四万万人之心中,依然生存"。只要国人不弃之不顾,"肯推已知而求未知,为之补苴罅漏,张皇幽眇,使之日新月异,以应时势之需,则国故亦方生未艾也"。②

  1919 年 12 月,胡适在《新青年》上发表了《新思潮的意义》一文,提

---

① 毛子水:《国故和科学精神》,《新潮》第 1 卷第 5 期。
② 张煊:《驳〈新潮〉〈国故和科学的精神〉篇》,《国故》第 3 期。

问："新思潮的运动对于中国旧有的学术思想,持什么态度呢?"他的答案是:"也持评判的态度。""分开来说,我们对于旧有的学术思想有三种态度。第一,反对盲从;第二,反对调和;第三,主张整理国故。"①胡适还明确提出了对于传统文化持"评判的态度"和"重新估定一切价值"的原则,同时,他系统完整地提出了"研究问题、输入学理、整理国故、再造文明"的指导思想,指出整理国故"就是从乱七八糟里面寻出一个条理脉络来;从无头无脑里面寻出一个前因后果来;从胡说谬解里面寻出一个真意义来;从武断迷信里面寻出一个真价值来"。② 其后,傅斯年加入了国故论争,并支持毛子水的观点。于是,一场在民国时期风行一时的"整理国故运动"骎骎而起。围绕着提倡"整理国故"的必要与否以及方法得当与否,无论是名流巨擘,抑或是学界新秀,也无论是敌是友,均本着各自对时势与治学的判断和看法,公开或私下地发表了不少或赞成或反对的意见,可谓褒贬各异、莫衷一是。

由于胡适等人的参与,并提出整理国故的指导思想,在其后的一段时间里,整理国故成为当时学者们热议的话题。按照"重估一切价值"的评判态度,诸多学者开始重新研究中国古代的思想。在重新审视中国古代思想时,一股疑古思潮兴起,演变成为"疑古派"(也称古史辨派)。顾颉刚和钱玄同是"疑古派"的代表,他们深受胡适思想的影响,主张用历史演进的观念和大胆疑古的精神,借鉴西方近代社会学、考古学等方法,研究中国古代的历史和典籍。古史辨派推翻了传统所谓的"盘古开天地"、"三皇五帝"等概念构成的中国古史系统。其中,顾颉刚提出了著名的"层累地造成中国古史"的观点。他着重考察了中国古代思想文化的源头,认为"时代愈后,传说中的古史期愈长";"时代愈后,传说中的中心人物愈放愈大";虽然"不能知道某一件事的真确的状况,但可以知道某一件事在传说中的最早的状况"。据此,他提出要打破"民族出于一统"、"地域向来一统"、"古史为黄金世界"等根深蒂固的传统观念。③ 古史辨派对涉及儒家经学的研究内容也很多,他们认为"六经"是周代通行的几部并不相干的书,它们既不是如古文经学家所谓的"六经皆周书之旧

---

① 胡适:《新思潮的意义》,《新青年》第7卷第1期。
② 胡适:《新思潮的意义》,《新青年》第7卷第1期。
③ 顾颉刚:《与钱玄同论古书》,《古史辨》第1卷。

典",也不是如今文经学家所说的"六经皆孔子之作品",孔子没有删述或制作过"六经","六经"的配成当在战国后期。他们否认《诗经》即所谓圣贤的"遗教"之说,认为它不过是民歌而已;也否认孔子删《诗》之说,以为《诗》与孔子无关。在《春秋》方面,他们着重讨论的是《春秋》的性质、孔子与《春秋》的关系。此外还有关于《左传》的考辨问题。与"疑古派"紧密相关的是,一些学者为了疑古,在治学方法上重拾考据方法,一时间,考据学风盛行。"当时北京有所谓京派,讲切实,重证据,为新朴学,新考据。京派主要在北大,北大以胡适为翘楚……表现在史学方面的是整理国故的国故学、疑古学、古史学。"①"这种新国学运动的方向,我想可以胡先生的'历史癖与考据癖'一语括之。"②

整理国故运动在胡适等知名学者的参与下,对中国现代学术转型产生了巨大影响。整理国故运动基本上打破了中国传统学术的"四部"分类,主张按照西方现代学术门类,对"国学"加以分科研究,由是最终将"国学"一词逐渐淡化出现代学术舞台;与此同时,它还通过对经学独尊地位的严厉批判以及"六经皆史"观念的大力阐扬,完全剥除了经学的神圣外衣,宣告了传统经学的解体和终结。整理国故运动也冲破了传统学术观念的多种束缚,普及了"经子平等"、"今古文平等"、"雅俗平等"等治学观念,在中国学术界成功地形成了一种"平等的眼光"。此外,整理国故运动将自然科学的方法广泛地运用于国学研究领域,尤其是以现代考古学方法取代传统金石学。

然而,整理国故运动在实际运作中,并没有达到胡适等人的理想目标。当胡适逐渐从"整理国故"走向"充分西化"时,另外一些被裹胁入"整理国故运动"的"国粹"论者,反借"整理国故"之名,行复古之实。于是,在 20 世纪 20 年代,借助整理国故的机会倡导重读线装书的"回潮"现象风行一时,向来被"冷搁在毛厕边缘的线装书,连孔家店的一应旧礼教在内,却逐步的得借科学方法整理国故之美名,而重受时代之盼睐"。③"1919 年以后,胡适就打起'整理国故'的旗号,开始宣传研究国学了。"④

---

① 胡厚宣:《我和甲骨文》,《书品》1997 年第 1 期。
② 朱自清:《朱自清全集》第四卷,江苏教育出版社 1996 年版,第 240 页。
③ 钱穆:《近百年来诸儒论读书》,《学钥》,联经出版社 1992 年版。
④ 王锟:《孔子与二十世纪中国思想》,齐鲁书社 2006 年版,第 69 页。

胡适于 1923 年创办《国学季刊》，呼吁研究国学，并列出国学研究书目为《论语》、《大学》、《中庸》、《孟子》、《周礼》等 180 余种书目，"为普通青年人想得一点系统的国学知识的人设想"。[①] 其后，梁启超针对胡适开列的国学研究书目，也开列了一份"国学入门书要目"，开列《四书》、《易经》、《书经》、《礼记》等 25 种书目为"最低限度必读书目"，并认为如果这些书不读，"真不能认为中国学人矣"。[②] 此后，开书目、治国学便成为"时髦"，迅速影响到全国知识界，形成一股声势不小的"读线装书"的潮流。"除了适之先生自己和顾颉刚、唐擘黄、钱玄同等三四位先生外，哪一个国故学者在'磨刀霍霍'呢？唉，哪一个不是在进汤灌药，割肉补疮呢！哪一个不是在垃圾桶里掏宝，灰土堆中搜珍奇呢！"[③]

受整理国故思潮的刺激，吴稚晖、鲁迅以及年轻一辈的文学研究会和创造社的成员，掀起了"反整理国故"的运动。吴稚晖敏锐地感受到了文化界"回潮"的味道，于是他发表文章对整理国故进行批判。吴稚晖把新派人物整理的国故称为"洋八股化之理学"，并把国内思想的倒退和政治的腐化也归罪于"洋八股化之理学"。他认为"这国故的臭东西，他本同小老婆吸鸦片相依为命，小老婆吸鸦片又同升官发财相依为命。国学太盛，政治无不腐败"[④]。吴稚晖认为现在的要务是必须让中国的青年学习西方的科学技术，使中国先富强起来，而不是走整理国故的文化道路。吴稚晖反对整理国故的激烈言辞，掀起知识界反整理国故的讨论。鲁迅也说："自从新思潮来到中国以后，其实何尝有力，而一群老头子，还有少年，却已丧魂失魄的来讲国故了……就现状而言，做事本来还随各人的自便，老先生要整理国故，当然不妨去埋在南窗下读死书，至于青年，却自有他们的活学问和新艺术，各干各事，也还没有大妨害的，但若拿了这面旗子来号召，那就是要中国永远与世界隔绝

---

① 胡适：《一个最低限度的国学书目》，载欧阳哲生编：《胡适文集》（第三册），北京大学出版社 1998 年版，第 87 页。

② 梁启超：《国学入门书要目及其读法》，载马克锋编：《国学与现代学术》，广西师范大学出版社 2010 年版，第 196—207 页。

③ 《整理国故与"打鬼"·西滢跋语》，载欧阳哲生编：《胡适文集》（第四册），北京大学出版社 1998 年版，第 120 页。

④ 吴稚晖：《箴洋八股化之理学》，《科学与人生观》，山东人民出版社 1997 年版，第 309 页。

了。"①钱玄同赞同吴稚晖痛斥国故的言论，认为"不如请有科学头脑、有历史眼光的胡适之先生、顾颉刚先生诸人来做整理国故的事业"②。他强调"国故是过去的已经僵死的中国旧文化，所以他与现在中国人的生活实在没有什么关系。现在的中国人应该赶紧研究不容再缓的学问便是科学，研究科学才能得到思想精密、眼光扩大、知识正确、生活改善、道德增进种种好处。这些好处，国故里面是找不出来的"。中国若再迷恋旧文化的尸骸，"一定要闹到亡国灭种的地步"。③

至此，整理国故运动已经分不清楚是科学研究还是宣扬国粹。倡导整理国故运动的胡适，也逐渐修正了他自己的观点。1927年胡适发表文章说："我十分相信'烂纸堆'里有无数无数的老鬼，能吃人，能迷人，害人的厉害胜过柏斯德（Pasteur）发现的种种病菌"，整理国故其实是为了"打鬼""捉妖"。④1928年胡适又发表文章指出："现在一班少年人跟着我们向故纸堆去乱钻，这是最可悲叹的现状。我们希望他们及早回头，多学一点自然科学的知识与技术；那条路是活路，这条钻故纸的路是死路。三百年的第一流的聪明才智消磨在这故纸堆里，还没有什么好成绩。"胡适大声疾呼："我们应该换条路走走了。"⑤为此，由胡适参与而兴盛的整理国故运动，其现实的结果并没有起到批判儒学传统的作用，而是使一些学者在整理国故中重新认识儒学。这在客观上为儒学的发展奠定了史学的基础。

胡适倡导的整理国故运动，也招致了唯物史观派的批判和现代新儒家的反驳。

对于自由主义西化派的整理国故，唯物史观派开始是持赞成态度的。陈独秀在一定程度上对胡适提出的"以科学方法整理国故"的口号表示赞许。1920年陈独秀在《新文化运动是什么？》一文中便说："研究、说明一切学问（国故也包括在内），都应该严守科学方法。"⑥张闻天

---

① 鲁迅：《坟》，《鲁迅全集》第1卷，人民文学出版社2005年版，第175页。

② 钱玄同：《汉字革命与国故》，《晨报五周年纪念增刊》，1923年12月1日。

③ 钱玄同：《林玉常〈国语罗马字拼音与科学方法〉附记》，《晨报副刊》，1923年9月12日。

④ 胡适：《整理国故与"打鬼"》，载欧阳哲生编，《胡适文集》（第四册），北京大学出版社1998年版，第114页。

⑤ 胡适：《治学的方法与材料》，《新月》第1卷第9期。

⑥ 陈独秀：《新文化运动是什么？》，《新青年》第7卷第5期。

也针对中华书局的出版方向指出："中华书局以后应该做的事情：
(一)整理国故。把没有用的东西淘汰，以为后辈青年的便利……整理
国故，不能叫一般遗老去整理，一定要具有下列三种条件：一、对于国故
有彻底的研究，对于西洋学说也十分了解。二、有世界的眼光。三、有
科学的见解。"①这更是与胡适等人的主张如出一辙。然而随着时局的
变化，唯物史观派逐渐意识到"整理国故"与现实政治斗争之间的抵牾
冲突，由此开始反思整理国故运动。1924 年共青团中央机关刊物《中
国青年》更发表《受"国故毒"的学生听着》一文针砭道："中国国势已经
危急的了不得，而这般老学究们还在那里提倡'国故'，这简直是昏庸已
极的事情"，"实在代表了一种反动黑暗的势力"。② 针对当时胡适、梁
启超大开国学书目，《中国青年》还及时开列出"一个马克思学说的书
目"，试图借此消除胡适等人的影响。③ 与此同时，陈独秀等人也迅速
调整了对"整理国故"的认识。1923 年 7 月，陈独秀发表文章认为："现
在中国社会思想上堆满了粪秽，急需香水来解除臭气，我们只须赶快制
造香水要紧，可是胡适之、曹聚仁这几位先生，妙想天开，要在粪秽里寻
找香水，即令费尽牛力寻出少量香水，其质量最好也不过和别的香水一
样，并不特别神奇，而且出力寻找时自身多少恐要染点臭气。"④1924 年
郭沫若在《整理国故的评价》一文中便说："这种整理事业的评价我们尤
不可估之过高。整理的事业，充其量只是一种报告，是一种旧价值的重
新估评，并不是一种新价值的从新创造，它在一个时代的文化进展上，
所效的贡献殊属微末。"⑤然而，唯物史观派与整理国故运动虽然在指
导思想上有所歧异，但由于在研究对象和方法上具有很大的重合性，所
以双方实际上形成了一种对立中的互动关系，二者之间往往相互启发、
相互促进，由是共同推动了中国现代学术的转型。

　　现代新儒家对整理国故也进行了抨击。他们强调对传统文化应抱
有"同情与敬意"，而无法容忍"整理国故运动"将"国故"视为"已死的东

　　① 张闻天：《对于中华书局"新思潮社"管见》，《学灯》，1920 年 1 月 22 日。
　　② 华男：《受"国故毒"的学生听着》，《中国青年》第 24 期，1924 年 3 月 29 日。
　　③ 袁玉冰：《一个马克思学说的书目》，《中国青年》第 24 期，1924 年 3 月 29 日。
　　④ 陈独秀：《寸铁·国学》，《前锋》第 1 期，1923 年 7 月 1 日。
　　⑤ 郭沫若：《整理国故的评价》，《创造周报》第 36 号，1924 年 1 月 13 日。

西"或应"送进博物院"的"古董"。熊十力指责说："今人对旧学观念，除唾弃不顾外，只有玩古董之心理。"①马一浮也谆谆教诲其门人曰："诸生欲治国学，有几点先须辨明，方能有入。一、此学不是零碎断片的知识，是有体系的，不可当成杂货。二、此学不是陈旧呆板的物事，是活泼泼的，不可目为古董。"②其后，唐君毅更将中国传统文化的"花果飘零"归咎于"整理国故运动"，认为"中国五四运动以来流行之整理国故之口号，亦是把中国以前之学术文化，统于一'国故'之名词之下，而不免视之如字纸篓中之物，只待整理一番，以便归档存案的……于是一切对中国学术文化之研究，皆如只是凭吊古迹。这一种观念，我们首先恳请大家将其去掉"③。牟宗三谈到中国文化时也说："我们的文化不是个死的，而是个现在还活着的生命，还需要奋斗、要自己做主往前进。若是把我们的文化限在过去，而只划定为考古的范围，直成了死的古董，这样不是把中国文化看成活的文化，这种态度根本上即是错误的，骨子里即是认为中国文化是死的、现在已不存在了……这个态度本身即是个轻视中国文化的态度，是相当不友善的。"④而对于作为中国文化主体的儒学，现代新儒家更是以接续儒家"道统"、复兴儒学为己任。他们不能接受"整理国故运动"对儒学地位的评价。熊十力曾针对胡适等人的诸子学研究发表看法："当今之世，讲晚周诸子，只有我熊某能讲，其余都是混扯。"⑤冯友兰与胡适等人围绕"老子年代"的问题展开过激烈争论，"这个老子年代的问题原来不是一个考据方法的问题，原来只是一个宗教信仰的问题！像冯友兰先生一类的学者，他们诚心相信，中国哲学史当然要认孔子是开山老祖，当然要认孔子是'万世师表'。在这个诚心的宗教信仰里，孔子之前当然不应该有一个老子。在这个诚心的信仰里，当然不能承认有一个跟着老聃学礼助葬的孔子"⑥。现代新儒家更不满意"整理国故运动"中较为浓厚的考据色彩而忽略儒家心性哲

---

① 郭齐勇编：《熊十力学术文化随笔》，中国青年出版社 1999 年版，第 176 页。

② 马镜泉编：《马一浮学术文化随笔》，中国青年出版社 1999 年版，第 5 页。

③ 黄克剑等编：《唐君毅集》，群言出版社 1993 年版，第 480—481 页。

④ 王岳川编：《牟宗三学术文化随笔》，中国青年出版社 1996 年版，第 90 页。

⑤ 转引自牟宗三：《五十自述》，鹅湖出版社 1989 年版，第 86 页。

⑥ 胡适：《胡适留学日记》（上），海南出版社 1994 年版，第 8 页。

学。冯友兰在评论胡适《中国哲学史大纲》一书时就曾指出："他的书既有汉学的长处，又有汉学的短处。长处是，对于文字的考证、训诂比较详细；短处是，对于文字所表示的义理的了解、体会比较肤浅……胡适的《中国哲学史大纲》对于资料的真伪、文字的考证，占了很大的篇幅，而对于哲学家们的哲学思想则讲得不够透、不够细。"[①]熊十力对胡适"仅及于考核之业……无可语于穷大极深之业"[②]，以致造成"从来治国学者，惟考核之业，少招浮议。至于义理之言，不遭覆瓿，即是非纷至"[③]的状况表示不满，认为"考据之科，其操术本尚客观。今所谓科学方法者行之。然仅限于文献或故事等等之探讨，则不足以成科学"[④]。他还申明："我深信读经之难，不仅在名物训诂。训诂弄清了，还不配说懂得经。这是我殷勤郑重向时贤申明的苦心。"[⑤]马一浮更是严厉指斥："自号历史派者，以诬词为创见，以侮圣为奇功，向壁虚造，而自矜考据，此曹直是不可救药。但当屏诸四夷，不与同中国。"[⑥]钱穆虽然最初以考证而知名，却也批评"整理国故运动"过于偏重考据而忽略讲求大体的倾向。他将中国近世史学划分为"传统派"、"革新派"、"科学派"三派，并具体剖析说："'科学派'，乃承'以科学方法整理国故'之潮流而起……缺乏系统，无意义，乃纯为一种书本文字之学，与当身现实无预。"他还尖锐地针砭"科学派"乃"震于'科学方法'之美名，往往割裂史实，为局部窄狭之追究。以活的人事，换为死的材料……彼惟尚实证，夸创获，号客观，既无意于成体之全史，亦不论自己民族国家之文化成绩也"[⑦]。他在致其弟子的信中又再次重申："近人治史，群趋杂碎，以考核相尚，而忽其大节。"[⑧]

（徐庆文）

① 冯友兰：《三松堂自序》，人民出版社1998年版，第212页。

② 郭齐勇编：《熊十力学术文化随笔》，中国青年出版社1999年版，第247页。

③ 黄克剑等编：《熊十力集》，群言出版社1993年版，第66页。

④ 黄克剑等编：《熊十力集》，群言出版社1993年版，第185页。

⑤ 黄克剑等编：《熊十力集》，群言出版社1993年版，第288页。

⑥ 马镜泉编：《马一浮学术文化随笔》，中国青年出版社1999年版，第99页。

⑦ 钱穆：《国史大纲修订本》（上），商务印书馆1996年版，第3页。

⑧ 中国人民政治协商会议江苏省无锡县委员会编：《钱穆纪念文集》，上海人民出版社1992年版，第17页。

《亚洲学术杂志》

　　《亚洲学术杂志》是 20 世纪 20 年代的一个学术刊物，由亚洲学术研究会主办。该杂志立足于"亚洲学术与世道人心有极大关系"的主旨，极力宣传亚洲旧有学术，在学人阶层中产生了一定的影响，同时也引起了一些争议。

　　1921 年秋，一批老辈学人在上海成立亚洲学术研究会，计划每月开讲书会两三次。他们在讲学的基础上，出版了《亚洲学术杂志》（原定月刊，实为季刊），汪钟霖、邓彦远为理事，孙德谦为杂志编辑人，任稿会员有罗振玉、王国维、张尔田、孙德谦、辜鸿铭、罗福苌、刘承干、李详等。其中，王国维、张尔田、孙德谦、李详被称为"四君子"。该杂志仅存留两年时间，共发行 4 期，第 1 期发行于 1921 年 8 月、第 2 期发行于 1921 年 11 月、第 3 期发行于 1922 年 4 月、第 4 期发行于 1922 年 8 月。该杂志在上海和日本大阪市设有销售处。

　　《亚洲学术杂志》体例分为"图画"、"论说"、"专著"、"文苑"、"丛录"、"译稿"六类。除"图画"外，"论说"要求"将我亚洲旧有之学术，发明真理，著为专篇，以备世贤之研究，不过事高论，亦不为陈腐之谈。凡琐屑之考据，空疏之议论，皆在所摈弃，于近今学说之背谬者，则辞而辟之"。"专著"取有成书却未经刊行的或已经刊行却流传不广的近儒之著，"但必有关于学术足资研究者"。"文苑"文体不分骈散，传记必取有学问者，信札则必须讨论学术。"丛录"以随笔、记录之书为主，只谈学术，不关涉政事。"译稿"以时贤议论或往古篇籍为主，"期与东西各国以通彼我之邮，证心理之同"。该杂志"以六条为体，以八项为用"为办刊宗旨，"六体"包括：主忠信以修身、尊周孔以明教、敦睦亲以保种、讲经训以善世、崇忠孝以靖乱、明礼让以弭兵；"八用"包括：亚人之性情、亚人之政治、亚人之道德、亚人之法律、亚人之体俗、亚人之和平、亚人之教学、亚人之文化。[①] 南京高等师范学校史地研究会的会刊《史地学报》曾以"历史界消息"介绍了亚洲学术研究会的情况，吴宓在《中华新报》上也给予了好评。

《亚洲学术杂志》在批判西方文明的同时，主要探讨中国传统文化，热情歌颂东方文明。宣传忠、孝、贞节等伦理道德，主张儒教的中庸，反对过激言行，如刊载了《孝经学》、《巢贞女传论》、《中国君子之道》、《过激主义之梦想与现实》等文章。"丛录"对东方文化的赞扬与歌颂，注意力较多地放在宣传、颂扬东方文化的代表泰戈尔身上。泰戈尔在访日、美、英、瑞典等国后，1921年访问德国，《亚洲学术杂志》摘录时论报道及时反馈了这一信息，并以大量的篇幅介绍泰戈尔在德国的活动及演讲。此外，该杂志还表达了对社会主义思潮的不满及对新文化的批判。"丛录"摘录《新闻报》的报道，认为代表民主制度之精神的"社会主义"是导致现在社会"革命之失着"、"督军之跋扈"、"议会之不臧"困境的罪魁祸首，对社会主义的敌视溢于言表。该杂志为后人全面研究20世纪学术思想的多元化提供了资料。

（张秀丽）

---

① 罗惠缙：《从〈亚洲学术杂志〉看民初遗民的文化倾向》，《武汉大学学报（人文科学版）》2008年第2期。

学衡派及《学衡》

学衡派是活跃于 20 世纪二三十年代的一个文化团体,因《学衡》杂志的创办而存在,对当时社会产生了一定的影响。《学衡》以新人文主义为指导,以"昌明国粹,融化新知"为宗旨,致力于传统文化的弘扬,并将矛头指向了新文化运动。

作为新文化运动的对立面,学衡派基本力量的集结、酝酿是在美国哈佛大学,其成员的活动开始于 1915 年,与新文学运动同步进行,这一时期可称为"前学衡时期"。早在清华大学读书时期,吴宓就与好友吴芳吉、汤用彤等人在 1915 年发起成立了"天人学会",以"融合新旧、撷精立极,造成一种学说,以影响社会,改良群治"为旨归,后来他所创办的《学衡》几乎就以此为宗旨。

留学美国时,吴宓开始关注国内正在如火如荼进行的新文化运动,与同在哈佛的陈寅恪、汤用彤、楼光来、俞大维、张歆海、顾泰来等人志同道合。他们既有深厚的传统文化根基,又对西方文化有相当的了解,与胡适等人为代表的以彻底否定、批判传统文化为主要倾向的新文化运动不同,他们继续发扬清华时期的学术宗旨,主张昌明国粹、融化新知,重视传统与现代的内在传承性。吴宓说:"当时在哈佛习文学诸君,学深而品粹者,均莫不痛恨胡、陈。"张歆海甚至表示此时"羽翼未成,不可轻飞","他年学问成,同志集,定必与若辈鏖战一番"。①

据《吴宓自编年谱》记载,梅光迪与胡适本是同学兼好友,等到胡适

---

① 吴学昭:《吴宓与陈寅恪》,清华大学出版社 1992 年版,第 19 页。

提倡"新文学"、"白话文",又作"新诗"时,二人在学术观点上发生了分歧。当胡适在国内与陈独秀联合,提倡并推进新文化运动之际,梅光迪也在"招兵买马",到处搜求人才,联合志同道合之士,准备回国与胡适作全盘大战。[①] 与梅光迪所持观点基本一致的吴宓也密切关注国内动态,在 1920 年至 1921 年间,他对上课不如以前专心致志,读书也不多,而把注意力转移到国内时事上,尤其关注新文化运动,把主要精力用于撰作汉文、英文文章。他自称:"盖此一年,宓虽身在美国留学,实不啻已经回国,参加实际之事业、活动也矣!"[②]

由此可知,学衡派的主要学术观点及核心力量在吴宓等人留学美国时即已粗具规模。至《学衡》创刊,吴宓、梅光迪等人与胡适在留美时期关于"文白"之争再度以各自的学术刊物为阵地展开并趋于白热化。

1922 年 1 月,梅光迪、吴宓、胡先骕、刘伯明、柳诒徵等东南大学的一群学者创办《学衡》,以吴宓为主编,柳诒徵、汤用彤等为干事。设有"文苑"、"述学"、"通论"、"辩言"、"书评"、"杂缀"等栏目。"文苑"栏中,诗词小说戏曲等无所不包,时人所撰律诗刊于"诗录"者甚多,译介的西洋韵诗、小说、戏剧亦不少。"文苑"之外,以"述学"所占篇幅最多,"通论"次之,其余的则是涉及时事、哲学、文学、史学各方面之论述,可见《学衡》事实上是一份综合性的期刊。自 1922 年至 1926 年 12 月共出 60 期,此后,吴宓北上任清华国学研究院主任后停刊一年。1928 年复刊后继续由吴宓任主编、缪凤林任副总编辑,以双月刊刊行了 10 期。1930 年再次停刊一年,而后又不定期地刊出了 7 期。1933 年 7 月终刊,总计共出 79 期。

《学衡》以"论究学术,阐求真理,昌明国粹,融化新知,以中正之眼光,行批评之职事,无偏无党,不激不随"为宗旨,并具体规定了体裁及办法。每期首页皆附有"弁言",揭示其出版目的是基于下列"四义":一、诵述中西先哲之精言以翼学;二、解析世宙名著之共性以郵思;三、籀绎之作必趋雅音以崇文;四、平心而言不事谩骂以培俗。由此"四义"可知,除昌明国粹与灌输新知外,不趋众好、追求真理,以期开启民智、

---

① 吴宓:《吴宓自编年谱》,三联书店 1995 年版,第 177 页。
② 吴宓:《吴宓自编年谱》,三联书店 1995 年版,第 209—210 页。

转移风气,亦为《学衡》重要目标。

《学衡》有相对固定的作者群和读者群,为《学衡》供稿的作者,除了发起人外,东南大学的师生也踊跃参与了进来,如吴芳吉、刘朴、赵思伯、缪凤林、张其昀、赵万里、胡梦华、陆维钊等。1925 年初,吴宓赴清华大学,清华师生如王国维、陈寅恪、梁启超、张荫麟等人也因此成为杂志的主要撰稿人。此外,林损、景昌极、刘永济、汤用彤、钱念孙等人也因为认同《学衡》的宗旨,而成为重要作者。

考察《学衡》创办与终刊始末,吴宓与柳诒徵在其中所起的作用至关重要。吴宓始终是《学衡》最坚定的核心,他一直把《学衡》视为他的毕生事业,顶着来自新文化阵营和亲友的诸种压力,勉力支撑。《学衡》历时十余年,一直没有政治和经济上的依靠。创刊之初,东南大学并未给它提供经费,创刊后,《学衡》同人拒绝接受来自官方的补贴,起初的印刷费用全由骨干成员共同支付。在后期出版经费紧张时,吴宓个人每期贴付 100 元。《学衡》后期,除了吴宓独自拼力维持以外,柳门师生也起到了重要作用。早先的几位创刊人,在刊出几期之后便不再关注。如梅光迪曾是主将,但他自第 13 期始就不再供稿,1923 年起就基本脱离了实际事务。刘伯明于 1923 年病逝。胡先骕早期也是“出力最多之人”,但由于与吴宓的分歧,于 1923 年赴美继续攻读植物分类学博士,便很少参与《学衡》事务了。[①] 其他《学衡》的创刊人如邵祖平等人,也因为与吴宓的分歧,不欢而散。[②] 而柳诒徵从撰写“弁言”以来,自始至终都关注着该杂志的动态,不仅为之提供稿源,还亲自参与具体事务,为吴宓分忧解难。在离开东南大学之前,吴宓任命柳诒徵为南京办事处总干事,处理《学衡》主要事务。吴宓曾提及与柳诒徵就编辑出版事宜进行多次协商,而且曾与柳诒徵一起争取过《学衡》杂志的再版。

与吴宓相比,柳诒徵虽然曾去日本考察,但主要是在中国传统教育中土生土长的,但留美归来的学子却对他特别倚重,所以在《学衡》“昌明国粹、融化新知”的宗旨中,柳诒徵就成了“昌明国粹”的重将。《学衡》杂志的宗旨、文稿的来源以及杂志维持时间之久,都与柳诒徵及其

---

① 吴宓:《吴宓日记》(第三册),三联书店 1998 年版,第 437—438 页。
② 吴宓:《吴宓日记》(第二册),三联书店 1998 年版,第 256 页。

门生弟子有重大关联。《学衡》的弁言就是柳诒徵所写。在《学衡》第一次会议上，众人即公推由柳诒徵承担这个任务："宓随即发言……第一期必须有《发刊辞》或《〈学衡〉杂志社宣言》刊于卷首……公推柳诒徵撰作'发刊辞'一篇。"①此后，《学衡》的宗旨、体裁与办法就是以柳诒徵弁言中的"四义"为蓝本。柳诒徵在南京高等师范学校先后服务十多年，属于资深教授，且一手培植的学生无数。张其昀曾称其为"全校重心所在，精神沾溉，获益良多"。吴宓在自编年谱中曾说："南京高师校之成绩、学风、盛誉，全由柳先生一人多年培植之功。论现时东南大学之教授人才，亦以柳先生宏通博雅，为第一人。"②"国文系四年级学生十余人，则由柳翼谋先生，在南京高师校多年之培植，为最优秀之一班。"③学生中如缪凤林、景昌极、张其昀等人都在史地方面学有专攻。

　　柳门师生是《学衡》文史方面文章的主要来源。据统计，在所有 79 期《学衡》上，撰、译各类文章最多的是柳诒徵(55 篇)，共有 50 期出稿，1922 年全年 12 期、1923 年 6 期、1924 年 6 期、1925 年 8 期、1926 年 9 期、1928 年 4 期、1929 年 3 期、1931 年 2 期，仅缺过 29 期，出稿率约 63％。④ 柳诒徵还放弃《中国文化史》的书稿出版计划，将其在《学衡》分期发表。其次是吴宓(42 篇)、缪凤林(24 篇)、王国维(20 篇)和胡先骕(18 篇)，再次是张荫麟(14 篇)、刘伯明(7 篇)、梅光迪(5 篇)等人。⑤他们是《学衡》的中坚力量，其中柳诒徵与吴宓"治力尤多"⑥。而这些主要的撰述人中，柳诒徵、缪凤林、胡先骕等人都是南京高等师范学校出身。柳诒徵是当然的老师辈，缪凤林、胡先骕则为柳门弟子。柳门弟子不仅是《学衡》稿件的重要来源，而且也在《学衡》后期的刊行及会务当中出了不少力。《学衡》杂志之所以能维持发行 79 期、历时 11 年，在很大程度上得益于柳门师生的多方支持。

　　《学衡》杂志上的文章可分为四类：批判新文化运动的论文，新人文

---

① 吴宓:《吴宓自编年谱》，三联书店 1995 年版，第 229—230 页。
② 吴宓:《吴宓自编年谱》，三联书店 1995 年版，第 228 页。
③ 吴宓:《吴宓自编年谱》，三联书店 1995 年版，第 223 页。
④ 陈宝云:《〈史地学报〉及其群体与〈学衡〉之关系的探讨》，《东方论坛》2007 年第 6 期。
⑤ 统计的发稿数包含文章连载的次数。参见彭雷霆:《柳诒徵与〈学衡〉》，《华中师范大学研究生学报》2007 年第 2 期。
⑥ 罗佩秋:《柳翼谋先生及其学衡诸友》，《学衡》第 1 期。

主义的译介,关于文史哲的专题研究,旧体诗词文赋。

学衡派以《学衡》杂志为阵地,反对新文化运动。在对待中西文化上,学衡派崇尚"中正之眼光","无偏无党,不激不随"的态度。以此为标准,他们对新文化运动"弃旧图新"、"破旧立新"的主张提出了尖锐的批评。让平民获得平等的文化权是新文化运动的一个重要努力目标,学衡派却以不同方式反对这一主张,他们或强调文化只属于社会精英,或否认旧文化在客观上的不平等。此外,对于新文化运动所大力提倡的白话文运动,学衡派也给予了猛烈批判。他们认为文言文通达高雅,而俚俗的口语不能成为文学之正宗,声称白话文会摧残中国文学的优美形质。与此相对应,学衡派维护旧诗,反对新诗。吴宓从新诗所接受的外来影响入手,断然否定新诗存在的价值。

新文化运动倡导"打倒孔家店",孔子独尊的地位不复存在,诸子学随之蔚然兴起。学衡派虽然也承认诸子学的价值,但这并不妨碍他们给予孔子最高的评价。他们反对一味诋骂孔子,极力主张恢复孔子的历史地位,强调孔子是中国古代文化的集大成者,应当给孔子一个科学的评价。吴宓等人强调,孔学所包含的人文主义可成为救治当今世界物质与精神痼疾的良药。

《学衡》从第 3 期由胡先骕译载了《白璧德中西人文教育谈》开始,刊载了不少翻译介绍新人文主义的文章,胡先骕、梅光迪、吴宓、徐震堮、张荫麟等分别撰文译介白璧德学说,还在各自的文化研究与文学批评中,自觉地把白璧德的新人文主义思想作为理论依据。据统计,总共79 期《学衡》上发表了 69 篇讨论西方文化的论文,其中关于新人文主义的就有 20 多篇。吴宓、梅光迪、胡先骕都亲自翻译并撰写了关于新人文主义的文章,而以吴宓着力最多。他曾说:"予半生精力,瘁于《学衡》杂志,知我罪我,请视此书。大体思想及讲学宗旨,遵依美国白璧德教授及穆尔先生之新人文主义。"①后来,为了扩大宣传,吴宓把发表在《学衡》上关于白璧德的文章收集成《白璧德与新人文主义》一书,于1929 年由上海新月书店出版。此外,围绕白璧德的人文主义思想,《学衡》也陆续译介了新人文主义者其他几位代表人物的作品,如《薛尔曼

---

① 李继凯、刘瑞春选编:《追忆吴宓》,社会科学文献出版社 2001 年版,第 469 页。

现代文学论序》(浦江清译,第 57 期)、《穆尔论现今美国之新文学》(吴宓译,第 63 期)、《薛尔曼评传》(吴宓译,第 73 期)、《穆尔论自然主义与人文主义之文学》(吴宓译,第 72 期)以及《布朗乃尔与美国之新野蛮主义》(乔友忠译,第 74 期)等。

《学衡》的出现,掀起了新一轮关于中西文化的论战,在中西文化交流过程中,学衡派对中国传统人文思想进行深入发掘,借以对抗以物质成就为标志的新文化,矛头直指新文化运动。《学衡》同人虽然不赞成新文化运动的激进态度,但这些人并不是冥顽不化的老学究,他们不同于老式冬烘先生,其中多数人受过西式教育,且多为少年才俊,有三分之一留学美国和法国。梅光迪、吴宓都曾在美国哈佛大学研究院攻读西洋文学,受业于美国人文主义的倡导者白璧德。因此,他们评判文学的标准受到人文主义思想的影响,对历史的观点也受此影响。《学衡》虽不是专门的史学刊物,但是由于柳门师生的加入,史学也成了其重要的内容之一,他们在《学衡》上发表了一批历史著作,其史学思想具有鲜明的特色。

《学衡》的英文名为"The Critical Review",意欲对新文化运动加以检讨和批评,critical 一词也点明了该杂志创刊的初衷。《学衡》第 1 期上发表了胡先骕的《评"尝试集"》,一开场就表明了与占主流地位的新文化运动的对立局势,这和新文化运动的"时代批判精神"是相悖的,无异于表明自己"反动"的立场。因此,翻阅了《学衡》的创刊号之后,鲁迅就毫不客气地估了一下《学衡》,他说:"夫所谓《学衡》者,据我看来,实不过聚在'聚宝之门'左近的几个假古董所放的假毫光,虽然自称为'衡',而本身的秤星尚且未曾钉好,更何论于他所衡的轻重是非。"①而《学衡》假定的主要敌手胡适也在《学衡》第 1 期出版以后戏作一首打油诗,指出并没有看到什么《学衡》,只是看到了一本《学骂》。一个月后,胡适在《五十年来中国之文学》中更加明确地摆明了对《学衡》的态度,他说:"今年(1922)南京出了一种《学衡》杂志,登出几个留学生的反对论,也只能谩骂一场,说不出什么理由来。"并进一步自信地判断《学衡》成不了什么气候:"《学衡》的议论,大概是反对文学革命的尾声了。我

---

① 鲁迅:《估〈学衡〉》,《鲁迅全集》第 1 卷,人民文学出版社 1981 年版,第 377 页。

可以大胆说,文学革命已过了讨论的时期,反对党已经破产了。"①新文化运动接近尾声之际,《学衡》才展开批评,因此存在着时空的错位。

在社会舆论的纷纷谴责和有意漠视下,学衡派也明显感到了社会上的这种冷淡和敌意,主编吴宓指出:"本杂志第一期出版之时,京沪之诸报之侈谈学术文艺者,多为文攻诋甚至。"②可以说,《学衡》自创办之日起就举步维艰,作为核心人物的吴宓也在与《学衡》相终始的过程中深刻体会到了那种为新人文主义理想而战的艰辛和内心的寂寞与苍凉。

《学衡》的主要发起人梅光迪也承认,"这一次运动(指《学衡》的人文运动)没有引起广泛的注意,得到公平的待遇",并理性地探讨了导致这一现象的原因所在。据梅光迪分析,《学衡》之所以没有受到公正的评价,是"因为他与中国思想界花了一代人的时间与努力想要建立和接受的东西是完全背道而驰"③,道出了《学衡》逆潮流而动是出力而不讨好的。

社会上对《学衡》的态度可以据吴宓《空轩诗话》第 39 则窥见端倪。据吴宓记载:"丹徒叶玉森君研究甲骨文,著《殷契钩沈》等三篇,刊登《学衡》杂志二十四期、三十一期。当时,宓为总编辑,视此类文章(谓甲骨文及考证金石、校勘版本、炫列书目等),直如糟粕。且印工繁费,极不欲登载。勉为收入,乃历年竟有诸多愚妄之人(法国伯希和氏亦其一)远道来函,专索购该二期《学衡》。近且有人取此三篇,放大另印,每册售价数圆(其实仅出五角之资,购此二册《学衡》,即可全得)。而《学衡》中精上之作,众乃不读。或拆付字篓,此固中国近世学术界、文艺界一般不幸情形,而亦宓编纂《学衡》杂志多年,结果最痛心之一事也。"④此段记载折射出《学衡》杂志在当时门庭冷落之际,顾颉刚疑古运动受到极度重视,两相对比反映了 20 世纪初对现代性追求的大势所趋。

概而言之,在当时国内高扬民主与科学大旗背景下,《学衡》杂志的影响是微弱的,甚至没有得到主流学界的正视,然而正是这种微弱的异

---

① 胡适:《胡适作品集》(第八册),台北远流出版事业股份有限公司 1986 年版,第 147、149 页。
② 吴宓:《我之人生观》,《学衡》第 16 期。
③ 梅光迪:《梅光迪文录》,辽宁教育出版社 2001 年版,第 225 页。
④ 李洪岩:《钱钟书与近代学人》,百花文艺出版社 2007 年版,第 49—50 页。

质、他者的声音,开启了 20 世纪初对人文的诉求及对唯科学主义是求倾向的艰难的纠偏历程。他们以"昌明国粹、融化新知"来对抗新文化的话语霸权,并试图从学理上来瓦解这种霸权。学衡派在"中国迈向现代化的政治、经济和技术特征的同时,试图从文化发展的承继性和规范化上,制衡文化激进主义、唯科学主义带来的社会文化观念的现代失范,尤其是人文精神、伦理道德的沦丧和异化"。[①] 继《学衡》之后由柳门弟子所创办的一系列刊物如《史地学报》、《史学与地学》、《国风》、《史学杂志》、《思想与时代》,承载了已经内化于《学衡》的人文倾向,在史学科学化的现代进程中提出了自己的史学建设方针。至此,《学衡》的意义也得到了极大程度的彰显,其宗旨得以在史学层面上继续发挥,并最终形成了一股具有较深文化民族主义倾向、具有深切人文关怀的史学潜流。

(张秀丽)

---

① 沈卫威:《回眸"学衡派":文化保守主义的现代命运》,人民文学出版社 1999 年版,第 6 页。

科 玄 论 战

　　"科玄论战"是 20 世纪 20 年代在思想文化领域发生的一场争论，又称为"人生观论战"。论战自 1923 年爆发，到 1924 年底基本结束，整个过程可以分为三个阶段。第一阶段为起始阶段，由张君劢在 1923 年发表"人生观"的演讲挑起论争，以丁文江撰文驳斥为标志。第二阶段为深入展开阶段，1923 年梁启超、胡适相继加入论战，期间双方不断地加入新生力量，论战持续高涨。第三阶段为转折和结束阶段，中间有唯物史观论者加入，到 1924 年底，演变为科学派、玄学派与唯物史观派之间的论争。

　　科玄论战的产生并不是偶然的，可以看作是东西文化论争的继续和发展。以张君劢、梁启超为代表的"玄学派"是东方文化派，以丁文江、胡适、吴稚晖等人为代表的"科学派"是西方文化派。随着科玄论战的深入展开，马克思主义者陈独秀、瞿秋白等相继加入，他们运用马克思主义唯物史观对玄学派与科学派的观点进行批评，从而形成了论战的第三方——唯物史观派，遂使论战发展为"玄学派"、"科学派"、"唯物史观派"三家争鸣的格局。

　　第一阶段，论战的起始阶段。1923 年 2 月 4 日，张君劢在清华大学做了一个题为"人生观"的演讲，这篇演讲词后来发表在《清华周刊》第 272 期上，由此引发了一场历时两年之久的思想文化领域的大论战。鉴于第一次世界大战给欧洲带来的创伤，张君劢宣扬自由意志，重建精神文明。他指出科学与人生观是根本不同的，分别属于两个不同的世界，这种不同体现在五点：第一，科学是客观的，人生观则是主观的；第二,科学为论理的方法所支配,而人生观则起于直觉;第三,科学可以从分析入手,而人生观则为综合的;第四,科学为因果律所支配,而人生观则是自由意志的;第五,科学起于相同现象,而人生观则具有人格的单一性。也就是人生观具有主观的、直觉的、综合的、自由意志的、单一性的特点,而这些是与科学根本不同的地方。张君劢指出,科学只能在物质世界起作用,他强调人生观不受因果律的支配,因此在人的精神领域,科学是无能为力的。也就是说,科学并非万能,不能解决人生观的问题。

张君劢的这篇演讲词发表之后,引起了地质学家丁文江的批判,丁文江于 4 月 12 日作有《玄学与科学——评张君劢的"人生观"》,连续在《努力周报》第 48、49 期上刊出。丁文江将张君劢斥责为玄学鬼,并从八个方面驳斥了张君劢的"人生观"哲学,并指出当时时代的最大需求是要把科学方法应用到人生问题上去,科玄论战由此爆发。

此后,张君劢又在《晨报副刊》上撰文《再论人生观与科学并答丁在君》(上、中、下三篇)予以驳斥,从物质科学精神、科学之分类、科学发达之历史及自然公例之性质、物质科学与精神科学之异同等十二个方面回答了丁文江的责难。

第二阶段,论战的展开和深入。这一时期不断有新成员加入到论战的行列。梁启超在 5 月 5 日写下《关于玄学科学论战之"战时国际公法"——暂时局外中立人梁启超宣言》,以"中立人"的身份站在了玄学派的阵营一边。科学派阵营里也有胡适的加入,5 月 11 日他在《努力周报》上发表了《孙行者与张君劢》一文,将张君劢比作孙悟空,而把科学和逻辑比作如来佛,认为孙悟空纵有一个筋斗十万八千里的本领,也还是翻不出如来佛的五指山。

由胡适开其端绪,科学派向玄学派发起了猛烈的抨击。丁文江是科学派的主力,他先后撰有多篇文章对玄学派进行了批判。其《玄学与科学——答张君劢》一文,从八个方面对张君劢的"人生观"进行了批驳。6 月 5 日,丁文江又在《努力周报》上发表了《玄学与科学的讨论的余兴》一文,回应林宰平的疑问,并对玄学的概念作出了界定。此外,任叔永撰《人生观的科学或科学的人生观》,指出科学的人生观是可能的事,科学可以改变人生观。章演存在《努力周报》上发表了《张君劢主张的人生观对科学的五个异点》，直接对张君劢的"人生观"给予了批判。朱经农的《读张君劢论人生观与科学的两篇文章后所发生的疑问》，从八个方面对张君劢提出质疑。吴稚晖作有《箴洋八股化之理学》，发表在《晨报副刊》上。针对玄学派的观点，吴稚晖认为中国现在最需要的正是科学和物质文明。同时，吴稚晖在《太平洋》杂志上发表了一篇著名的长文《一个新信仰的宇宙观及人生观》，洋洋洒洒 6 万言，全面阐述了坚持科学主义的信仰的重要性。

玄学派一方以张君劢、梁启超为代表，继续撰文与科学派进行新一轮的辩论。张君劢在中国大学又作了一次名为《科学之评价》的演讲，指出科学主义重视身体和理智，但是忽视了形而上学和情意。梁启超的《人生观与科学——对于张丁论战的批评》一文，于 5 月 23 日发表在《时事新报·学灯》上，对"人生"、"人生观"进行了界说，对"理智"与"情感"进行了分辨，在肯定了科学作用的基础上，最终落脚到对情感与自由意志的歌颂。林宰平的《读丁在君先生的〈玄学与科学〉》发表于《时事新报·学灯》，对科学和科学的方法进行了严格区分，并对科学主义的排他性进行了批评。

第三阶段，论战的转折与结束。论战双方各出有一本文集，一本是上海亚东图书馆于 1923 年 11 月出版的《科学与人生观》；一本是上海泰东图书局于 1923 年 12 月出版的《人生观之论战》。前者代表了科学派的立场、观点和态度，陈独秀、胡适分别为之作序。后者代表了玄学派的立场，张君劢为之作序，是对其关于"人生观"观点的更进一步阐述。张君劢认为，心理学、社会学和唯物史观作为"科学"是不可能的，对马克思主义的历史唯物论、"科学的社会主义"尤其不以为然，认为其"公例"无定准，绝非科学。

《科学与人生观》的推出还标志着中国现代思想史上的另一个重要派别——马克思主义"唯物史观派"正式加入到论战中。11 月 13 日，陈独秀应邀为《科学与人生观》作序，并分别对玄学派、科学派双方展开了批评。他批评了玄学派的代表人物，如张君劢举出的"九项人生观"、梁启超的"情感超科学"的"怪论"、范寿康所谓人生观的"先天的形式"。然后陈独秀又批评科学派代表丁文江的"存疑的唯心论"，指出，只有唯物史观才能科学地解决人生观问题。由此，唯物史观派旗帜鲜明地投入到科玄论战中。这又引起了科学派与玄学派双方的反击。胡适写了《答陈独秀先生》,张君劢也在《人生观之论战》序言中,对陈独秀的观点给予批评。于是,陈独秀又发表了《答适之》、《答张君劢及梁任公》。胡适的《答陈独秀先生》与陈独秀的《答适之》成为科玄论战中科学派与唯物史观派的第一次正面交锋。

陈独秀之外,对科玄双方作出批评的还有邓中夏。1923 年 11 月 24 日,邓中夏在《中国青年》第 6 期发表《中国现在的思想界》一文,对中国思想界三足鼎立的格局作了明确的判断,并运用唯物史观的原理来对此格局进行了分析,尤其强调了论战的阶级斗争性质。他谈到了唯物史观派与科学派的异同,但着重强调两者的一致性。

此后,瞿秋白先后发表《自由世界与必然世界——驳张君劢》、《实验主义与革命哲学——驳胡适之》两篇文章来批判科、玄两派。前一篇发表于 1923 年 12 月 20 日《新青年》季刊第 2 期。文章针对玄学派的"自由意志"论,集中讨论了自由与必然的关系问题。后一篇发表于 1924 年 8 月 1 日《新青年》季刊第 3 期,批判科学派,尤其是胡适的实验主义,其目的在于要说明:实验主义不是真正彻底的科学,只是一种唯心论的改良派哲学;马克思主义才是真正彻底的"科学",因而才是一种"革命哲学"。此外,萧楚女的《国民党与最近国内思想界》一文,发表于 8 月出版的《新建设》第 2 卷第 2 期,全面评述了当时的思想界,其中谈及"东方文化派"或"精神文明派"之反对科学、反对物质文明、反对工业,乃是出于对资本主义、帝国主义的厌恶,是一种幼稚的、落后的观念。

1924 年还有一些关于科玄论战的文章陆续发表,如谢国馨的《评吴稚晖的人生观》、陈大齐的《略评人生观和科学论争——兼论道德判断的普效性》、张颜海的《人生观论战余评》等。至此,科玄论战已接近尾声。

科玄论战在当时影响很大,知识界的大多数人都卷入了这场纷争,像陈独秀、梁启超、胡适、吴稚晖、张东荪等人都先后加入到论战中。论战主要涉及科学能否支配人生观、是否有科学的人生观、物质文明与精神文明的关系等内容。在国难当头、救亡图存的关键时刻,人生观的选择自然也就和社会改革方面联系在一起,也就是论战的核心为"现时代的中国人(特别是青年一代)应该有什么样的人生观才有助于国家富强社会稳定"。[1] 玄学派的主要观点是科学不能支配人生观,其主张主要体现在两个方面:第一是力主划清科学与玄学的界限,第二是反对科学主义即科学万能论。科学派持截然相反的观点,认为科学不仅可以支配人生观,还可以有科学的人生观。他们主张科学与玄学的内在联系,强调科学与玄学的统一性。这场发生在 20 世纪 20 年代的关于"科学与玄学"的大论战,是新文化运动之后有关科学与哲学、东方文化与西方文化的一次全面论战。论战所提出的问题,今天仍然是哲学领域、思想文化领域的前沿课题,具有重大的理论意义和现实意义。

(张秀丽)

---

① 李泽厚:《中国现代思想史论》,安徽文艺出版社 1999 年版,第 874 页。

现代新儒家

现代新儒家是产生于 20 世纪 20 年代初的一个旨在通过儒学的"返本开新"以寻求中国现代化道路的学术思想流派。五四运动后,现代新儒家群体崛起,他们从传统的儒家思想中升华出中国文化的灵魂,从儒家文化中提炼出中国文化的内在理路,以期构成中国文化的未来走向。现代新儒家与自由主义西化派和中国马克思主义学派就中国文化的选择问题展开了激烈的辩论,成为五四运动后的 20 世纪中期大陆儒学发展的最重要的流派。

五四运动虽然提出了"打倒孔家店"的口号,批判了以儒家为代表的封建社会思想。然而,五四运动后,中国文化的出路问题不但没有解决,反而论争得越来越激烈。文化激进主义与文化保守主义的争论,分化成了自由主义西化派、中国马克思主义学派和现代新儒家三大流派的争论。而现代新儒家对于儒家文化的固守和建构,是五四运动后儒学发展的重要取向。

现代新儒家的形成既有深刻的文化背景,也有现实的因素,更有知识分子理性的思考。

从文化背景看,儒学产生后的两千年时间中,被官方奉为主流意识形态,成为中国人成长的心理积淀因素已经时长日久。正是儒家思想的浸润,才形成了中华民族的特色。毋庸否认,儒学作为主流意识形态起着被官方利用作巩固社会秩序的作用;也不能否认,儒学作为主流意识形态被灌输到一代代中国人头脑中,不同程度地削弱了中国人的民主意识和科学的求真精神;更不能否认的是,正是儒学的熏陶,培养了中国人的勤劳勇敢、自强不息、刚健有为、顾全大局的特性。这些都是事实。近代国门打开以后,中国人认识到了中国与西方世界的差距,于是,许多知识分子开始寻找中国图强自救的道路。其中不乏主张移植西方文化的知识分子,但更多的知识分子认识到中国走西化道路是行不通的,中国的国情不适合西方文化,必须另寻出路。于是,关于中国的新文化建设的争议越来越激烈。正是在这一背景下,现代新儒家提出了中国仍然要以儒家学说为主建构新文化的主张,认为中国未来文化必须建立在儒学的基础之上,而这无疑是对儒家思想的重新诠释。

如果说,文化背景是现代新儒家产生的大环境,那么,在这个大环境中,许多知识分子都对儒家学说进行了批判。特别是五四运动中,知识分子们更是提出了"打倒孔家店"的口号,认为儒家思想及利用儒家思想的封建帝制是造成中国落后的根本原因。于是,拒斥儒学、否定封建帝制成了五四运动的主旋律。然而,中国在结束帝制、废弃儒家之后是否就能走向富强,这一问题并没有在知识分子中间达成共识。基于此,一些知识分子开始反思儒学及其与现实社会的关系。他们发现,中国社会的落后并非源于儒家思想,而恰恰是因为对儒学的错误利用;中国走向富强的正确选择应该是继续坚持"走孔家的路"、"过孔家的生活",中国只有将儒学发扬光大,才能走向真正意义上的富强。他们还发现,19 世纪后半期到 20 世纪初,许多知识分子对儒家思想的误读、误斥已经到了很深的程度,需要进行正本清源式的修正。这构成了现代新儒家产生的现实因素。

现代新儒家一开始就提出,人生观问题是中国走向富强道路首先应该解决的问题。于是,20 世纪初期,张君劢与丁文江之间发生了科玄论战;梁漱溟、熊十力等要开出儒家生命的进路,奉儒家内圣之学为道统,彰显出儒家的基本精神;冯友兰提出要"接着宋明理学讲",力图恢复儒家思想的真精神……现代新儒家从不同的角度对当时知识分子的斥儒作出了回应,剥离了作为学问的儒学和为封建帝制服务的儒学,指出被封建帝制利用的儒学并不能代表儒家思想的精髓,当前的任务是重建儒家的形上学体系,彰显儒家的基本精神,由儒家的内圣开出外王,由生命进人文,由人文进道德,转仁成智,并由此进路,使中国走向真正意义上的强大。他们认为这是当时中国文化的一个必然选择,也是最合乎中国实际的选择。

更进一步,现代新儒家对中国文化进行了理论的思考,并予以理性的分析。他们认为,自近代以降,中国文化走向问题就一直在知识分子中间争论不休,其根源在于没有从哲学层面上建构起一个理论体系来作为中国人的信仰,从而指导中国人的文化生活。到了 20 世纪初,近代已经走过了半个多世纪,但中国的文化建设其实主要还是在做着两个方面的工作:一是争论传统儒学能否使中国强大,一是争论中国是否适合于移植西方文化。两个方面的争论异常激烈,而在深层的文化建构方面却着力不多,因此即使建构起各种文化体系,也难以让人信服,很大程度上成了自话自说的体系,被其他知识分子所批判。可以说,五四运动以前,整个知识界努力的方向在于批判儒学,引进西方文化;而五四运动后,传统儒学已经在相当大程度上被打压下去了,其所占据的主流意识形态地位被知识分子们摒弃(尽管北洋政府仍然打出祭孔牌,但大部分知识分子并不认同),因此建立什么样的文化就成为首先要解决的问题。现代新儒家不是从传统的义理考据出发来弘扬儒学,而是从更高的哲学层面来建构一个新的儒学体系。尽管熊十力等人标榜遵从陆王的道德体系,由内圣开出外王,冯友兰直陈“接着宋明理学讲”,但他们的思想体系并非程朱陆王的翻版,而是将异质文化引入儒学中来,在更高的理论层次上建设一种儒学的新理论。梁漱溟的“文化哲学”能够很清楚地显示柏格森生命哲学的进路,熊十力的《新唯识论》借佛学义理重新诠释儒学,冯友兰的“新理学”更带有新实在论的印记,贺麟新开展的儒学很大程度上带入了新黑格尔主义的“心”学思想。可以说,现代新儒家是在另一个层次上融合着中西文化,只不过他们是以儒学为本体。

1922 年,梁漱溟的《东西文化及其哲学》由商务印书馆出版。五四运动后,在举国上下羞于谈及中国旧文化、孔子之道时,梁漱溟公开主张走孔家的路、过孔家的生活,并从东西方文化的内在理路来阐释儒学何以能实现中国的救亡图存。这在当时引起了轩然大波,也开了现代新儒家的先河。

在《东西文化及其哲学》一书中,针对当时的新文化运动,梁漱溟主张要用东方精神文明去挽救西方资产阶级物质文化的破产。在他看来,民族危机到最后就是文化危机,因而他从哲学的高度,确定了中西文化的不同价值内涵,找出了中国文化的特点,从而奠定了现代新儒家的致思取向。

梁漱溟比较了中国文化、西方文化和印度文化,回答了新文化运动的主流派对儒家学说的责难。他认为,无论是从精神生活、物质生活,还是从社会生活方面看,东方文化都远远不及西方,尤其是西方近代以来的科学与民主精神,更是世界上无论哪一个民族都不能自外的东西。据此,他强调东方文化是一种未进的文化,西方文化是一种既进的文化。但是他并没有就此推导出中国应该向西方学习的结论,反而认为中国社会的再发展必有待于文化上开辟新局面,寻找新的生机,"必须翻转才行。所谓翻转自非努力奋斗不可,不是静等可以成功的。如果对于这个问题没有根本的解决,打开一条活路,是没有办法的"。① 在他看来,中国文化未来发展的唯一机会,就是旧传统上的新创造,就是回归到儒家的真精神然后再开出现代化,而根本不存在全盘西化或东西调和的可能。

梁漱溟认为,中西文化不同虽然是事实,但不能据此说明中国文化比西方文化落后。文化离开了它所赖以生存发展的社会生活便无从判定其优劣。文化的发展并不是单向的进程,中国文化与西方文化不同的根源是文化体系、思维路向和人生态度的根本不同。中国人的人生态度之所以与西方不同,除了农业生活的影响外,更主要的是由于儒家思想的作用而使中国人的宗教意识太淡薄。儒家的理想没有别的,只是要求人们顺着自然的道理,一任直觉,遇事随感而应,活泼流畅地去生发,便可得中,便可调和,便所应无不恰好。这种直觉来不得半点有意识的作为,而是如孟子所说的不虑而知的"良知"、不学而能的"良能",是人的"本然敏锐"。这也是孔子的所谓"仁"。而正是这一点恰恰是世界未来文化所需要的东西。他宣称,西洋人没有看到孔子的学说则罢,一旦看到,便不怕他不走孔子的路。他既看到人类生活本来是怎么一回事,则他将不能不顺着生活本性而听任本能冲动的活泼流畅,一改那算账而统驭抑制冲动的态度。

---

① 梁漱溟:《东西文化及其哲学》,商务印书馆 1999 年版,第 22 页。

进一步，梁漱溟对文化进行界定，他把文化规定为"一民族生活的样法"，人类无非是"创造的活动，意欲的趋往"，即人类"意欲"的产物。由于"意欲"具有向前、向后、持中的不同作用，所以形成"以意欲向前为根本精神"、"以意欲反身向后要求为根本精神"、"以意欲自为调和、持中为根本精神"的文化"三路向"。"（一）向前面要求；（二）对于自己的意思变换、调和、持中；（三）转身向后去要求。这是三个不同的路向。这三个不同的路向，非常重要，所有我们观察文化的说法都以此为根据。"①他进而指出，西方人是走第一路向的，中国人是走第二路向的，印度人是走第三路向的。他认为，"世界未来文化就是中国文化的复兴"②，中国文化最重要的是孔子及其创立的儒学，"中国之文化全出于古初的几个非常之天才创造"，在古圣人创造中国文化过程中，"似乎中间以孔子作个枢纽：孔子以前的中国文化又差不多都收在孔子手里；孔子以后的中国文化差不多都由孔子那里出来"③，孔子的人生哲学"为中国文明最重要之一部"。孔子的人生哲学首先"就是以生活为对、为好的态度"，"孔家没有别的，就是要顺着自然道理，顶活泼顶流畅的去生发"④；其次"孔子有一个很重要的态度就是一切不认定"，"平常人都是求一条客观呆定的道理而秉持之。孔子全不这样，制定这个是善那个是恶，这个为是那个为非，这实在是大错"⑤；再次，孔子唯一重要的态度是不计较利害，"告诉你最好不要操心。你根本错误就在找个道理打量计算着去走"⑥。"所有的忧苦烦恼——忧国忧民全在内——通是私欲。"⑦"没有哪件事值得计虑——不但名利，乃至国家世界。秋毫泰山原无分别，分秋毫泰山，是不懂孔子形而上学的。"⑧由之，梁漱溟指出尽宇宙是一生活，生活就是没尽的意欲，主张要走孔家的路，过孔家的生活。这样，孔子及其创立的儒学被梁漱溟注入了"新鲜血液"，儒学

---

① 梁漱溟：《东西文化及其哲学》，商务印书馆 1999 年版，第 61—62 页。
② 梁漱溟：《东西文化及其哲学》，商务印书馆 1999 年版，第 202 页。
③ 梁漱溟：《东西文化及其哲学》，商务印书馆 1999 年版，第 150 页。
④ 梁漱溟：《东西文化及其哲学》，商务印书馆 1999 年版，第 127 页。
⑤ 梁漱溟：《东西文化及其哲学》，商务印书馆 1999 年版，第 128 页。
⑥ 梁漱溟：《东西文化及其哲学》，商务印书馆 1999 年版，第 130 页。
⑦ 梁漱溟：《东西文化及其哲学》，商务印书馆 1999 年版，第 142 页。
⑧ 梁漱溟：《东西文化及其哲学》，商务印书馆 1999 年版，第 142—143 页。

在梁漱溟那里又"活"了。如果说康有为对儒学的发挥萌生了儒学由传统向现代转换的新芽的话,那么梁漱溟则进一步从义理上对儒学进行阐发,"使孔子的生命与智慧亦重新活转而披露人间",并开启了宋明儒学之门,使其后的新儒家学者能接上宋明儒的生命与智慧。[①]

循着梁漱溟开创儒学救国的足迹,熊十力、张君劢、冯友兰、钱穆、贺麟等从不同的方向对儒学进行了发挥,并着力于建构现代新儒家体系,复兴儒学。

1932 年熊十力出版其文言文本《新唯识论》,这是熊十力会通儒佛及诸子之学而形成的"亦佛亦儒,非佛非儒"的特殊哲学体系,对儒学的发展之处颇多。熊十力早年原本倾向于王夫之、顾炎武等人的学术,胸中怀有革命之志。其后在支那内学院师从欧阳竟无,究心于佛教。当时,他受章太炎的思想影响甚深,崇佛贬儒,认为佛学不仅哲理精微,而且可以使人摆脱小我之见和利欲之私,而儒学虽讳言利,但其思想本质则每每为谋私利者所利用。1922 年他应蔡元培之邀到北京大学讲学,又和梁漱溟一样,也在那里彻底改变了佛教信仰,遂不敢以观空之学为归宿,于是返求诸己,忽悟于《大易》,归宗于儒家大易生生之旨,转而倾心于儒家思想。1932 年他正式出版《新唯识论》的文言文本,立即受到佛学界、自由主义西化论者和中国马克思主义者等多方面的批评。佛学界指责他杂取儒道二家的思想以阐释佛教义理,是对佛学正宗的离经叛道。中国马克思主义者指出熊十力否认物质宇宙的存在,认为宇宙间的一切事物都是"空无",都是"诈现",都是人们的"妄执",从根本上否定了科学、知识的价值。熊十力深切地体会到思想救国这项工作的庄严性,也知道要以思想救国必须消纳西方思想的艰巨性和迫切性。但他坚信,立足于高度的自我认知上必能达到这个目标。"五四"时期激进的学者情绪化地执迷于西方思想的皮毛表象,毫不拣择地接受西方的那种心态,更叫熊十力担心。所以,他认为一定要重建中国之"体",并以此作为了解西方之体的真实途径。同样道理,他主张,对西方之体的了解将反过来加深中国自我认知的层面。唯有如此,才可能有创造性的相辅相成。基于此,熊十力创建了自己的思想体系。概而

---

① 牟宗三:《生命的学问》,台北三民书局 1984 年版,第 112 页。

言之，一是继承、发挥了孟子以及宋明儒学大师们的哲学思想，提出了"本心即实体"的本体论；二是以《周易》的生生之旨为中心，吸收佛家的"转变"等思想因素，创立了"翕辟成变"、"体用不二"的宇宙观；三是将儒学的操存涵养、居敬思诚的修养方法同佛教禅宗"当下即是"等方法结合起来，建立"自识本心，直彻真源"的人生道德论。其体系结构严谨、内容深邃、论证细密，堪称将中国儒、佛等传统哲学近代化的一种有益尝试，熊十力自己也自诩其哲学为破门户之见、深造自得的"伟大的体系"，更有海外学者尊奉熊十力为现代新儒家的"开山大师"。

在抗日战争时期，真正对儒家思想作出新的解释的是冯友兰。他继承美国新实在主义哲学和实用主义哲学流派的思想，在抗战之前就用新实在论研究和诠释程朱理学，表现出营构新理学体系的思想倾向。抗日战争爆发后，冯友兰怀抱诚挚而悲愤的忧患意识，坚定中华民族必然复兴的信念，一方面吸收外来之学说，一方面不忘本民族之地位，从1939年到1946年著成《新理学》、《新事论》、《新世训》、《新原人》、《新原道》、《新知言》六部书，俨然构成一套相对完整的哲学体系。

据冯友兰自己说，这六部书实际上只是一部书分成六个章节而已，故而合称"贞元六书"，著述宗旨"是对于中华民族的传统精神生活的反思"。凡是反思，总是在生活中遇到了什么困难，受到了什么阻碍，感到了某种痛苦，然后反观经验，提供方案。因此从这个意义上说，"贞元六书"实际上是抗日战争的现实在冯友兰头脑中的反映。《新原人》自序说："'为天地立心，为生民立命，为往圣继绝学，为万世开太平。'此哲学家所应自期许者也。况我国家民族值此贞元之会，当绝续之交，通天人之际，达古今之变，明内圣外王之道者，岂可不尽所欲言，以为我国家致太平，我亿兆安身立命之用乎？虽不能至，心向往之。非曰能之，愿学焉。"由此可知，冯友兰之所以当此贞元之际著此六书，主观上是期望中华民族经此抗战以达民族复兴、民族重振之目的。

冯友兰说，"贞元之际所著书"，寓贞下起元之意，故有此命名。何谓"贞元之际"？《周易》"乾卦"有云："元亨利贞。"先哲释之为自然界的循环发生，"亨"，成长也，"利"，成熟也，"贞"消亡也，正如从春到冬，春又复始一般。"贞元之际"亦即是冬春之际，表示民族抗战虽在艰苦之时，但亦处在觉醒和复兴的前夜。《新理学》是"六书"的核心和总纲，是专门分析共相和殊相(即一般和特殊)的纯哲学论著。新理学在自然观方面的主要内容是"共相和殊相的关系问题",也就是《周易》中的"形上"与"形下"或程朱理学中的"理"与"气"的关系问题。进而,冯友兰将自然观应用于人生问题上,解决"人之为人的道理",这是他"最哲学的形上学"。这部分中,他在儒家道德学说的基础上提出了"四境界"的人生哲学,将人的精神境界分为"自然境界"、"功利境界"、"道德境界"和"天地境界"依次递进的四个层次,敦促人们向更高的境界奋斗,以求得到自己最后的"安身立命之地"。在《新理学》中,冯友兰提出了"真际"与"实际"、"理"与"气"、"道体"与"大全"等哲学范畴,将传统哲学阐释到一个比宋明理学深入得多、明晰得多的境界,而他对西方哲学方法的了解和运用,又使中国旧哲学在他的思想体系中获得了现代哲学的意义。《新事论》是以共相和殊相的哲学分析为基础,来解决中西文化问题,主张中国学习西方是要学习其共相,而共相即现代化。该书试图用《新理学》中的"理"来解决当时的实际问题,所涉及的是有关人类社会、历史发展的"根本大事"。在《新事论》中,冯友兰对清末洋务运动及"五四"以来的东西文化论战、20 世纪 30 年代的中国本位文化论战作了一个全面总结。他认为,东西文化的差异"并不是一个东西的问题,而是一个古今的问题,一般人所说的东西之分,其实不过是古今之异"。在他看来,中国的落后主要在于经济上没有经过产业革命。与《新事论》同年发行的《新世训》是冯友兰所写的关于青年修养问题的著作,论述了现代社会的人的生活行为的基本规律,谋求从古代的圣人道德向现代的以个人为基础的道德生活的转变。《新原人》是关于人的境界论的体系性著作,是冯友兰将"新理学"应用于人生的成果。该书综合古代儒、道、佛各家的伦理学说,针对当时社会上存在的"人生方面的哲学贫困"现象,提出了人与周围各方面可能出现的四种关系,即"四种境界"——自然境界、功利境界、道德境界、天地境界,指出现代社会的人在不违反道德的生活方式之上,追求道德境界和天地境界的意义。《新原道》是冯友兰所写的向国外宣传中国文化的著作。在该书中,冯友兰论述了所认识的中国哲学的优良传统和主流,认为这个优良的传统和主流就是"极高明而道中庸",即哲学的思考从不脱离具体的生活。冯友兰强调,"新理学"的哲学体系是"'接着'宋明道学中底理学讲底",其宗旨是"继往开来"，建立"新统"。《新知言》是论述哲学的方法论的著作。这六部书构成的"新理学"体系，是一个谋求促进并适应于中国现代化的中国哲学体系。

冯友兰把自己的哲学体系称为"新理学"，自觉地以程朱理学为自己的直接先驱，申明自己不是"照着讲"而是"接着讲"，即以继承为基础，以改造、发展中国传统哲学为目的。尽管他也吸取、承继了名家、道家、玄学、禅宗等"不着实际"的哲学特色，但其基本核心和主要内容却是承继和发展宋明理学而来。其中，冯友兰构造的以"理"、"气"、"道体"、"大全"为中心范畴的新形上学，构成了"新理学"的哲学体系中最重要的一部分。冯友兰是继梁漱溟、熊十力之后新儒家学派的又一位重要代表，他的"新理学"是 20 世纪三四十年代有相当影响的哲学思想体系。"新理学"的建立，标志着新儒家哲学发展到了一个新的成熟的阶段，新理学不袭今、不仿古，而是力求在继承和发展前人思想的基础上，致力于中西哲学的融会贯通、博采众家、自成体系，在现代中国哲学界独树一帜。

1937 年抗日战争爆发后，贺麟提出重建儒家精神、复兴儒家文化的文化救亡论主张。"老实说，中国百年来之受异族侵凌，国势不振，根本原因还是由于学术文化不如人。"[1]基于此种认识，贺麟认为，近代以来的中华民族危机说到底乃是文化的危机，民族复兴在本质上是民族文化的复兴。"民族文化的复兴，其主要的潮流、根本的成分就是儒家思想的复兴，儒家文化的复兴。假如儒家思想没有新的前途、新的开展，则中华民族以及民族文化也就不会有新的前途、新的开展。换言之，儒家思想的命运，是与民族的前途命运、盛衰消长同一而不可分的。"[2]贺麟认为儒家思想的复兴必须经历西方文化的考验。"儒家思想是否复兴的问题，亦即儒化西洋文化是否可能，以儒家思想为体、以西洋文化为用是否可能的问题。中国文化能否复兴的问题，亦即华化、中国化西洋文化是否可能，以民族精神为体、以西洋文化为用是否可能的问题。"[3]儒家思想包含三层面：格物穷理、寻求智慧的理学；磨炼意

---

① 贺麟：《抗战建国与学术建国》，《文化与人生》，上海书店 1947 年版。
② 贺麟：《儒家思想的新开展》，《思想与时代》第 1 期。
③ 贺麟：《儒家思想的新开展》，《思想与时代》第 1 期。

志、规范行为的礼教;陶养性灵、美化生活的诗教。因此,儒家思想的新开展,第一,必须以西洋的哲学发挥儒家的理学。苏格拉底、柏拉图、亚里士多德、康德、黑格尔的哲学与中国孔孟、老庄、程朱、陆王的哲学会合融贯,从而产生发扬民族精神的新哲学,解除民族文化的危机,是新儒家思想发展所必循的途径。这样可以使儒家的哲学内容更为丰富,体系更为严谨,条理更为清楚,不仅可作道德可能的理论基础,且可奠定科学可能的基础。第二,必须吸收基督教的精华以充实儒家的礼教。儒家的礼教本富于宗教的仪式与精神,而究竟以人伦道德为中心。宗教则为道德注以热情、鼓以勇气。宗教有精诚信仰、坚贞不二的精神;宗教有博爱慈悲、服务人类的精神;宗教有襟怀广大、超脱尘世的精神。基督教为西方文明的骨干,如果中国人不能接受基督教的精华而去其糟粕,则绝不会有强有力的新儒家思想产生出来。第三,必须领略西洋的艺术以发扬儒家的诗教。过去儒家因乐经佚失,乐教中衰,诗教亦式微。今后儒家的兴起,与新诗教、新乐教、新艺术的兴起,应该是联合并进而不分离的。总之,儒学是合诗教、礼教、理学三者为一体的学养,也即艺术、宗教、哲学三者的谐合体。因此,新儒家思想的开展,大约将循艺术化、宗教化、哲学化的途径迈进。[①] 1947 年贺麟出版了《当代中国哲学》和《文化与人生》两部著作。在这两部著作中,贺麟力图将程朱理学,特别是陆王心学同西方新黑格尔主义哲学结合起来,建构自己的"新心学"体系。

新唯识论、新理学、新心学构成了现代新儒家比较完善的思想体系,也明确了建设中国文化的基本取向。现代新儒家的传人继承这一发展理路,不断推动现代新儒家思想向新的高度发展。

1958 年元旦,第二代现代新儒家代表人物牟宗三、徐复观、张君劢、唐君毅联名发表了《为中国文化敬告世界人士宣言》,集中阐明了第二代现代新儒家对文化的认识及中国文化的发展方向,引起了海外学者的很大反响,也成了第二代现代新儒家思想的标志性宣言。《为中国文化敬告世界人士宣言》全面阐述了他们对中国文化的过去、现在和未来,以及中西文化关系等问题的看法,明确提出了"返本开新"的思想纲

---

① 贺麟:《儒家思想的新开展》,《思想与时代》第 1 期。

领。他们认为儒家心性之学是中国文化的核心,也是人类的最高智慧,由此内圣心性之学开出民主、科学的外王事业来乃是中国文化自身发展的必然的内在的要求。

20 世纪 80 年代以来,东亚某些国家和地区经济的迅速发展,为"儒学复兴"提供了新的刺激和动力。以杜维明、刘述先等人为代表的第三代现代新儒家,正积极倡导儒家思想的现代化、世界化和"儒学第三期发展"。

（法　帅）

清华学校研究院

　　清华学校研究院,又称清华国学研究院或清华国学院,是清华由学校转变成大学时期为大学毕业和有国学根柢者专门创设的重要学术研究机构。清华学校研究院成立的时间虽然仅有四年,但名师荟萃、人才辈出,且正值"五四"以后新文化运动深入发展之际,因而在 20 世纪中国学术发展史上产生了相当大的影响。

　　清华大学的前身,是 1911 年利用美国退回的"庚子赔款"创办的留美预备学校,即清华学堂,1912 年改为"清华学校"。因而,清华建校时便烙上了殖民文化的印痕。从初创直至 20 年代中期,清华的校务从教育方针到教师延聘,从规章制度到校园风物都"恰似一个从美国移植到中国来的大学校"。最重要的是,清华学校是留美预备学校,只负责选拔留美人员。五四运动后中国的教育加快了向现代教育转型的步伐,至 1925 年,全国大学增至 47 所,在校生达 2 万余人。与这一教育背景相关联的是,全国争取教育自主和学术独立的呼声越来越高,教育界出现了"改大"潮。清华学校随着大批留学生学成归来返校任教后,也加入了"改大"行列。

　　1918 年 2 月,清华学校全体中西教职员会议通过设立"大学筹备委员会"议案,校长张煜于 1920 年 1 月将筹委会工作计划呈交外交部,决定逐年停办中等科,集中财力办大学部。1921 年,金邦正任清华学校校长,开始将高等科四年级改为大学一年级。1922 年 4 月,曹云祥任清华学校校长,立即筹划"改大"的一切措施和步骤,决定自 1924 年起为大学筹备期。1924 年 2 月,清华学校聘请范源濂、胡适、张伯苓、张福运、丁文江五人为大学筹备顾问,清华"大学储备委员会"宣告成立。1925 年 4 月,北洋政府外交部批准了大学筹备委员会提交的纲领草案,随即成立了由曹云祥、张彭春、梅贻琦等十人为委员的"临时校务委员会",负责将清华学校改组为新制大学部、旧制留美预备部和国学研究部三制并存的过渡形式的教学机构。1925 年 2 月,清华学校研究院筹备委员会成立,制定了相关章程,决定先开国学一科。1925 年 9 月 1 日,清华学校研究院国学门(通称"清华国学研究院")正式成立。1925 年 9 月 14 日,正式开学,同时创办《国学论丛》季刊,以供学界师生切磋交流。

清华学校研究院筹备处成立后,学校任命吴宓为筹备处主任,并派卫士生辅助打理筹备事务。校长曹云祥请胡适为研究院订立制度。胡适以"大胆假设,小心求证,研究问题,输入学理,整理国故,再造文明,用新的科学方法来研究古代的东西"为原则,用中国旧式书院及英国学院制,取长补短而成清华学校研究院,并明确其主旨为以科学方法整理中国旧学问。曹云祥想请胡适来清华担任研究院导师并主持研究院。胡适表示:"非一流学者,不配做研究院导师,我实在不敢当。你最好去请梁任公、王静安、章太炎三位大师,方能把研究院办好。"

吴宓在开办报告中阐述了研究院宗旨:"(一)值兹新旧递嬗之际,国人对于西方文化宜有精深之研究,然后可以采择适当之方法,融化无碍;(二)中国固有文化之各方面,如政治、经济、文学、哲学,须有通彻之了解,然后今日国计民生,种种重要问题,方可迎刃而解,措置咸宜;(三)为达上言之二目的,必须有高深之学术机关,为大学毕业及学问已有根柢者进修之地,且不必远赴欧美,多耗资财,所学且与国情隔阂。此即本校设立研究院之初意。"吴宓提出,国学研究应该树立两个目标:第一,整理全部材料,探求各种制度之沿革,溯其渊源,明其因果,以成历史的综合;第二,探讨其中所含义理,讲明中国先民道德哲理之观念,其对于人生及社会之态度,更取西洋之道德哲理等,以为比较,而有所阐发,以为中国今日民生群治之标准,而造成一中心之学说,以定国是。如能实现第一个目标,则中国之文明,可以昌明树立于世界;实现第二个目标,则中国对于全世界之迷乱纷争,或可有所贡献。

《研究院章程》阐明:"本院以研究高深学术、造就专门人才为宗旨。"就科目而言,"先开国学一科,其内容为中国语言、历史、文学、哲学等。其目的专在造就下列两项人才:(一)以著述为毕生事业者;(二)各种学校之国学教师"。"本院略仿旧日书院及英国大学制度。研究之方法,注重个人自修,教授专任指导。其分组不以学科,而以教授个人为主,期使学员与教授关系异常密切。"根据《研究院章程》,研究院教学方式分为"普通演讲"和"专题研究"。普通演讲即课堂讲授,由各教授就自己的专长和治学心得开课,供诸生必修或选修;如同一课几位教授都有精深研究,可同开此课各讲各的心得见解,任学生自由选一教授从业。专题研究就是由教授个别指导,学生进行的课题研究。各教授就自己的专长提出指导范围,然后让学生根据自己的志向、兴趣和学力,自由选定研究题目,选定后不得中途变更。学生可随时向导师请业问难。《研究院章程》规定"教授于专从本人请业之学员,应订定时间,常与接谈,考询成绩,指示方法及应读书籍"。"……而研究之道,尤注重正确精密之方法(即时人所谓科学方法),并取材于欧美学者研究东方语言及中国文化之成绩,此又本校研究院之异于国内之研究国学者也。"

研究院对师资选择标准很高,"务敦请国内硕学重望",具备三种资格:通知中国学术文化之全体;具正确精密之科学的治学方法;稔悉欧美日本学者研究东方语言及中国文化之成绩。清华学校研究院聘请了胡适推荐的王国维、梁启超(章太炎不愿意到大学教书,他排斥现代教育体制,坚持传统的大儒讲学的姿态),又在吴宓、张彭春、丁文江与梁启超等人的积极推荐下,相继聘请了陈寅恪、赵元任与李济等学术名师。至 1925 年秋,研究院共聘请王国维、梁启超、赵元任、陈寅恪四位导师,李济一位讲师,陆维钊、梁廷灿、章明煌三位助教,卫士生一位事务员,周光午一位助理员。至研究院结束,先后任教的还有赵万里、浦江清、杨逢时、蒋善国四位助教,马衡、林志钧二位讲师。王国维开的普通演讲有:《古史新证》、《说文练习》、《尚书》、《仪礼》和《最近二三十年来中国新发见之学问》等;指导专题研究的范围是:《经学》(包括书、礼、诗)、《小学》(包括训诂、古文字、古韵)、《上古史》、《金石学》和《中国文学》。梁启超开的普通演讲有:《历史研究法》、《中国文化史》、《儒家哲学》等;指导专题研究的范围是:中国文学史、中国哲学史、中国史、史学研究法、儒家哲学和东西交通史。陈寅恪开的普通演讲有:《西人之东方学》、《目录学》和《梵文—金刚经》等;指导专题研究的范围是:年历学、古代碑志与外族有关者之比较研究、摩尼教经典与回绝文译本之研究、佛教经典各种文字译本之比较研究(梵文、巴比利文、藏文、回绝文及中亚诸文字译本与汉文译本之比较研究)、蒙古满洲之书籍及碑志与历史有关系者之研究。赵元任开的普通演讲有:《方言学》、《普通语言学》和《音韵学》等;指导专题研究的范围是:中国音乐学、中国乐谱乐调、中国现代方言。李济开的普通演讲有:《人文学》、《人体测验》和《考古学》;指导专题研究的范围是中国人种考。

　　研究院招收对象,除"国内外大学毕业者或具有相当之程度者"外,还有"各校教员或学术机关服务人员,其有学识及经验者;各地自修之士,经史小学等具有根柢者"。学生经录取后,须按期到院,常住宿,屏绝外务,潜心研究,笃志学问,尊礼教授,并不得有逾越行检、妨害本院之行为。研究期限以年为率,但遇有研究题目较难、范围较广,而成绩较优者,经教授许可,可续行研究一年或二年。设立研究院,本为清华从留美预备学校向大学转制的一个重要举措。而唯一招生的"国学门",自1925年9月首批研究生入学,到1929年6月底结束,短短四年间,总共培养了四届70名学生。① 研究院学员中,表现最为出色的,是前两届,即1925、1926年入学的两届。除去早逝者,留学英、法、日的11人外,多有日后在各学科领域中声名卓著的大家。刘盼遂、吴其昌、王庸、周传儒、高亨、徐中舒、杜钢百、姚名达、王力、姜亮夫、陆侃如、戴家祥、卫聚贤、杨鸿烈、陈守时、刘节、蒋天枢、谢国桢等清华学校研究院的学子,后来大都成为国学某一门如语言学、古文字学、考古学、哲学、文学、佛学等方面的一流学者。"散在各院校任教的,约五十余人;留学诸人于抗战前,也均返国任教。抗战期中,同学在各大学任教务长、训导长、院长、研究所主任及文、史两系主任的,约有十七八人。"②《中国

---

① 据孙敦恒:《清华国学研究院纪事》,另有74人之说,认为研究院四年间共收四届:第一年,录取新生33名,实际报到29人;第二年36名;第三年24名;第四年13名。四届学生中,真正完成学业的,共有74人。参见葛兆光主编:《清华汉学研究》第1辑,清华大学出版社1994年版。

② 蓝文徵:《清华大学国学研究院始末》,台湾《清华校友通讯》新第32期,1970年4月。

现代社会科学家大辞典》①列有条目的清华学校研究院学生有周传儒、方壮猷、谢国桢、刘节、陈守寔、卫聚贤、蓝文徵、王庸、吴其昌、朱芳圃、吴金鼎、徐中舒、余永梁、戴家祥、杜钢百、高亨、姚名达、刘纪泽、王静如、黄淬伯、王力、姜亮夫、裴学海、刘盼遂、陆侃如、罗根泽、杨鸿烈共27 人。因此,在学界印象中的清华学校研究院几近"神话"。

　　清华学校研究院之所以耀眼光辉,有几个原因:其一是不拘一格选人才。清华学校研究院招生对象不限于大学毕业生,凡有经、史、小学根柢者都可应考。但这些繁多且深入的学科,使得报名的学生中大多是已有专著的较为成熟的青年学者。尽管如此,研究院的入学考试还是相当难,共分为普通国学、作文和正式选考的六门课,内容非常复杂。清华学校研究院遴选的学员资质好,年纪比较大,好些人进校前已有著作发表,专业上比较成熟,这些学生来自不同学校、不同专业,有些属于自学成才。梁启超宣称研究院的学生三分之一可以成才,其中三五个人的研究成果,"实可以附于著作之林而不朽"②。其二是名师的魅力及融合中西的教学方法。吴宓在研究院开学典礼上指出,研究院必须做到的两件事:第一,养成做学问的能力;第二,养成做学问的良好习惯。"设研究院之本意,非欲诸君在此一年中即研究出莫大之成果也;目的乃专欲诸君在此得若干治学方法耳!"《研究院章程》规定:"本院略仿旧日书院及英国大学制度。研究之方法,注重个人自修,教授专任指导。"为了便于教授指导学生的学习研究,清华学校研究院还设立了五个研究室,王国维、梁启超、陈寅恪、赵元任和李济各负责一室。他们根据学生的"志向、兴趣,及学力之所近"因材施教,对学生的质疑问难极为重视,缜密解答和指导,启发学生去博览多思。其三,师生密切接触,融为一体。清华学校研究院招聘导师的条件之一,就是愿意和学员亲近、接触,热心指导,以便让学生在最短的时间内学到丰富的知识以及正确的治学方法。研究院规定教授专任,而且必须"常川住院",以便与学生多多交流。学生一旦被录取,必须长期住校,拒绝外务,潜心研究,笃志学问。学生也好,教授也好,一旦进来,就必须在一个相对封闭的

①　高增德主编:《中国现代社会科学家大辞典》,书海出版社 1994 年版。
②　《清华周刊》第 371 期,1926 年 3 月 19 日。

环境中,认真读书。当时王国维住西院,梁启超住北院,赵元任住南院,陈寅恪先后住过西院 36 号、南院 2 号,以及新林院(俗称新南院)53号,他们都是"常川住院"的名师。研究院师生每月举行茶话会,师生在一起吃吃点心,喝喝咖啡,聊聊学问。每到暑假,各位导师多约其弟子同游北海、万寿山等处。导师带着学生游北海,在静心斋坐下来,面对湖光山色,畅谈学问。师生亲密无间,畅所欲言。有时邀请名人同游并作学术讲演,有时由导师自己讲演其新近的研究心得。清华学校研究院师生之间交流机会之多,在中国教育史上并不多见。但即便这样,梁启超还是不太满意,抱怨说除了上课,没有更多时间与学生接触。其四,由于清华学校研究院的学员扎实的学术功底和出色的表现,他们的学术成果不断见诸报刊,扩大了研究院的影响。1925 年 10 月,在学校第二次教务会议上,议决不办杂志,以便师生潜心读书。然而,梁启超和吴宓都是办刊物出身,吴宓本来就主持《学衡》杂志。吴宓在《学衡》杂志上,不断发表研究院导师及学生的文章。校方主持的《清华周刊》,也发一些专业论文。清华学校研究院终于改变主意,决定办一个《国学论丛》,由梁启超主撰,其他人自由投稿。《国学论丛》到 1929 年 3 月共出版 2 卷 6 期,内容除本院教师之著作外,凡学生之研究成绩,经教授会同审查,认为有价值者及课外作品之最佳者,均予登载。吴其昌的《宋代之地理史》、周传儒的《中日历代交涉史》、刘盼遂的《说文汉语疏》等当时均刊登在《国学论丛》上。年纪大点的研究生刘盼遂、吴其昌等,还办起了《实学》月刊。《实学》月刊本着"经以明圣贤之心,攻诸史以寻治乱之迹。汇百家之学,集万国之观,洽于古今,通乎中外"的宗旨,前后共印行 6 期。这些学生的著述,受到校内外学人的瞩目。高亨的《韩非子集解补正》、吴其昌的《三统历简谱》、王镜第的《周官联事考》等,在《实学》月刊发表后影响很大。陆侃如、姚名达等创办述学社,编辑《国学月报》。《大公报》创办《文学副刊》,请吴宓主编,吴宓又邀了浦江清、赵万里、张荫麟等一起来办。这样一来,清华学校研究院学生发表文章的阵地就变得很多。

清华学校研究院于 1929 年停办。当时的清华学校校长罗家伦在1929 年 6 月 7 日清华毕业典礼上致辞时说:"这次毕业共有三班,大学部有 84 人毕业,这是第一次;留美预备部有 37 人毕业,恰巧又是最末一次;而国学研究院的同学,这也是最后的一班。"清华学校研究院停办的主要原因有两个,其一是校内资源分配冲突。1925 年清华学校变成三个部分,即旧制的留美预备学校、大学部和研究院。这三部分并存,互相不隶属。1925 年研究院建立,很快地,清华的国文、历史、哲学、英文等系也都建立了。这样一来,学校里并存两个机构,一个是国文、历史、哲学这种现代学科体制,一个是相对传统的国学。这两部分在办学理念上是有区别的,势必引起双方办学的冲突。同时,在注定了以大学为改进方向的清华学校,研究院只能成为一个过渡机构。大学部与研究院的资源分配冲突很快就体现出来。1926 年 1 月,清华学校召开校务会议,吴宓提出扩大研究院的规模,这是创办研究院之初就已经明确的事情。然而,这一提议却遭到清华学校教务长张彭春的反对。张彭春认为,国学院是让清华从没有学问的留美预备学校,向有学问的真正大学过渡的一个中间环节,研究院要改变性质、明定宗旨,不仅不能扩大,还得尽量缩小,最终完成向大学的过渡。张彭春的观点也得到清华学校许多教授的支持。吴宓争吵不过,回到研究院跟大家一起商量。研究院内部意见也有分歧,梁启超、王国维、陈寅恪倾向于吴宓的建议,坚持扩张计划;另外两人,赵元任、李济赞成学校的建议,同意逐渐停办国学院。此事导致了吴宓和张彭春双双辞职。以后研究院的院务会议,就由新任的教务长梅贻琦主持。最终研究院不但没有扩张,反而逐步缩小。1928 年在一些教师的支持与帮助下,清华学生会校务改进委员会向新任清华学校校长罗家伦提出"停办国学研究院,从速筹备大学毕业院"的主张,被校长采纳。其二是研究院重要人员的离去。1926 年吴宓辞职,赵元任、李济支持研究院合并而到大学部;1927 年 6 月 2 日,王国维感于"世变",自沉于昆明湖;1928 年梁启超也离开了研究院,从而使研究院学生急剧减少。研究院的状况越来越难以维持了。

清华学校研究院在短暂的四年中,开创出一股研究国学的新风气,成为中国近代教育史上的一个重要篇章。

(徐庆文)

古史辨运动

五四运动时期，继胡适领导的"整理国故运动"之后，顾颉刚等学者开始借鉴西方现代科学方法来更新自己的治学方法，重新认识中国古代史，并希望继承前人几次抨击伪书的运动，因而掀起了一场古史辨运动。顾颉刚主编了《古史辨》并以此为中心聚集了一批学者，以疑古的态度讨论古史，形成了"古史辨派"。《古史辨》是 1926—1941 年间编辑出版的考辨中国古代史的论文集，代表了这一时期古史研究取得的成就。《古史辨》第一册由朴社于 1926 年出版后，至 1941 年共出版了七册，其中第一、第二、第三、第五册由顾颉刚主编，第四、第六册由罗根泽主编，第七册由吕思勉和童书业主编，共汇集了 300 多篇论文。主要撰稿人有胡适、顾颉刚、钱玄同、丁文江、魏建功、容庚、傅斯年、马衡、姚名达、周予同、冯友兰等，囊括了史学家、经学家、文学家、哲学家等庞大的学术阵容，在 20 世纪上半期形成了一个声势浩大的学术流派。

古史辨派的主要代表人物有胡适、顾颉刚和钱玄同，但起主要作用的是顾颉刚。顾颉刚曾说："我的《古史辨》的指导思想，从远的来说就是起源于郑、姚、崔三人的思想，从近的来讲则是受了胡适、钱玄同二人的启发和帮助。"[1]这段话直接点明了顾颉刚疑古思想的远、近思想渊源。郑即是郑樵、姚即是姚际恒、崔即是崔述，都是历代辨伪的学者。崔述的书直接启发了顾颉刚"传、记不可信"，姚际恒的书则启发他不但

---

[1] 顾颉刚：《我是怎样编写〈古史辨〉的?》,《古史辨》第一册,上海古籍出版社 1982 年版,第 12 页。

"传、记不可信",而且"经"也不尽可信,郑樵的书则启发他"做学问要融会贯通",并引起了他对《诗经》的怀疑。① 由此可知,传统的疑古辨伪的思想为古史辨运动的展开提供了历史思想基础,而"五四"时期的科学精神,以及声势浩大的新文化运动更是催生了这一辨伪运动。新文化运动以冲决过去一切网罗的气势打破了传统的束缚,解放了思想,促使学者大胆怀疑儒家经典以及由此构筑的古史体系。近代科学求真精神以及科学方法的传入,则促使顾颉刚开启了与传统疑古辨伪不一样的治学路数。顾颉刚很重视科学方法,他说:"所谓科学,并不在它的本质,而在它的方法。"②其"层累地造成中国古史"说,主要是对胡适"历史的态度"的进一步发挥,胡适给了他以研究历史的方法,使他对于古史有了特殊的了解。"适之先生带了西洋的史学方法回来,把传说中的古代制度和小说中的故事,举了几个演变的例,使人读了不但要去辨伪,要去研究伪史的背景,而且要去寻出它的渐渐演变的线索,就从演变的线索上去研究,这比了长素先生的方法又深进了一层了。"③在这种新方法的启迪下,顾颉刚发现了水草丰美的治学领域,埋藏心中的疑惑终于喷薄而出,从此一发不可收拾,成就了古史讨论的新天地。④

顾颉刚曾指出:"中国号称有四千年(有的说五千年)的历史,大家从《纲鉴》上得来的知识,一闭目就有一个完备的三皇五帝的统系,三皇五帝又各有各的事实,这里边真不知藏垢纳污到怎样!若能仔细的同他考一考,教他们焕然消释这个观念,从四千年的历史跌到二千年的历史,这真是一大改造呢!"⑤

通过标点整理《古今伪书考》,从辨伪书到辨伪史,顾颉刚有了在此基础上编辑"辨伪丛刊"的计划。顾颉刚计划把历史上分散在文献典籍里考辨古书的资料辑录出来,或整理专书,或记录性质相类、时代相近

---

① 顾颉刚:《我是怎样编写〈古史辨〉的?》,《古史辨》第一册,上海古籍出版社 1982 年版。
② 顾颉刚:《一九二六年始刊词》,《北京大学研究所国学门周刊》第 2 卷第 13 期,1926 年 1 月 6 日。
③ 顾颉刚:《古史辨自序》,《古史辨》第一册,上海古籍出版社 1982 年版,第 78 页。
④ 张秀丽:《反科学主义思潮下中国现代史学的人文指向——以"东南学派"为例》,山东大学博士学位论文,2009 年。
⑤ 顾颉刚:《告拟作〈伪书考〉跋文书》,《古史辨》第一册,上海古籍出版社 1982 年版,第 13—14 页。

的文字于一编,为科学的古史研究提供条件和方便。最后,他与胡适、钱玄同商讨了收集的范围和编撰的体例,将出版的成果定名为"辨伪丛刊"。开始顾颉刚自己一人做,此后他的学生白寿彝、张西堂、赵贞信等陆续加入。自 1929 年至 1935 年间,"辨伪丛刊"由朴社出版了 12 种。不久,抗日战争爆发,出版中断。新中国成立后,中华书局从"可以做研究古书的入门工具书和参考资料"的角度,请顾颉刚继续编辑,改名为"古籍考辨丛刊",并于 1955 年 11 月出版了第一集,收录前已出版除《诗辨妄》和《古学考》以外的 10 种。社会科学文献出版社 2009 年 1 月出版的"古籍考辨丛刊"第二集,可以说是重启了中断半个世纪的未竟事业。胡适曾指出:"我们有'辨伪丛刊'的计划。先是辨'伪书',后转到辨'伪事'。颉刚从此走上了辨'伪史'的路。"①顾颉刚自己则声称:"从伪书引渡到伪史,原很顺利。有很多伪史是用伪书作基础的……想到这里,不由得不激起了我的推翻伪史的壮志。起先仅想推翻伪书中的伪史,到这时连真书中的伪史也要推翻了。"②

从辨"伪书"、"伪史"出发,古史辨派提出了打破"四个偶像",即《帝系》所代表的种族偶像"、"《王制》为政治的偶像"、"道统是伦理的偶像"、"经学是学术的偶像"。③ 古史辨派指出,只有打破这四个偶像,才能冲破道统观念的束缚。顾颉刚强调诸子学说的重要性,指出如果"不明白诸子的背景及其成就,即无以明白儒家的地位,也就不能化验这几部经书的成分,测量这几部经书的全体。因此,研究中国的古学和古籍,不得不从诸子入手,俾在诸子方面得到了真确的观念之后再去治经"④。古史辨派将传统奉为经典的儒家学说史料化,从而实现了古史辨运动对传统疑古辨伪的超越。

此外,古史辨派还扩大了史料的范围,正史之外,还将"从前人瞧不起"的民俗等东西,都拿来作为史料,从而大大开拓了历史研究的范围和领域。顾颉刚指出:"第一,我们如果要知道实事的,就不能不去知道传说,因为有许多实事的记载里夹杂着传说,而许多传说里也夹杂着实

---

① 胡适:《介绍几部新出的史学书》,《古史辨》第二册,上海古籍出版社 1982 年版,第 336 页。
② 顾颉刚:《古史辨自序》,《古史辨》第一册,上海古籍出版社 1982 年版,第 42—43 页。
③ 顾颉刚:《序》,《古史辨》第四册,上海古籍出版社 1982 年版,第 5—12 页。
④ 顾颉刚:《序》,《古史辨》第四册,上海古籍出版社 1982 年版,第 15—16 页。

事……第二,就是靠不住的传说也是一宗研究的材料呢。何以这件事会成为一种传说?从这个人到那个人,从这个时代到那个时代,从这个地方到那个地方,这件传说是怎样变的?为什么要这般的变?……研究的结果,归纳出各种传说变化的方式,列举出各种传说变迁的程序,这便是一件历史学和民俗学上的大贡献。"①顾颉刚的《孟姜女故事研究》即是此种思想的实践和发展,不仅在史料范围内有极大的扩充,而且在史学研究方法上也是极大的创新,开拓了上古史研究的新领域。

20 世纪 20 年代发动的这场古史辨运动,虽然存在武断的地方,比如疑古太过,并由此否定了许多文献的史学价值;但总的来讲,以顾颉刚为代表、以疑古辨伪为特征的史学流派在考辨古史、古书等方面作出了重要贡献,特别是打破了"唯古是信"、儒学独尊的传统观念,倡导科学方法和科学精神,促使史学摆脱了经学的束缚,开始走上了独立发展的道路。在考辨古史的过程中,他们不仅借用了传统疑古辨伪的方法,还吸收了近代考古学、民俗学的新观点和新方法,对于 20 世纪史学的发展具有重要的推动意义。

(张秀丽)

---

① 郑良树:《顾颉刚学术年谱简编》,中国友谊出版公司 1987 年版。

民国尊孔读经

就整个中国文化史来看，1912—1949 年的中华民国时期，儒学运动的主旋律是尊孔读经。晚清，特别是 19 世纪 90 年代以来，作为儒学创始人的孔子在以康有为为中心的清末今文经运动中一改至圣先师的固有形象而斗转为改制旗手，在以章太炎为中心的古文学运动中更是降身于荀子之后，于是在或调侃或排斥的喧嚣中历代相循的对孔子固有的尊崇遭遇了严重的挑战，孔子的地位也开始发生剧烈的动摇。与此同时，随着西学知识的引入，西方列强的入侵，以经学为核心内容的知识传授系统也开始遭逢越来越多的质疑，以至于清政府不得不以改革科举科目乃至取消科举广开学堂的方式来迎合社会期待、寻求自救之路。如此的背景下读不读经、如何读经事实上也就成了不可回避的教育乃至政治问题。1912 年 1 月 1 日，中华民国成立，十余天之后的 1 月 19 日，以蔡元培为总长的临时政府教育部颁布了《普通教育暂行办法通令》和《普通教育暂行课程标准》，前者要求教科书要合于共和民国宗旨，清学部颁行的教科书一律禁用，小学读经科一律废止；后者则对学校授课内容和课时作出了系统规定。1912 年 9 月，教育部先后颁布了《小学校令》、《中学校令》、《中学校令施行规则》、《师范教育令》、《大学令》及《专门教育令》等，取消了大学以下各级各类学校的读经讲经课，大学的经科并入文科，大学以上改"通儒院"为"大学院"，使之成为名副其实的高等研究机构。至此，相沿两千年的尊孔读经的教育和文化传统被正式废止，而如何在经学失去官学位置的民国时期接续这一传统便也成了这一时期儒学运动的主题。

由于文化心理和时事需要,就整个 1912—1949 年的中华民国时期来看,虽然新式教育已经在全国范围内推行,但尊孔读经还是在种种因缘的作用下在包括中央和地方、官方和民间等多个层面演变为蓬蓬勃勃的文化运动,从而在整个 20 世纪的中国文化史上写下了浓墨重彩的一笔。

具体来看,从袁世凯时期到国民党统治时期,几乎历届政府都有尊孔读经的政策和行动。1912 年 9 月 13 日,袁世凯政府教育部规定每年的 10 月 7 日为孔子诞辰纪念日。同年 10 月 7 日,许多地方举行活动庆祝孔诞。1913 年 6 月 22 日,又颁布《尊崇孔圣令》,强调"天生孔子为万世师表"。其后又先后于 1913 年 11 月 26 日、1914 年 2 月 7 日、1914 年 2 月 20 日发布《尊孔典礼令》、《规复祭孔令》和《崇圣典例》,恢复祀孔。1914 年 9 月 25 日,发布《大总统亲临祀孔典礼令》;9 月 28 日,袁世凯亲率各部总长及文武百官赴曲阜孔庙祀孔,与此同时各省大员也在治下省会举行了大规模的祭孔活动。与尊孔活动相呼应,教育上的读经之风也在民国成立几年后卷土重来。1915 年 1 月,袁世凯政府颁布《教育要旨》,将"法孔孟"的口号和原则定为教育宗旨之一,随后又颁布了《教育纲领》,明令恢复中小学读经教育。短暂的张勋复辟以后,历史进入北洋军阀统治时期,期间包括冯国璋、徐世昌、黎元洪、段祺瑞在内的北洋政要出于种种缘由大都继续高擎尊孔的大旗。1917 年 9 月 12 日,代理大总统冯国璋公布《秋丁祀孔令》。1918 年,北京政府宣布农历八月二十七为孔子圣诞日。1919 年 1 月,徐世昌发布《崇祀先儒令》,2 月举行了春丁祀孔典礼,10 月 17 日宣布农历八月二十七(阳历 10 月 20 日)为孔子诞辰节,次年 3 月在北京成立"四存学会"并出版《四存月刊》以表彰周公、孔子之教。其后上台的黎元洪、曹锟、段祺瑞都对孔子尊崇有加。曹锟曾斥巨资资助康有为修葺曲阜孔庙,而段祺瑞则在 1925 年亲自参加了春秋祀孔典礼。1927 年蒋介石成立南京国民政府。上台不久,蒋介石即亲自到曲阜祭孔,加封孔子为"千秋仁义之师"、"万世人伦之表"。自幼习儒的蒋介石还提倡国民党员读经,尤其提倡读《大学》和《中庸》。此外他还大力提倡儒家道德,1934 年初发起的以四维八德求民族复兴的新生活运动是其突出的表现。1934 年 6 月,国民党中央执行委员会转请国民政府明令以农历八月二十七日为孔子诞辰纪念日,并定为国定纪念日。不久国民党中央执行委员会下属的宣传委员会更拟定了《先师孔子诞辰纪念办法》和《孔子纪念歌》。同年农历八月二十七日,全国各地统一举行了祀孔典礼,国民政府派要员赴曲阜孔庙大殿行祭祀礼。同年 11 月,国民党中央常委会通过"尊崇孔子发扬文化案",国民党政权的尊孔活动至此达到新的高度。

中央政权以外,各地军阀以及地方政府的尊孔活动也是民国尊孔读经运动的重要内容。1918 年 6 月 28 日,山西都督阎锡山在太原"洗心社"讲演《强迫教育》,责成属下强力推行孔教。1920 年 5 月 30 日,阎锡山在山西"育才馆"学员毕业会上讲话,要求他们终生尊孔。1927年张宗昌建议黄河以北各省学校读孔子之书,讲礼义廉耻,以对抗南方国民党的"三民主义",北洋军阀政府国务院为此特发公函认为"办法正当"应当采纳,内务部随即发函要求直隶、山东、奉天、吉林、黑龙江、新疆、察哈尔、热河各地遵照执行。其他如 1917 年 2 月 28 日张作霖通电要求列孔教于宪法,1921 年吴佩孚在洛阳大修周公庙,1926 年孙传芳训令江苏省立学校读经等,皆是这一方面的表现。

与官方在尊孔读经问题上的兴师动众一致,民间有关尊孔读经的声音也是此起彼伏、不绝于耳。公开宣扬和鼓动尊孔读经的社团有陈焕章等成立的孔教会,力行尊孔读经的学校如唐文治的无锡国学专修学校,以学术研究来弘扬尊孔读经的如以吴宓、梅光迪、柳诒徵等为代表的学衡派,以梁漱溟、冯友兰、熊十力等为代表的现代新儒家,而诸如廖平、康有为、章太炎、陈黻宸、张尔田等国老儒宗们的对孔子的尊崇、对经书的眷恋更不待言。

值得注意的是,包括"伪满"、"汪伪"、"日伪"政权在内的各种反动势力也都大力提倡尊孔读经。1932 年 9 月"伪满"在长春举行"秋丁祀孔",1944 年农历八月二十七陈公博主祭祀孔大典,以及"新民会"中央指导部部长缪斌抛出其曲解儒家经典而成的所谓"新民主义",皆是其突出的表现。

民国时期的尊孔读经运动涉及多种势力和多个层面,不同群体提倡尊孔读经的动机也不尽相同,甚至大异其趣乃至针锋相对。正是这些出于不同目的的不同群体和势力对孔子和儒经的尊崇和提倡,在

1912—1949 短短几十年的中华民国史上汇合成了一场声势浩大的文化运动,从而在 20 世纪中国文化史上写下了重要的一页。而生长于尊孔读经氛围中的现代新儒家更为 20 世纪后半期以来的儒学发展规划了方向,同时还提供了人才上的支撑。

（刘　斌）

哈佛燕京学社

哈佛燕京学社(The Harvard-Yenching Institute)是由美国哈佛大学和中国的燕京大学利用美国铝业公司创办人查尔斯·马丁·霍尔(Charles Martin Hall,1863—1914)的遗产捐赠,于 1928 年联合建立的一所正规的汉学研究机构。这是民国时期对中美文化交流贡献最大的学术机构之一。

查尔斯·马丁·霍尔于 1863 年 12 月 6 日出生于美国俄亥俄州汤普森镇一个清贫的传教士家庭。霍尔从小受到了良好的教育,1885 年以优异的成绩从奥柏林学院毕业,并对化学产生了浓厚兴趣。毕业后不到一年时间里,霍尔成功地发明了用电解法从铝矾土中提炼铝的方法。霍尔依靠这一发明逐渐成为驰名美国的铝业大王。由于他所做的化学实验对身体伤害很大,最终使他患上了白血病。1914 年霍尔去世,年仅 51 岁。终生未婚的霍尔去世后留下了一笔巨额遗产,价值大约 1100 万美元。霍尔临终前立下了一份遗产处理的遗嘱,将遗产的三分之一用来建立"霍尔教育基金",用于"国外地区的教育目的,即日本,亚洲大陆,土耳其和欧洲巴尔干半岛地区……已建立的或即将建立的教育机构的创建、发展、支持或维持",并规定主要用于这些地区的美国或英国教会教育机构的世俗教育事业,而不是神学教育。霍尔如此安排是诸多因素综合作用的结果。19 世纪末 20 世纪初美国海外传教活动蓬勃发展,霍尔的母校积极参与对亚洲特别是对中国的传教及教育活动,再有他的姐姐在中国山西传教的经历,使霍尔对亚洲的教会教育事业产生了浓厚兴趣。故在遗嘱中将其巨额遗产的近三分之一用于发展亚洲的教会教育事业。

　　美国的哈佛大学和中国的燕京大学得到了捐款,最终成立了两校联合组成的汉学研究机构——哈佛燕京学社,本部设于哈佛大学,在燕京大学设北平办事处。哈佛燕京学社的创建经历了一个漫长而曲折的过程。1924 年春,哈佛大学在一个偶然的机会了解到有一大笔霍尔遗产可用于教育事业,便向霍尔遗产董事会打听详细情况,并表达了哈佛希望获得这三分之一的遗产的愿望。哈佛大学一开始想将这份遗产作为建立化学实验室和美术博物馆的基金,但由于这两个项目不符合霍尔遗嘱指定的资助范围,遭到了遗产董事会的拒绝。董事会告诉哈佛方面他们对在亚洲开展教育很感兴趣。为了获得这份遗产,哈佛资金筹委会便根据霍尔遗嘱指定的使用范围,决定以东方学研究为方向,拟定了一个“哈佛东方教育研究学社”的计划。1924 年 5 月,哈佛大学将这一计划提交给了霍尔遗产董事会。但遗产董事会认为,只有由一所美国大学与一所已建立的东方大学之间进行直接的合作、拟定建立的学社才能完全有效地开展工作,才能真正实现霍尔的遗愿,并倾向于选择中国的燕京大学作为哈佛的合作对象。为此,遗产董事会委托兰登·沃纳作为其非正式代表,前往北京考察中国的教育状况,并与有关机构特别是燕京大学商谈合作的可能性。哈佛大学接受了遗产董事会的建议,决定在中国找一所愿意合作的大学。沃纳曾于 1923 年 7 月至1924 年 1 月到中国敦煌进行考古发掘,并将大批珍贵文物私自带回哈佛。沃纳知道这个“最大的东方艺术宝库”的价值,迫切希望再赴敦煌,这与遗产董事会及哈佛大学的意图正相吻合。于是,由沃纳率领的六人考古队于 1925 年 1 月到达中国。哈佛和遗产董事会希望沃纳的首要任务是与中国教育机构特别是燕京大学谈判,达成协议,其次去敦煌考古。由于谈判非常耗时,沃纳留在北京,考古队其他成员前往敦煌。此时,由于中国民族主义运动不断高涨,中国各界坚决反对考古队进入敦煌进行考察,最终沃纳的第二次敦煌考古计划落空。不过,沃纳与北京相关高校的谈判却有很大的进展。沃纳倾向于选择北京大学和华北协和华语学校合作,但考虑到遗产董事会与燕大合作的愿望,及燕大在中国文化研究方面的成就,沃纳改变了对燕大的态度。沃纳建议燕大与华语学校合并,合并后的华语学校成为燕大的一个系,将哈佛大学、北京大学和合并后的燕大华语学校列于该系名称之下,以成为拟定中的学社。但由于当时中国民族主义运动不断发展,北京大学对合作事宜犹豫不决,又加之燕京大学校长司徒雷登的积极争取,沃纳只好与燕大和华语学校进行谈判,两校都同意合并,与哈佛合作创建学社。至此,在中国寻找合作高校的工作取得了圆满成功。哈佛、燕大、遗产董事会三方经过几次谈判,哈佛燕京学社最终以一独立的研究机构在美国麻省正式注册成立。学社总部设在哈佛,在燕大设立学社驻北平办事处,作为学社在东方的活动中心和联络处。为了促进学社工作的有效展开,1928 年 12 月 28 日,霍尔遗产董事会对遗产进行了分配,哈佛燕京学社总共获得了 635.4788 万美元遗产基金。

哈佛燕京学社本部于 1928 年 1 月 4 日成立,设在美国麻省剑桥市的哈佛大学。学社第一次会议选出了九人决策委员会,三位代表哈佛大学托事部,三位代表燕京大学托事部,三位代表霍尔遗产董事会。哈佛燕京学社负责日常行政工作的是主任,同时还兼任哈佛大学远东语文系主任。第一任主任是法籍俄国东方学者叶理绥(serge Elisseeff),其后为赖世和(Edwin O. Reischauer)、佩泽尔(John Pelzel)、克瑞格(Albert Craig)、韩南(Patrick Hanan)、杜维明、裴宜理(Elizabeth J. Perry)。1928 年 2 月 10 日,北平办事处成立,设执行干事一人。第一任干事由在中国出生的美国人博晨光担任,1939 年博晨光因与叶理绥不合而辞职,后由洪煨莲、司太雷、聂崇岐、陈观胜等先后继任。太平洋战争爆发后,北平办事处与燕京大学一起被日军封闭。燕京大学被迫于 1942 年迁往四川成都,北平办事处随之迁往成都。日本投降后,燕京大学迁回北京,学社亦恢复其北平办事处。新中国成立后,燕京大学于 1951 年春由中华人民共和国教育部接管,改为公立燕京大学,第二年院系调整并入北京大学,哈佛燕京学社北平办事处亦随之撤销,前后经历了 23 年。

哈佛燕京学社成立后,双方开始互派研究生和访问学者,展开人才、学术上的交流。这为中美双方培养了一批汉学人才,其中有些后来还成为具有国际影响的汉学家。该社在燕京大学和哈佛大学同时招收研究生,由两校合作培养。哈佛大学的东方语文系研究生,预备博士论文期间多资遣来华进修,两年后回国提交论文,方授予东方学博士学位。燕京大学从 1928 年开始招收研究生,修业两年后撰写论文,由学社北平办事处延聘专家组成面试委员会,面试通过,为"硕士待位生",毕业时授予学位。此外尚有出国留学生,第一个派赴哈佛大学留学的是名历史系毕业生,四年后获哈佛大学东方学博士学位回国。为缩短留学生在美年限,学社规定,凡资遣哈佛大学的人员,必须在国内取得硕士学位。受哈佛燕京学社资助,1949 年之前来华学习或访问的学者有魏鲁南、舒斯特、施维许、毕乃德、卜德、顾立雅、戴德华、西克门、赖肖尔、芮沃寿、饶大卫、倪维森、费正清等。1949 年之前,受哈佛燕京学社资助到哈佛大学学习的则有齐思和、翁独健、黄延毓、郑德坤、林耀华、周一良、陈观胜、蒙思明、王伊同、王钟翰等。1949 年之后,学社在华失去合作方,仍继续工作,不仅执行"学位研究生规划",还新设"访问学者规划"项目,每年邀请 10 名左右的亚洲青年研究工作者(40 岁以下),到哈佛大学进行一或两年不读学位的自由研究。另外,在 60 年代中期,还开始实行"合作研究规划"。

哈佛燕京学社在书刊出版方面也是成绩卓著。学社在美国出版的《哈佛亚洲研究学报》(*Harvard Journal of Asia Studies*)自 1936 年 4 月创刊一直出版至今。自 1941 年 11 月起,又出版了《远东季刊》,研究东亚及太平洋诸岛问题,1950 年改名《亚洲研究》,一直出版至今。另外,还编辑出版了"哈佛燕京学社东亚研究"丛书。燕京大学在 1927 年开始出版《燕京学报》,除在抗日战争中中断,一直持续到 1950 年。另外还出版《史学年报》和一些单行著作。学社在出版古籍和编纂工具书方面也做了大量工作。燕京大学出版过几部未曾刊布的前人著作抄本,如张萱辑的《西园闻见录》、清蔡上翔编的《王荆公年谱考略》等。特别是还成立了"引得编纂处",从 1931 年春至 1950 年冬先后编出 64 种引得,为古籍的检索提供了极大便利。哈佛大学也进行了一些辞书编纂工作,自 1935 年起,根据中国的旧辞书如《十韵汇编》、《佩文韵府》、《康熙字典》、《龙龛手鉴》等,编纂《汉英大辞典》。正是由于上述工作,哈佛燕京学社声名鹊起,俨然成为美国东方学的研究重心。

学社成立后,哈佛大学以其经费建设了图书分馆"汉和图书馆",后更名为"哈佛燕京图书馆"。馆中图书在 1949 年前几乎都是由燕京大学为其选购。哈佛大学在北平设有哈佛大学图书馆采访处,并有专职人员负责图书的采购、运送等事宜。哈佛燕京图书馆管理委员会主席洪煨莲还要求,燕京大学在购置中、日、朝文图书时,也要为哈佛大学购置一份。若有善本、珍本或抄本,通常要送到哈佛,因为他认为哈佛馆藏条件更好,另外哈佛也能付得起高额书款。在这样的有利条件下,哈佛燕京图书馆在短时间内就成为仅次于美国国会图书馆的第二大东亚图书馆,并使哈佛大学的哈佛燕京学社成为国际闻名的中国学研究中心。燕京大学自学社成立,便开始用学社的经费购买图书,扩建燕京图书馆。燕京图书馆在建校初期仅有少量英文及中文书,直到1925年,馆藏全部图书还不足1万册。自1928年获得学社购书款后,1929年仅中文藏书就已达到14万册,1933年全部藏书更是达到22万册,燕京大学也因此成为仅次于清华大学、中山大学、北京大学的排名第四的高等院校。燕京图书馆还以馆藏精当闻名,至1940年,已收集大部分清代文集和2000多种地方志,共2万余册。抗日战争爆发后,还注重收藏日文图书,编出175种日本期刊的目录索引,收藏日文图书1800余种。至1949年,燕京图书馆所藏图书的近四分之三都是用哈佛燕京学社经费所购置的。

哈佛燕京学社的成立,对亚洲大陆的高等教育尤其是对民国时期中国教会大学的发展作出了巨大贡献,在人文科学领域为中国培养出了一大批优秀人才;同时对美国特别是哈佛大学的汉学发展和东亚研究也作出了卓越贡献。这是一个在两种不同文化传统的国家,共同组织学术机构进行国际文化交流与合作的成功典范,在中美文化交流中发挥了突出作用。

（法　帅）

"子见南子"事件

民国时期,林语堂将《子见南子》改编成独幕悲喜剧,将南子改造成一位追求个性解放、主张男女平等的新女性,并与孔子展开了辩论。最后,孔子师徒在"郑卫之淫声"和妖冶的舞蹈中落荒而逃。此后,位于曲阜的山东省立第二师范学校的学生将该剧搬上了舞台,由此引发了一场关于"子见南子"的事件。

《子见南子》一剧取材于《论语·雍也》,描写的是孔子见卫灵公夫人南子的历史故事:"子见南子,子路不悦。夫子矢之曰:'予所否者,天厌之,天厌之!'"司马迁在《史记·孔子世家》中对这一事件进行了描述,此后的儒家纷纷从各方面对"子见南子"给予了阐发。1928 年 10月,林语堂把这一寥寥数字的故事改编成了独幕悲喜剧《子见南子》,在鲁迅和郁达夫主编的《奔流》月刊第 1 卷第 6 号上刊出之后,南京和上海各地的学校竞相排演。

孔子老家曲阜的山东省立第二师范学校的学生,经过半年多的排练,于 1929 年 6 月 8 日晚,正式将该剧在学校的礼堂上演。演出前二师学生四处张贴海报,并特意邀请孔府、颜府等圣贤后裔观看。当时观者如潮,将二师礼堂挤得水泄不通,在曲阜可谓盛况空前。

《子见南子》的剧情是:孔子周游列国,当时正好在卫国,意图得到一官半职以实现其兴乐复礼的政治理想。但孔子能否达成目的,关键不在卫灵公,而是取决于卫灵公的夫人南子。于是便有了孔子拜会南子的一幕。年轻貌美的南子生性潇洒,言行举止与孔子所推行的周公之礼多有不合之处。南子对孔子的复古理想不感兴趣,而是邀请孔子与她一起合办一个"六艺研究社",可以让男女自由地讨论国术和游戏,以实现她的"男女交际之礼"。结果,孔子非但未能说服南子,反倒被南子关于"饮食男女"的宏论所折服。当南子亲自率领歌女们一起吟诵《诗经》翩翩起舞,将孔子师徒团团包围起来时,子路不由地连声赞叹,连孔子也如梦初醒,感叹竟有美妙到如此地步的乐舞!然而南子的"唯情之理"与孔子所尊奉的"周公之礼"又是互相矛盾的,这又使得孔子不知所措。孔子既无法抵御南子的"礼",也无法违背周公之"礼",只好离开卫国而去。

孔子以圣人之尊,到卫国去通过卫夫人南子以实现其理想,本来就有失体统,而剧中的南子又有一些违背封建礼教的言辞,竟使得孔子心悦诚服,这就更加有损孔子的神圣形象。因此演出之后,立即激怒了孔府"圣裔",他们认为"孔子被抹作丑末角色"、南子"冶艳出神"、子路"有绿林气概",整个演出"丑态百出,亵渎备至"。因此,他们便趁日本前首相犬养毅和国民党西山会议派骨干分子张继来曲阜谒孔之机进言表达愤慨,犬养毅和张继即以讲学的名义,到"二师"威胁参与演出的师生。张继指出孔子是万世圣人,旧礼教不能反对,孔夫子也绝对不可以污蔑。犬养毅则指出孔子所提出的仁是治国之根本,诱导学生要安分守己,以读书为己任。受过新思想影响的"二师"学生对此不以为然,台上张继、犬养毅大肆宣传,台下学生议论纷纷,秩序一片混乱,二人勉强演讲了一个半小时,便在一片"打倒日本帝国主义"、"打倒张继"的口号声中狼狈离场。

犬、张离开曲阜之后,孔府由孔氏族人孔传珸、孔庙首领执事官孔继伦牵头,以"孔氏六十户族人"的名义,以"侮辱宗族孔子"为由向南京国民政府教育部、内政部状告"二师"校长宋还吾。[1]当时国民党中央执委、国府委员兼中央研究院院长蔡元培和教育部部长蒋梦麟均对"二师"表示同情,以为学生排练新剧,并非侮辱孔子的行径,孔氏对此不应小题大做。对于这个答复,孔氏族人并不满意。此后,他们又通过南京政府工商部部长孔祥熙将控告书转呈给了蒋介石。

6月26日,教育部向山东省教育厅发出了《八五五号训令》,指出"原呈所称各节,如果属实,殊与院部纪念孔子本旨大相违反","令山东

---

① 鲁迅:《关于〈子见南子〉》,《鲁迅全集》(第八卷),人民文学出版社 2005 年版,第 317—318 页。

教育厅查明,核办",并专派参事朱葆勤,会同山东省教育厅厅长何思源赴曲阜查办。何思源把事情委托给督学张郁光。朱、张二人到曲阜作了初步调查,认为并无侮辱孔子之事,并向教育部写了一个报告予以回复。朱、张的调查结论自然也不能让孔氏族人满意,便又联名向教育部递送呈文,将"二师"连同朱、张二人一并告发。

"二师"师生为了澄清事实真相,遂向全国发出通电,在全国引起了很大反响。各界人士、团体以及海外华侨纷纷表示支持,并撰文批评政府和孔府。7 月 15 日,《市民日报》撰文颂扬"二师"学生排演此剧的壮举。7 月 16 日,《济南党报》更是高度赞扬了"二师"学生在曲阜的举动。7 月 18 日,《金刚钻》登载《衍圣公陪要人大嚼,青皮讼棍为祖宗争光》一文,以为"子见南子"一案实际上是"二师"与孔教会之间的争论,其内幕实为孔教会会长孔繁璞意欲扩张孔教会的势力,欲将"二师"移往他处,遂借此事大做文章。7 月 26 日,《华北日报》副刊刊载《关于曲阜二师排演〈子见南子〉引起的风波》一文,认为这一事件是封建势力对思想艺术界的进攻。

在强大的社会舆论压力下,何思源同情"二师"师生,因此并没有严格执行教育部的命令。孔祥熙、张继因而又在国民党中央常委会上对何思源提出弹劾。8 月 1 日,山东省教育厅发布《一二零四号训令》,将"二师"校长宋还吾"调厅,另有任用",实则撤职。至此,孔氏家族对于此事仍旧不肯放松,不断围攻、谩骂"二师"师生,尤其对仇森林、陈箴泗等主要演员进行造谣中伤,最后陈箴泗等学生被逼辍学离校,这一事件才算告一段落。

"子见南子"事件是民国时期以曲阜"二师"师生为主力,以孔府封建势力为主要斗争对象的反对封建主义、帝国主义和国民政府的学生运动,也是中国 20 世纪 20 年代末思想领域中,新思潮与尊孔复古思潮之间的一次交锋。这场斗争,矛头始终主要指向孔府所代表的封建势力。此后,由于张继、犬养毅的介入,逐步升级为政治斗争,其矛头也指向了日本帝国主义和国民政府当局。曲阜"二师"师生的这场斗争虽然最后没有取得预期效果,但是所起的作用是不容低估的。

(张秀丽)

香港孔教学院

香港孔教学院，是由康有为弟子陈焕章于 1930 年在香港创办的以弘扬孔教儒学及兴学育才为宗旨的，集文化、宗教、教育、慈善为一体的多功能宗教团体。

孔教学院以"仁、义、礼、智、信"为基本教义，以《论语》及孔子整理并阐释的古代经典为孔教的经典。截至 2012 年已有五任院长：第一任院长陈焕章，于 1930 年创院时自任院长，他以弘扬孔道及兴学育才为宗旨，设立孔教中学（后易名为大成学校），并以宗教形式弘扬儒学，揭开了香港教育史的重要一页。第二任院长朱汝珍，将孔教学院注册为慈善组织。第三任院长卢湘父，也是康有为的弟子，创办了孔教学院下属的中学及小学。第四任院长黄允畋，1978 年会同伊斯兰教、基督教、佛教、天主教和道教五个宗教团体组成"香港六大宗教领袖座谈会"。第五任为自 1992 年起就任的院长汤恩佳，在宣誓就职典礼上，提出要在全国各省、自治区、直辖市重新点燃孔圣之火。孔教学院建立以来，主要做了以下几方面的工作：

一、讲学宣道。香港孔教学院自创立时起，一直提倡读经尊孔，讲学经年。除由院长主持讲学宣道外，还聘请硕彦鸿儒担任讲学，期间每逢星期日在香港大会堂举办"国学讲座"，又曾举办"宣道月会"。为了弘扬儒学，编印过《弘道年刊》，并在有关报纸上主编"孔学"双周刊和"孔教"版专刊，曾出版《孔教学院丛书》，包括陈焕章的《孔教论》、《儒行浅解》，吴康的《孔子哲学思想》，36 位学者的《孔学论文集》，汤恩佳的《孔学论集》等。

二、办学育才。香港孔教学院创建伊始,即兴办学校宣扬孔道,先后创办大成中学(后改为郭佩珍中学)、大成小学、三乐周汤桅学校。各校均以"敬教劝学"等为校训,从小学开始,设经训科,选讲《论语》章句;中学各级设经训科,讲授儒学精要。同时,编写与小学、中学教育相吻合的关于孔道的教材,如小学儒家德育教材(小一至小六级)共七册,中学儒家德育与公民教育教材(中一至中三级)共三册。

三、捐赠圣像,捐建孔庙,捐建医院。除把树立孔圣像的工作扩展到中国内地,更捐款在国内倡建孔子庙及举办孔子文化节,以期唤起国人对孔圣之仰慕及儒道之崇敬。如在河南省开封市碑林捐建孔子亭,在广东省三水市捐建孔子庙,在湖南省岳阳市及四川省德阳市捐建孔子公园,在洞庭湖君山倡建孔圣山并树立孔圣铜像,在西藏自治区捐建孔子地方病医院,并铸造多尊孔圣铜像赠予德阳市、岳阳市、长沙市、上海、哈尔滨、三水市等。

四、资助国内外儒学学术团体之学术活动,举办各种类型的儒学研讨会。受惠团体有北京的中华孔子学会,四川省孔子研究学会,台湾地区的中华儒学青年会及在北京成立的国际儒学联合会等。

五、香港孔教学院成功地向政府申请拨款 270 万元,将香港的小学德育课程规范化。还大力推动社区敬老扶幼活动,各属校均积极参与,让莘莘学子能通过表演、筹款及嘉年华会等活动认识到服务社会、热心公益及弘扬孔孟大同思想的重要性。

香港孔教学院的发展规划是:

一、争取国家将孔教作为宗教。以孔子的形象及思想作为整个中华民族精神的轴心,借以加强爱国文化教育,建立共同的价值观,确认民族的尊严及强化民族的团结与凝聚力。

二、争取国家定每年的孔圣诞辰为全民的假期。让家家户户重新认识孔子,知道尊重孔子,思索孔子的教训及反省本国文化的意义。

三、将孔子的教义纳入小学、中学及大学的教材范围。大力发展以德育为本的教育,作为国家精神文明的支柱,与国家的经济、政治、科技等物质文明同步发展。

四、在各大小城市广设孔圣教堂或孔教青年会。开设教义讲座及举办各类进修课程及提供各类康乐体育设施,将孔教教义融入日常生活中,为老、中、青各阶层提供"以文会友,以友辅仁"的场所。

在香港孔教学院的影响下,孔教成为香港六大宗教之一,《香港基本法》也承认孔教学院为合法的宗教团体。香港特区政府一切有关宗教活动,孔教学院均参与其中,如每年举行的和平纪念的宗教仪式等。同时,孔教学院还以宗教社会团体的身份参与香港的政治和社会事务,如孔教学院是香港特别行政区第一届政府推选委员、香港特别行政区首届立法会选举委员会委员、香港特别行政区第九届全国人民代表大会选举会议成员等。

（法　帅）

山东乡村建设运动

随着以新技术革命为支撑的西方资本主义的扩张和拓展，以及随之而来的政治压迫、军事侵略和由此造成的内部动荡等等，包括中国在内的广大殖民、半殖民地区，以自然经济为主的农村社会不可避免地陷入了衰落。于是，关注农村、救活农村也就不可避免地成了殖民和半殖民地区社会精英乃至统治阶层所关注甚至热衷的问题。20 世纪初以来的中国农村社会，在西方新技术产品的冲击下日渐扭曲变形而趋于凋敝，中国大地上出现了一股凝重而浓烈的农村救亡思潮，诸如章士钊的农村救国主张、王鸿一的村本政治思想、孙中山的地方自治思想以及重新解释三民主义进而提出的扶助农工政策、共产党领导的农民运动、晏阳初的平民教育以及阎锡山的村政实验等等，都是其表现。其中梁漱溟的乡村建设思想以及在此指导下的乡村建设运动是其典型代表。

作为乡村建设运动的领袖，梁漱溟乡村建设的思想"萌芽于民国十一年，大半决定于十五年冬，而成熟于十七年"①。究其源头，可上溯到《东西文化及其哲学》一书。当时梁漱溟就已认定中国非走孔子的路不可，不过大约是现实冲击的缘故，他又认为中国的未来大体要走类似于西方的发展道路。应该说，此时他关于中国的出路问题在思想上还不是很明晰，不过认定中国非走孔子的路不可仍为此后的乡村建设理论提供了一个思想的起点。其后随着 1920 年梁启超《欧游心影录》的发

---

① 中国文化书院学术委员会编：《梁漱溟全集》（第一卷），山东人民出版社 1989 年版，第 144 页。

表,约在"(民国)十一年以后",梁漱溟"渐渐对于一向顺受无阻的西洋政治理路怀疑起来"[1],开始觉得西方的政治道路和中国的民族精神在根本上难以容通。不过此时的他对于中国的前途问题仍是茫然不知所向。再后来国共合作,特别是共产党所领导的农民运动的蓬勃兴起让其清楚地看到了中国农民强大的力量,而且也就是这一时期,王鸿一的"村本政治"思想开始对他产生影响。但国共合作的成功,特别是北伐的顺利推进,让他又不能遽然否定西方道路,于是对王鸿一的主张(诸如"传贤民主国体"、"农村立国制"等)略有赞赏之余仍是颇有保留。然而国共合作终究未能很好地维持下去。1926年的"中山舰事件"和"整理党务案"拉开了国共两党由合作走向分裂和对抗的序幕。这也让长期处于救国苦闷之中的梁漱溟逐步坚定了其否认西方道路,认定中国必须"往东走"的信念。他自己也承认其农村立国的主张大半形成于这一年冬。此后第二年,在当时北京西郊的大有庄,梁漱溟"顿然恢复得和平正常心理","数年往来于胸中的民族的前途问题","不期而一旦开悟消释",并由此"否认了一切的西洋把戏,更不沾恋","相信了我们自有立国之道,更不虚怯"。[2] 应该说,至此,即1926年春,梁漱溟的乡村建设思想就基本形成了。及至后来,他南游广东,提出《请办乡治讲习所建议案》,并于广州做"乡治十讲"的讲演,应该说他的乡村建设思想便已大体成熟了。

在梁漱溟看来,由宗教禁欲主义而来的近代西洋社会,注重个人本位,讲究阶级对立,重"法治",尚"欲望",讲求"竞争",习惯于"向外用力",由此而至"辗转于彼压迫此反抗";而中国社会,注重"伦理本位"、"职业分立",讲求"礼"和"理",崇尚"谦逊",习惯于"消极节制""而彼此调和妥协"。这种精神上的差异决定了中国不可能走近代欧洲民主政治的路,而只能从中国文化的根本所在即"乡村"来建设一种新的乡村文明,让"老道理""发新芽",以此来解决中国文化的失调问题,为中国民族的自救寻找出路。这便是他的乡村建设理论。

早在1923年,即梁漱溟提出农村立国主张不久,王鸿一便常常以

---

[1] 中国文化书院学术委员会编:《梁漱溟全集》(第五卷),山东人民出版社1992年版,第8页。
[2] 中国文化书院学术委员会编:《梁漱溟全集》(第五卷),山东人民出版社1992年版,第13页。

自己关于村治的主张向他请教,虽然梁漱溟当时觉得还有疑问,"总不敢信",但和王鸿一的交往无疑推动了他继续进行有关"农村立国"的思考,并最终形成了自己的乡村建设思想。1928 年他南下广东办乡治讲习所便是这一思想成熟的反映。后来李济深被蒋介石拘禁,梁漱溟北上考察后便留在了北平。不久,又是在王鸿一的介绍下他认识了梁仲华等人,参与筹建河南村治学院,并接手主编《村治》月刊。这已是他尝试进行乡村建设的第二次实践了。王鸿一的介绍,使得梁漱溟和后来从事山东乡村建设的几位主要领导人如梁仲华、彭禹庭、孙则让等走到了一起,而这事实上也就为此后不久的山东乡村建设构建了基本的领导力量。梁漱溟和梁仲华等在这一时期的合作,对他们后来投身山东乡村建设,并较为顺利和迅速地打开山东的局面是很有帮助的。

1930 年中原大战一触即发,河南村治学院停办。此后不久,韩复榘离开中原,主政山东,遂请包括梁漱溟在内的筹建河南村治学院的原班人马到山东,并拨款 10 万元筹办山东乡村建设研究院。1931 年 1 月,梁漱溟与共同筹办河南村治学院的几位同仁来到山东。同年 3 月 30 日,他会同叶云表到邹平东关选定院址。6 月 15 日,山东乡村建设研究院在邹平县正式成立,梁漱溟任研究部主任。这一年,梁漱溟作《山东乡村建设研究院设立旨趣及办法概要》一文,指出中国的建设问题在于"辟造正常形态的人类文明,要使经济上的'富'、政治上的'权'综操于社会,分操于人人"①。1932 年梁漱溟出版了有关乡村建设的第一部书《中国民族自救运动之最后觉悟》。同年 12 月,他作为特邀专家参加了南京国民政府内政部召开的第二届内政会议。期间更与参加会议的几位从事乡村建设或乡村教育的重要领导人商议成立一个全国范围的乡村工作协进会,以推动各种乡村运动的联合与交流。这就是后来的"全国乡村工作讨论会"。1933 年 3 月,梁漱溟被聘为国民政府教育部民众教育委员会委员。同年 3 月 3 日,山东乡村建设研究院奉省政府令改名"山东县政建设研究院"。梁漱溟于是年 10 月 1 日继梁仲华成为研究院的第二任院长。3 月 6 日,邹平被划为县政建设实验县。

---

① 中国文化书院学术委员会编:《梁漱溟全集》(第五卷),山东人民出版社 1992 年版,第 231 页。

7月,经过孙则让(时任邹平乡村建设研究院副院长)的先期筹备,菏泽也被划为乡村建设实验县,并于次年成立山东乡村建设研究院菏泽分院。1935年7月,山东省政府第413次政务会议决定设立县政建设试验区,以济宁、郓城、菏泽、曹县、单县、巨野、鱼台、东平、汶上、金乡、嘉祥、鄄城、定陶、成武14县为辖区,区长官公署设在济宁。其后,乡村建设运动一度向包括寿光、安丘、滕县、滋阳(今兖州)、临沂、沂水等县扩展。

就政治结构而言,山东乡村建设运动的核心机制是以学校(乡学或乡农学校)代行原县以下区公所一类的部分或全部职责,让学校在协调和促进社会发展上发挥建设性或者关键的支撑作用;就建设内容来看,山东乡村建设研究院所在的邹平地区涉及内容较多,尤其经济方面成就较为突出,其外,诸如菏泽地区等则多是以军事训练为主。在梁漱溟看来,孙则让负责菏泽实验县工作时强调军事训练与其曾经参加过河南村治学院的活动有关,而后者的一项重要工作正是加强农民自卫建设。不过,依徐树人的看法,这更与时任省主席的韩复榘希望通过乡建运动的军事训练"扩充实力保障地盘"有关。而当年菏泽乡村建设的亲历者说:"菏泽乡村建设实验县在普遍建立乡农学校的基础上,首先把组织训练地方武装,举办自卫训练班,作为开展乡村建设运动的中心内容。"①办法是按地亩抽人出枪,集中到乡农学校所在地学习训练。开始举办时,规定凡有100亩以上土地者,抽青壮年1人,带枪1支,到乡农学校受训。办了几期以后,又改为凡有50亩以上、100亩以下者,抽青壮年1人,带枪1支受训。最后,不足50亩土地者,2户或3户合并一起,抽1人1枪受训。还规定,入自卫训练班者,必须是男性,年龄为18至30周岁,有无文化皆可。凡被抽人出枪的人家均是农村中的富户,他们当中大部分带枪支参加训练。个别的富户,因怕受训或担心抽去当兵打仗,则出钱雇人参加训练。其他以军事训练为主的试验地区情况也大体如是,具体情况容或微有区别,比如抽人田亩数的标准问题等。就邹平而言,最有特色的是其合作社运动。1931年6月,山东乡

---

① 山东省政协文史资料委员会、邹平县政协文史资料委员会编:《梁漱溟与山东乡村建设》,山东人民出版社1991年版,第258页。

村建设研究院开始在邹平实验县倡办合作事业。1932 年 9 月,梁邹美棉运销合作社最早成立,随后,各种合作社相继建立。1932 年底,全县合作社达到 20 所。1933 年底,合作社增至 25 所,社员 545 人。1934年底合作社增至 133 所,社员 4446 人。1935 年 7 月,实验县政府成立合作事业指导委员会,集中力量发展推进合作事业。年底,合作社数目达到 336 所,入社社员增加到 14939 人。此后实验县对全县的合作社进行整顿,一些不合格的被取消。至 1936 年全县合作社种类共有美棉运销、蚕业产销、林业生产、信用庄仓、信用、购买六种,合作社总数为307 所,入社社员 8828 人。[①] 短短几年时间,邹平的合作社运动取得了迅猛发展。

虽然由于重点的不同,各地工作在侧重上有所异同,但还是要承认,20 世纪 30 年代在齐鲁大地上出现的这场乡村建设运动,确是一次知识分子试图进行大规模社会改造的实践活动。以山东邹平当时进行的县政改革、乡农教育、乡村自卫、农业改良、金融改良、合作事业、社会改良等诸多实验活动,声势颇大,邹平也因而成为当时全国三大乡村建设中心之一。

比如说合作事业。早在 1930 年,在梁漱溟办《村治》月刊时,便已认识到了搞"合作"的意义和价值所在。他在一篇文章中这样写道:"中国产业的开发与发达,不能不从农业入手,而且以他为主要,是铁的;则其必取径于'合作'亦是铁的。"[②] 客观来讲,合作社运动是乡村建设运动中经济方面的主体工程,成效还是比较显著的,该运动在国内外的影响也较大。此外,合作社在梁漱溟看来绝不仅仅是发展农业、救活乡村的经济运作模式,它还承担着政治上的使命。在《山东乡村建设研究院设立旨趣及办法概要》中他便曾如是指出:"此则合作经营,即私即公;经济与政治固可以不离为二。"[③] 在 1984 年的一篇口述中也有更为明确的解释,他说:"我所想的宪政的新中国,必须从地方自治入手,而地方自治又必须从团体自治入手,将农民组织起来,才能实现。我梦想的团体自治是合作社;这种合作社主要是生产合作,也包括消费合作、信

---

① 曲延庆:《邹平通史》,中华书局 1999 年版,第 253 页。
② 中国文化书院学术委员会编:《梁漱溟全集》(第五卷),山东人民出版社 1992 年版,第 123 页。
③ 中国文化书院学术委员会编:《梁漱溟全集》(第五卷),山东人民出版社 1992 年版,第 229 页。

用合作。"①由此可见,在梁漱溟的理论设计中,合作社既是经济方面的主体工程,又是一种地方自治形式,是他为建立宪政的新中国而设计的一种操作手段。

在整个乡村建设运动期间,山东邹平的合作社运动算得上是一次成功的实验。它的成功大体有如下三个方面的原因:一是理论的支撑。梁漱溟认为,"农业则不是发财的捷径而正是养人的路,尤其是从'合作'发达起来的农业,最是养济众生的一条大道"②。正是在此种理论的指导下,邹平的合作社运动得以蓬勃展开。二是韩复榘对乡村建设运动的支持。时任山东省政府主席的韩复榘对梁漱溟相当尊重,呼之为"梁先生",对梁漱溟的建议也大都照办不误,这为合作社运动在邹平的发展提供了有利的外部环境。三是实验县政策和措施的得力。1935年7月,成立专门的合作事业指导委员会来推动合作社运动的深入开展。县长亲自出任委员长。委员也多为当时相关机构的精干力量,包括讲授经济合作的部分教师、农场主任及有关职员、县政府第四科科长及技术员、金融流通处经理等。委员会下设三个小组,分工负责各种合作事宜。就政策方面而言,主要表现在教育推动、金融支持以及大力宣传科学思想三个方面。首先从教育上来看,劝教合作是乡农学校的一项主要职责。实验县特别注意利用乡学和村学对民众实施合作教育,在村学的成人部、联庄会训练队及各级学校都增加合作课程,组织社职员讲演会,举办合作函授班。其次就金融方面而言,1933年8月邹平县农村金融流通处的设立对合作事业给予了有力的金融支持。梁漱溟说:"我们在邹平成立了农村金融流通处,并兼理县金库,流通处不贷款给个体农民,只贷给农民组成的合作社,以推动合作社的发展。"③再者是大力宣传科学思想。这主要通过农产品展览和派人进行技术指导等方式进行。1931—1933年,邹平先后办过三次农产品展览会,每次3—

①　中国文化书院学术委员会编:《梁漱溟全集》(第七卷),山东人民出版社 1993 年版,第566 页。

②　中国文化书院学术委员会编:《梁漱溟全集》(第五卷),山东人民出版社 1992 年版,第224 页。

③　中国文化书院学术委员会编:《梁漱溟全集》(第七卷),山东人民出版社 1993 年版,第566 页。

4 天。展品分田艺、园艺、家庭工艺、农具、畜产等,品种最多达 6000 种,每天参观者逾万人。① 这些活动宣传了农业科技,对合作社运动的发展起到了思想解放和技术支撑的作用。比如说农业和社会改良。乡村建设研究院及下属实验县都做了农业改良及社会改良的实际工作。研究院训练部在农业技术、农产制造等课程中,聘请专家传授耕地轮作、牲畜防疫、制造酱油等技术,还设有打井队,专门研究和推广打井技术。邹平农场占地 60 亩,从事优良作物和畜牧的育种推广工作。培育和推广的作物和畜牧品种有"脱氏棉"、抗旱小麦、波支种猪、寿光鸡、意大利群蜂等。各乡学、村学也提倡农业改良。菏泽各"乡农学校"开设过各种农业技术短训班,向乡众传授农业技术,推广优良品种。此外,研究院及下属实验县在改良农村生活环境和风俗习惯方面也做了一些实际工作,以邹平公共卫生的开展最为突出。1934 年上半年,邹平县卫生院与当时的齐鲁大学医学院合作,在全县开展推广公共卫生工作。卫生院内设保健、防疫、医务、总务等四个组。保健组下分妇女卫生、环境卫生等股。防疫组下分传染病管理、防疫注射等股。医务组下分医院门诊、巡回医疗等股,另外还设有卫生教育委员会、医学实习委员会等组织。各组、股、委员会专司其职。在县卫生院的指导下,各乡设卫生所。原计划 13 乡每乡设 1 个,后因人力财力有限全县共设了 6 处。各卫生所负责本乡及邻乡的卫生工作。邹平县重视妇女工作。卫生院举办过多期训练,共训练接生员约 100 人、妇幼卫生宣传员约 30 人。卫生院发给接生员每人一个接生箱,并免费供给接生用的药品和材料。卫生院对学校卫生也较重视。各学校普遍设立了卫生课。有的学校设立了卫生室或卫生队。②

　　山东乡村建设运动在当时无疑是有益和富有远见的。当然,所有这些都是梁漱溟试图让中国文化的老树上生发出适合现代社会情景的文明花朵的尝试。

(刘　斌)

---

① 曲延庆:《邹平通史》,中华书局 1999 年版,第 240 页。

② 安作璋主编,唐志勇、李伟著:《山东通史》现代卷,山东人民出版社 1995 年版,第 173—174 页。

新生活运动

　　20世纪30年代初,形式上统一了全国的国民党政权,面对国内国外种种矛盾和困境,出于巩固政权、维护统治的需要,发起了一场声势浩大的"新生活运动"。这场运动在20世纪中国儒学史、文化史上都有其重要地位和影响。

　　1934年2月19日,蒋介石在江西南昌行营扩大纪念周上发表了题为《新生活运动之要义》的演讲,号召人们抱着"从前种种譬如昨日死,以后种种譬如今日生"的决心,"将过去不适于现代的一切野蛮生活,彻底改革,一切新的生活、新的运动、新的事业,统统要从今天开始"。[①] 两天后的21日,南昌新生活运动促进会成立,蒋介石任会长,新生活运动就此展开。自此以后至1948年,每年的2月都会举行活动纪念新生活运动的发起和开展,直至1949年因形势所迫而暂停,前后共持续了15年之久。

　　事实上,在新生活运动发起之前的1932年,国民党政府出于救国和建国的需要就发起过一场"民族复兴运动",而"新生活运动"正是国民党政权推进民族复兴运动的某种手段。1932年4月16日,民族复兴运动的核心机构力行社的中层组织"革命军人同志会"成立,蒋介石特别指出当于"亲爱精诚"外辅之以"礼义廉耻"来"医青年之大病",从此"礼义廉耻"便成了"新生活运动"的理论指导。民国以后,新文化传

---

　　① 蒋介石:《新生活运动之要义》,载肖继宗编:《革命文献》第68辑(《新生活运动史料》),台湾中国国民党中央委员会党史委员会1975年版,第23页。

播迅速，但就底层民众的心理来看，儒家思想仍是根本，这就是国民党政府取儒家道德观念和哲学思想（力行哲学）作为民族复兴运动的理论指导的原因所在。另外，这同蒋介石自幼受儒家文化熏陶，有着一定的儒学修养也有关系。当然，理论指导主要以服务现实为指向。

蒋介石借新生活运动提倡"礼义廉耻"的动机，是要用社会教育的方式，使一般国民的日常生活做到"整齐、清洁、简单、朴素、迅速、确实"，达到"使反乎粗野卑陋之行为，求国民生活之艺术化"，"使反乎争盗窃乞之行为，求国民生活之生产化"，"使反乎乱邪昏懦之行为，求国民生活之军事化"。[①] 所谓"艺术化"、"生产化"、"军事化"，正是新生活运动的现实追求和目的。

与现实发展的阶段性相符合，新生活运动也表现出明显的阶段性。从 1934 年 2 月发起到 1937 年 7 月为第一阶段，1937 年 8 月到 1945 年 7 月的抗战八年是第二阶段，1945 年 8 月到 1949 年 2 月为第三阶段。

第一阶段又可以分为两个时期，一为南昌创始期，一为南京推行期。1934 年 2 月到 1935 年底的创始期，为新生活运动初创和摸索阶段。期间先是在 1934 年 2 月 19 日蒋介石发表了《新生活运动之要义》的演讲，其后 21 日成立了南昌新生活运动促进会，22 日召开了首次干事会议，制定章程，确立施行方案，规定运动分三项进行，先以宣传，继以指导，后以纠察。此后各省、市、县纷纷响应，成立了若干支会、分会。5 月 15 日，蒋介石制订《新生活运动纲要》；7 月 1 日，根据《纲要》规定，南昌新运会改组为"新生活运动促进总会"（简称"新运总会"），蒋介石被选举为会长、江西省主席熊式辉任总会主任干事、邓文仪任副主任干事、阎宝航为书记。总会设调查、设计、推行三股，聘何应钦、陈果夫、张群等 33 人为指导员，李焕之、李厚微等 22 人为干事。至此，新生活运动有了较为完备的组织和规章，也有了明确的计划和方向，开始呈现出全面推进、阔步前行的气象。1935 年底，蒋介石回南京任行政院院长，新运总会随之由南昌迁往南京，此为抗战前的南京推行时期。

1934—1937 年的三年间是新生活运动初创阶段，此一时期推行了

---

① 蒋介石：《新生活运动之要义》，载肖继宗编：《革命文献》第 68 辑（《新生活运动史料》），台湾中国国民党中央委员会党史委员会 1975 年版，第 12 页。

的发展。先是恢复成立了抗战期间遭到破坏的省市、铁路新运会,继而又在新收复的东北各省市及海外华侨中设立了新运会,另外还采取了一系列措施加强新运会的组织建设。在此基础上包括清洁运动、规矩运动在内的抗战前的各项新运活动得以恢复,另外还开展了包括各种比赛以及尊师运动、肃清贪污运动等在内的各种转移风气的新活动,以期济国救世。此外,随着蒋介石政权"戡乱救国"斗争的展开,新运会也配合其进行了许多辅助活动。只是所有这些都没有挽救国民党政权,而由蒋介石亲自发动的新生活运动也就不得不随之接受"暂停"举行、实际停办的历史命运。

(刘　斌)

中国本位的文化建设

　　20 世纪 30 年代，在文化领域继东西文化论战之后，以王新命、何炳松、陶希圣、萨孟武等十位教授联名发表的《中国本位的文化建设宣言》①为导火索，掀起了关于中国文化出路的大论战，一些文化名人、学者围绕此《宣言》纷纷阐发了自己的见解，在思想界、学术界引起了广泛关注。

　　1935 年 1 月 10 日，王新命等十位知名教授联合署名在《文化建设》杂志第 1 卷第 4 期上发表《中国本位的文化建设宣言》，对于"复古派"和"西化派"都给予了批判。《宣言》发起人之一的何炳松指出："其实我们的初衷无非想矫正一般盲目的复古和盲目西化这两种不合此时中国需要的动向，此外别无他意。"②《宣言》主张中国文化唯一的出路，应该以"此时此地的需要"为基础，进行"中国本位的文化建设"。为此，《宣言》提出了应该遵循的五项要求：一、要"特别注意于此时此地的需要"；二、"必须把过去的一切，加以检讨，存其所当存，去其所当去"；三、"吸收欧美的文化是必要而且应该的，但须吸收其所当吸收，而不应以全盘承受的态度，连渣滓都吸收过来"；四、"中国本位的文化建设，是创造，是迎头赶上去的创造"；五、"在文化上建设中国，并不是抛弃大同的理想"。《宣言》提出了"不守旧，不盲从；根据中国本位，采取批评态度，应用科学方法来检讨过去，把握现在，创造将来"的奋斗目标。《宣言》还主张对旧文化去其渣滓，存其精英，对欧美文化，取长舍短，择善而

---

　　① 全文参见本卷附录一。
　　② 何炳松：《序》，载马芳若编：《中国文化建设讨论集》，上海龙文书店 1936 年版，第 1 页。

从，从而"使中国在文化的领域中能恢复过去的光荣，重新占着重要的位置，成为促进世界大同的一支最劲最强的生力军"。

与此前东西文化论战时的背景相比，中国本位的文化建设是在日本侵占东三省之后，又继续制造了华北事变，中华民族危机进一步加深的情况下提出来的。作为《宣言》发起人之一的樊仲云在为《文化建设》月刊社出版的《中国本位文化建设讨论集》所作的序中谈到，1934 年冬天他与几个朋友闲谈，慨叹中国不仅在政治经济方面已经成了帝国主义者的次殖民地，即在文化思想方面也自失其安身立命的根据，"为了恢复中华民族的自信力，于是我们提出建设中国本位文化的主张"①。

《宣言》发表之后，立即在文化界掀起了关于中国本位与全盘西化的论争，引起了一场为时一年多的关于中国文化建设问题的大讨论。各地报刊纷纷发表评论文章，上海的《晨报》、《申报》、《时事新报》、《新闻报》、《民报》、《江南正报》、《中华日报》，杭州的《东南日报》，南京的《中央日报》、《朝报》，汉口的《大同日报》、《武汉日报》，北平的《益世报》，金华的《浙东民报》，天津的《大公报》，西安的《西京日报》，镇江的《新江苏报》等，相继发表社评或文章，对《宣言》的观点表示支持，或有所阐发和补充。上海、南京、北平、武汉等地先后举行座谈会，就此问题展开了探讨。② 以胡适、陈序经为代表的西化派尤其活跃，他们认为主张中国本位文化论者是历史的倒退，提出中国文化的唯一出路既不是复古，也不是折衷调和，而是全盘西化。

胡适在《独立评论》上发表专文加以批判，他指出十教授口口声声舍不得"中国本位"，他们笔下尽管宣言"不守旧"，其实还是他们的保守心理在那里作怪。虽然他们对于固有文化主张"去其渣滓，存其精英"，对于世界新文化，主张"取长舍短，择善而从"，但实际上仍旧是折衷调和的论调。③ 此外，对于本位文化建设倡导者所批判的全盘西化倾向，胡适以为根本就不用担心中国本位的动摇，反而应该焦虑固有文化的惰性太大。要改造中国，"只有努力全盘接受这个新世界的新文明，全

---

① 樊仲云：《编者序言》，《中国本位文化建设讨论集》，文化建设月刊社 1936 年版，第 1 页。

② 宋小庆、梁丽萍：《关于中国本位文化问题的讨论》，百花洲文艺出版社 2004 年版，第 23、25 页。

③ 胡适：《试评所谓"中国本位的文化建设"》，《独立评论》第 145 号，1935 年 3 月 31 日。

盘接受了,旧文化的惰性自然会使它成为一个折衷调和的中国本位的新文化"①。胡适认为在中国的社会里,不是文化失去了特征,而是传统太重、太深了:"中国今日最可令人焦虑的,是政治的形态,社会的组织,和思想的内容与形式,处处都保持中国旧有种种罪孽的特征,太多了,太深了,所以无论什么良法美意,到了中国都成了逾淮之橘,失去了原有的良法美意。"②

陈序经是主张全盘西化的主要代表,与本位文化派截然相反,提出了全盘的彻底的西化。他在《中国文化之出路》等著作中对此主张进行了论述:一、西方文化远远优于中国文化。中国有的东西,西方通通都有,可是西方的很多东西,中国却没有;二、西方文化是世界文化发展的必然趋势;三、文化本身是一个不可分开的整体,它的各方面都有连带关系,不能随意取长去短。③

胡适、陈序经等人的批驳文章,引起了王新命等十教授的注意,王新命当时就明确指出:"最近《独立评论》第 142 号发表陈序经的《关于全盘西化答吴景超先生》,同号中胡适的《编辑后记》,天津《大公报》3月 31 日发表胡适所作《试评所谓'中国本位的文化建设'》,当然就是全盘西化派向'一十宣言'进攻的表示。"④十教授中最先作出回应的是陶希圣,胡适在《大公报》上发表批驳文章的当天,陶希圣就着手写反驳文章,并于 4 月 2 日在《大公报》上发表了《为什么否认现在的中国》予以回应。4 月 3 日,王新命在《晨报》上刊载了《全盘西化论的错误》一文,指出胡适、陈序经全盘西化的六大错误。何炳松、萨孟武、陈高佣等也相继对胡适的文章进行了反驳。5 月 10 日,《文化建设》第 1 卷第 8 期上同时刊发了何炳松的《论中国本位的文化建设答胡适先生》与萨孟武的同名文章及陈高佣的《怎样了解中国本位的本位文化建设》。

在众多的驳难面前,王新命等十教授于 1935 年 5 月 10 日又在《文化建设》月刊上发表了《我们的总答复》予以回复。针对《宣言》过于抽象、空泛的批评,文中对于他们所主张的"中国此时此地的需要"作了明

---

① 胡适:《编辑后记》,《独立评论》第 142 号,1935 年 3 月。

② 胡适:《试评所谓"中国本位的文化建设"》,《独立评论》第 145 号,1935 年 3 月 31 日。

③ 陈序经:《中国文化之出路》,《广州日报》,1934 年 1 月 15 日。

④ 王新命:《全盘西化论的错误》,《晨报》,1935 年 4 月 3 日。

确说明，即"充实人民的生活，发展国民的生计，争取民族的生存"①。《我们的总答复》对全盘西化派提出了正面的、具体的批评，并刻意与中体西用与复古守旧划清了界限。

在本位文化派的反击面前，西化派也作出了回应。6月2日，胡适在《独立评论》上发表了《今日中国思想界的一个大弊病》一文，对于陶希圣《为什么否认现在的中国》一文进行了批驳。② 陶希圣撰《思想界的一个大弱点》刊载在《独立评论》第154号上予以回应。陈序经在十教授《我们的总答复》刊出之后，写了《读十教授〈我们的总答复〉后》，坚持"一十宣言"实质上是复古倒退的观点，同时指出"总答复"已经有意无意地趋向全盘西化了。③ 随后，胡适在《大公报》上发表了《充分世界化与全盘西化》，提出了以充分西化来取代全盘西化的说法。此后，胡适便基本上从论战中淡出了，双方的正面交锋也暂时告一段落。1935年12月底，陈序经撰写了《这一年来国人对于西化态度的变化》一文，从全盘西化的角度对这一论战作了回顾总结。④ 1936年1月10日，也就是"一十宣言"发表一周年之际，卞镐田在《文化与教育旬刊》上发表了《动荡一年来的中国本位文化问题的回顾与前瞻》一文，对于这一论战进行了总结。⑤

20世纪30年代这场关于中国文化出路问题的争论，在文化领域围绕着中西、新旧、如何对待传统文化、如何对待西方外来文化等问题进行了新一轮的探讨。从文化发展的内在规律看，可以说这场论战是"五四"时期有关中西文化论战的继续和深化，是一场直接关系中国文化方向选择和中国文化建设战略实施的辩论。经过这场论战，人们对中国文化建设走向问题的认识也越来越深入，最终将中国文化建设的出路指向了现代化。

（张秀丽）

---

① 王新命等：《我们的总答复》，《文化建设》第1卷第8期。
② 胡适：《今日中国思想界的一个大弊病》，《独立评论》第153号，1935年6月2日。
③ 陈序经：《读十教授〈我们的总答复〉后》，《大公报》，1935年5月20日。
④ 陈序经：《这一年来国人对于西化态度的变化》，《国闻周报》第13卷第3期。
⑤ 卞镐田：《动荡一年来的中国本位文化问题的回顾与前瞻》，《文化与教育旬刊》第77期。

复 性 书 院

　　1939 年，为了保存民族文化，马一浮在四川乐山乌尤寺主持创办了复性书院，以"讲明经术，注重义理，欲使学者知类通达，深造自得，养成刚大贞固之才"为主旨。书院课程分"通治"、"别治"二门，为纯粹研究学术的团体。从 1939 年 9 月开始讲学，到 1941 年夏停止。之后书院就专事刻书，刻书的主旨是要使儒学有传，智种不断。1948 年秋，由于国民政府经济崩溃，复性书院也正式宣告结束。

　　抗日战争时期，马一浮对当时的教育制度不甚满意，遂决定创办一所古典式书院。陈布雷和时任教育部部长的陈立夫辗转得知这一消息后，即呈报当局，这一提议与蒋介石、孔祥熙等人不谋而合。他们有感于新式教育之偏弊，也拟办一书院以圣贤之学匡补时弊，表示愿意列名创议，并拨开办费 3 万元，月给经费 3000 元。1939 年初，复性书院在四川乐山乌尤寺正式开办。

　　马一浮向国民政府行政院提出《书院之名称旨趣及简要办法》："书院古唯以地名，如鹅湖、白鹿洞是也。近世始有以义名者，如诂经、尊经之类是也……今若取义，鄙意可名为'复性书院'。"①"复性"即复明仁义道德的"善"的本性。"复性"是唐代李翱作为修养论提出的。马一浮继承了这一思想，并上升为教育的宗旨。"学术人心所以纷歧，皆由溺于所习而失之。复其性则同然矣。复则无妄，无妄即诚也。又尧舜性之，所谓元亨诚之通，汤武反之，所谓利贞诚之复。自诚明谓之性，自明

----

　　①　马一浮：《马一浮集》第二册，浙江古籍出版社 1996 年版，第 1168 页。

诚谓之教。教之为道,在复其性而已矣。今所以为教者,皆囿于习而不知有性。故今揭明复性之义以为宗趣。"①

马一浮强调书院的学术独立性,他指出书院必须是纯粹的学术机构,不受政府干涉:"书院之设,为专明吾国学术本原,使学者得自由研究,养成通儒,以深造自得为归。譬之佛家之有教外别传,应超然立于学制系统之外,不受任何制限。"②在与国民政府商洽时他提出了三项条件:一、书院不列入现行教育系统;二、除春秋祭奠先师外,不举行任何仪式;三、不参加任何政治活动。也即书院的讲授内容和学制系统都不同于一般的大学、研究院,是专治"六艺"的一个社会性学术团体,筹委会、董事会、基金保管委员会均由赞成书院宗旨的社会贤达和知名人士组成,如陈布雷、屈映光、梁漱溟、谢无量、赵熙、熊十力、寿毅成、沈尹默、贺昌群、梅迪生、沈敬仲等。这些人中,马一浮最依傍的是挚友熊十力。书院筹备之初,熊十力就列名为创议人。然而,两人的办学目的、方法却大异其趣。马一浮认为书院宗旨在学道,而非为了谋食,如果预设出路以为号召,则来学者已"志趣卑陋":"西洋之有学位,亦同于中国旧时之举贡,何足为贵。昔之翰林,今之博士,车载斗量,何益于人?"熊十力则不赞成马一浮的主张,他担忧学生与世绝缘,将来没有出路,故主张学生毕业也应获得一种类似的学位,且须经政府授予。

1939年2月,马一浮到达重庆,复性书院筹备机构正式成立,陈立夫等人为创议人,设立书院筹备委员会,屈映光、刘百闵、寿毅成等15人为委员。经马一浮提议,1940年成立董事会,前后担任董事的有邵力子、陈布雷、屈映光、刘百闵、寿毅成、陈霭士、周惺甫、谢无量、沈尹默、沈敬仲等。屈映光为董事长,陈霭士为基金保管委员会主任委员、副董事长,刘百闵为董事兼总干事。马一浮为主讲,"统摄学众,总持教事",另设监院"辅助主讲,综理一切院务"。教习设置,由主讲延聘"专门讲座"分别担任教习。被聘为讲座的有赵熙、谢无量、叶左文、梁漱溟、张真如、黄离明等,驻院的讲座有熊十力,讲友有贺昌群、沈敬仲,通

---

① 马一浮:《马一浮集》第二册,浙江古籍出版社1996年版,第1168页。
② 马一浮:《马一浮集》第二册,浙江古籍出版社1996年版,第1169页。

信讲友有龙松生,都讲有乌以凤、张立民、刘公纯、王星贤等。

马一浮一向不赞成现代学校的学制系统,曾提出"书院本现行学制所无,不当有所隶属,愿政府视为例外,始终以宾礼处之"①。复性书院讲学的科目以"六艺"为主,课程分为"通治"、"别治"两门。通群经大义为"通治",专治一经为"别治"。前者共同修习,以《孝经》、《论语》为一类,诸子附之;后者相当于选修,以《尚书》、《周礼》、《仪礼》、《礼记》为一类,名、法、墨三家附之;《易》、《春秋》又一类,道家附之。

书院确立了"主敬"、"穷理"、"博文"、"笃行"四条学规,《复性书院简章》还指出书院是为培养通儒、醇儒而设,"本为谋道,不为谋食",规定来学者须遵守三戒,即"不求仕宦"、"不营货利"、"不起斗争","绝贪躁矜妄之习,方能收敛内向,自拔于流俗,其不能遵守三戒者遣去之"。因此,学院对学生并不授予学位资格,也不考虑学生的出路问题。学生分肄业生和参学人两类:肄业生为公费,入院研习三年,需先送文章请求甄别,文字合格方准入院,书院津贴膏火,每年课试两次;参学人为自费,在院问学不超过半年,只要赞同书院宗旨、有志于学、经主讲许可就行,在参学期间,书院供其膳宿,不另津贴膏火,课试听其自便,但在参学期间需遵守书院规则。《复性书院简章》发出后,慕名求学者达数百人。马一浮按寄来的文章逐一甄别,由于多数应征者国学基础太差,最后只录取了约 30 人,加上参学人亦不足 40 人。

复性书院于 1939 年 9 月正式开讲。开讲当日早上 8 点,师生齐集旷怡亭讲堂,堂中设坛,坛上置檀香一炉、净水一盏、鲜花一瓶。马一浮立讲舍前正中,讲友、都讲及诸执事分立左右。学生在后依序而立。先拜谒至圣先师孔子,梵香读祝复三礼,谒圣礼毕。次行相见礼。此后,主讲每次开讲前,都要先写好讲稿。然后嘱人将旷怡亭扫干净,将鲜花虔诚地放置于讲桌上。待学生齐集,由都讲捧讲稿随侍在后,俟主讲升座后,再将讲稿双手捧持顶礼以献,后成通例。马一浮的开讲词题为《开讲日示诸生》,用以阐明抗战时期设立书院讲学之旨趣。他讲道:"窃惟道在人弘,礼由义起。即有感而斯应,亦居异以行权。是以际此塞难之辰,粗立讲习之事。始学示敬,曾释菜之未能;在国思亨,庶贞明

① 马一浮:《马一浮集》第一册,浙江古籍出版社 1996 年版,第 757 页。

之不息。实秉遗教,以与斯人;将竭微诚,俟诸百世。念陟降之不远,因忧患以陈词。溥荷鉴临,尚其来格,谨告。"①也即主张在外敌侵扰、社会动荡、人心堕落的时局下,以研究儒术、讲述和弘扬儒术来挽救儒家道德和人心,挽救国家。

复性书院由国民政府资助创办,政府为把书院置于"官办"地位,从多方面加以干预。这与马一浮主张将书院办成纯粹研究学术团体的初衷相左。与此同时,熊十力因为与马一浮在办学目的、方法上持有不同观点而离开书院;在民族危难之际,全国一致抗日,而书院以"主敬"、"复性"为职志,这又与时代要求颇有距离,因此有些学生渐生去意。在这种情况下,马一浮开始对自己的选择产生了一些怀疑,并于 1941 年夏天开始罢讲。罢讲后,马一浮仍允许学生继续留院,自由请益,马一浮亦时加指点。直至 1946 年春,马一浮才与弟子袁心粲等将书院迁往杭州西湖葛荫山庄,专以刻印经书为事,再未公开招生。

办学之初,马一浮就提出书院"刻书与讲学并重"的办法:"多刻一板,多印一书,即是使天地间能多留一粒种子。"先以儒家典籍为主,后来也刻了一些马一浮自己的著作。书院共刻有《四书纂疏》、《系辞精义》、《春秋胡氏传》、《毛诗经筵讲义》、《延平答问》、《上蔡语录》、《太极图说》、《先圣大训》、《朱子读书法》等 26 种 38 册。马一浮也陆续出版了《泰和宜山会语》、《复性书院讲录》、《避寇集》、《蠲戏斋诗编年集》、《尔雅台答问》、《濠上杂著》等 19 种著述。《复性书院讲录》共六卷,是马一浮对书院学生所讲之全部讲稿。其中,卷一是总纲,告诫学者为学之目的、内容、方法和途径;卷二至卷六对多部儒家经典进行了全面、深入、独到的阐释。

（张秀丽）

---

① 马一浮:《马一浮集》第二册,浙江古籍出版社 1996 年版,第 1176 页。

勉 仁 书 院

1940 年，梁漱溟在重庆北碚创办勉仁书院。该书院与马一浮在四川主办的复性书院、张君劢在云南主办的民族文化书院一起，在当时产生了一定影响，使传统书院一度表现出复兴之势。

勉仁书院是在梁漱溟主持的勉仁斋的基础上扩充而成的。梁漱溟在北京大学讲学时，许多有志的青年学子，时时相与往来切磋学问，时间久了，便结成一个学术团体，经常聚会于"勉仁斋"，称为"斋中之同志"。"勉仁"有两方面寓意，一是"仁以立志，奋勉求学"之意；二是"勉以行仁"之意。梁漱溟认为，"仁，是二人，许多人，大家友好相处。仁是做人的最高境界"，"勉以行仁"，就是教学生"认识旧中国，建设新中国"。当时"斋中之同志"的目的，是以身心修养工夫，并自由研究各种知识，相互交流。林宰平、熊十力等人对勉仁斋学子亦多予以精神上之激励。

1938 年勉仁斋同人随校内迁入川，在南充工作。1939 年始由王平淑、陈亚三、张傲知、黄艮庸等，按照梁漱溟的意愿，于重庆璧山创办勉仁中学。1941 年转移到北碚，并将"勉仁斋"改为勉仁书院。"勉仁书院"学员（研究员）李渊庭兼任书院秘书。梁漱溟创办勉仁书院的目的是"存旧学一线之延"。其实，梁漱溟最初的理想就是要办成讲学场所，自由讲学，这是他年轻时就一直想达成的一个愿望。但由于一直忙于宣传抗日并且为了争取国内和平而奔波劳碌，所以并没有多少时间顾及自己所办学校、书院的具体工作。

1942 年熊十力在勉仁书院临时讲学。一些学人和熊十力的朋友如贺麟、何鲁、郭沫若、居正、张难先、任继愈等经常来往于其间。熊十力与在勉仁书院中研习的勉中同人张德君、周通旦、牟宗三等人研讨哲学。在勉仁办学的还有梁漱溟的学生张知、陈亚三、黄艮庸、云颂天等，大家经常组织学术讨论，切磋学问、集院自修。1943 年郭沫若曾到勉仁书院看望熊十力，并书"愿吾夫子，永恒康健，爱国讲学，领袖群伦"一笺相赠。

作为私立学校，勉仁书院的办学经费主要靠社会支持和募捐。由于当时中国正处于抗战时期，筹款相当困难。1946 年底，眼见国民党无意和平，身为第三方代表的梁漱溟退出国共和谈，从南京返回北平，这时，他一手创办起来的勉仁中学、勉仁书院和勉仁文学院负债极多，经费非常困难。梁漱溟只好先把勉仁中学高中部停办，后来又变卖了自己的结婚戒指等贵重物品，但仍然无法让学校摆脱困境。无奈之下，他在重庆《大公报》上刊出了"梁漱溟为勉仁学校、书院募捐启事"，内称："奔走大局，疏于经营，今日归来，颇负债务……敬请各界同情人士海内外知交，惠与援助……惠捐五万元以上，当作书（对联、屏幅、匾额、单条等）为报；百万以上并当走谢。"启事刊出之后，前来向梁漱溟索要书作的人不少，梁漱溟忙碌了好一段时间，才暂时缓解了燃眉之急。

1949 年国民政府代"总统"李宗仁抵达重庆，特意派程思远代表他给梁漱溟送去了一笔办学经费，这才使勉仁中学、勉仁书院和勉仁文学院度过了经费难关。

新中国成立后，随着教育方针的调整，不再实行私人办学方式，勉仁书院也随之解散。

（徐庆文）

新 亚 书 院

新亚书院（New Asia College），为钱穆、唐君毅、张丕介等在香港创办的一所著名的书院。其前身是亚洲文商专科夜校，当时只是租用九龙伟晴街华南中学三间课室，并无固定校舍，课程有钱穆的"中国通史"、唐君毅的"哲学概论"、张丕介的"经济学"、崔书琴的"政治学"等。1950 年春，亚洲文商专科夜校改为日校，并易名为新亚书院，租用九龙深水埗桂林街 61、63、65 号三、四楼为校舍。钱穆任校长，唐君毅任教务长，张丕介任总务长。书院初设文史、哲学教育、经济、商学、新闻社会、农学六系。"新亚"之名取"新亚洲"之义，然而在给书院起名时，钱穆却另有深意："我只身来到香港——这近百年来既属中国而又不算中国的土地。一个流浪者的心情，是很难描述的。我不敢暴露中国人身份的心情来要求有一个'新香港'，遂转而提出'新亚洲'……所以我为我们的书院取'新亚'为名，寄望我们将有一个稍微光明的未来。"书院的办学宗旨是："上溯宋明书院讲学精神，旁采西欧大学导师制度，以人文主义之教育宗旨，沟通东西文化，为人类和平、社会幸福谋前途。""一切教育方针，务使学者切实了知为学、做事同属一事"，教育学生"应知一切学问知识，全以如何对国家社会、人类前途有切实之贡献为目标"。"一切课程，主在先重通识，再求专长。""教学方面，则侧重训练学生以自学之精神与方法。"

新亚书院初建之时，校舍十分简陋，学生人数也不多。但教学质量却很高，新亚早年的教授，不乏享有盛名的学者，如曾出任国民政府教育部高教司司长的吴俊升，是美国著名哲学家和教育家杜威的学生。

教经济的杨汝梅也早已誉满大陆金融界。书法家曾克耑、历史学家左舜生、甲骨文专家董作宾以及国学家饶宗颐、罗香林等诸先生皆曾在新亚书院任教。然而新亚教授所领的薪酬却极为微薄。学生们大多为大陆流亡来港的青年，交不出学费。虽然学校的物质条件虽极贫乏，但各创办人所怀抱的理想与热情却极炽盛，而"艰险奋进，困乏多情"的新亚精神也是在当时形成的。新亚书院除了正规课程外，又在每星期日晚举行公开文化讲座，每次都是座无虚席。文化讲座持续了四五年，共举办了 155 次。演讲者除钱、唐、张三位创办人，其他知名的学者有董作宾、夏济安、左舜生、林仰山、饶宗颐等诸教授，也有西方著名学者前来演讲。因此这所简陋的小书院声名远播，日益受到各方推崇。

1950 年开办至 1953 年，是新亚书院经济最困难的阶段。自 1952 年以后，逐渐获得社会的同情与赞助。1953 年书院得到雅礼基金会的一笔资助，在九龙太子道租了一层楼，又创立新亚研究所，招收研究生，以文化创新、学术研究为主要任务。除美国雅礼协会外，美国亚洲协会、美国哈佛燕京学社、洛克菲勒基金会、英国文化协会、香港孟氏教育基金会及香港明裕文化基金会、香港政府等，都曾为新亚书院的发展提供资助，书院因而无论从规模、条件上都有明显改观。随着与国际上的交往日益增多，新亚书院的学术开始得到国际上的承认。20 世纪六七十年代，张君劢、牟宗三、徐复观等先后到新亚书院任教或讲学，他们和港台其他一些新儒家都视新亚书院为中国儒学复兴的基地。

1963 年，香港当局将新亚书院、崇基书院、联合书院三个私立书院合并成香港中文大学。各书院加入中文大学的主要条件是在体制上实行联邦制，俾使各书院能维持各自的办学宗旨和理想。因此，新亚书院虽成为中文大学的一部分，但仍保持相对的独立性，坚持自己人文主义的教育理想，以通识教育培养中国传统的知识分子为目标。但当时的港英政府只要培养在香港进行殖民统治所需的人才，不可能允许新亚理想的存在。1974 年，经港英政府密谋，正式废除联邦制而改行联合制。新亚九董事包括钱穆、唐君毅等愤而离开中文大学。至此，新亚书院为港府所吞并，新亚研究所也被中文大学裁撤。后来，唐君毅、牟宗三、徐复观等人在新亚书院农圃道原址恢复新亚研究所，唐君毅继续任所长，又在原址创办新亚中学，致力于基础教育。

新亚书院是现代中国教育史上延续时间较长且具有国际影响的一所书院。新亚书院是在吸收了古代书院制和现代西方大学教育体制各自的优点后,创造出的一种新型教育体制和教育模式。该书院以弘扬中华民族传统文化为宗旨,形成了独特的办学理念和教育模式。它践行着一种人文主义的教育理想,重视学生道德人格的塑造,强调教师在学生人格培养中的作用,尊重学术自由,强调"行政制度化"、"课程学术化"、"生活艺术化"等办学理念,创造性地实现了书院教育与现代西方大学教育的结合,对于今天传承古代书院精神培育现代大学精神有重要启示。同时它的这种人文主义教育理念使其成为港台新儒学最重要的活动场所,也成为中国向欧美传播中国文化的重要窗口。

（法　帅）

关于中国哲学史问题的讨论

1956 年 1 月 22 日至 26 日,北京大学哲学系举办了"中国哲学史座谈会",围绕着中国哲学史有关问题进行讨论。专家学者们就中国哲学史研究对象、怎样评价哲学史上的唯心主义、中国哲学的特点、哲学遗产的继承等问题展开了论争,由此引发了学术界对于中国哲学史有关问题的讨论。

一 关于中国哲学史的研究对象的讨论

苏联领导人日丹诺夫在一次西方哲学史讨论会上,给哲学史下了这样一个定义:"科学的哲学史是科学的唯物主义的世界观及其规律的胚胎、发生和发展的历史。唯物主义既然是从与唯心主义派别斗争中生长和发展起来的,那么,哲学史也就是唯物主义与唯心主义斗争的历史。"

任继愈认为,日丹诺夫给哲学史下的定义有不够全面的地方。如果仅仅把唯物主义和唯心主义的斗争当作哲学史研究的对象,那就会有以下三方面的缺点:第一,使人认为哲学史仅仅是唯物主义战胜唯心主义的历史,就会在社会历史观方面留下空白点,而使人偏重于自然观和认识论方面。第二,中国哲学史上无数的具体事例表明唯物主义和辩证法思想经常密切地联系在一起。中国哲学史上无数的唯物主义哲学家同时又是反对形而上学的战士。他们的思想有许多是既唯物又辩证的。日丹诺夫的定义对辩证法如何战胜形而上学的斗争这一重要事实重视不够。第三,这个定义没有给哲学史上的唯心主义哲学流派以应有的历史地位,使人认为唯心主义哲学流派的出现不过是简单地为剥削阶级服务。好像唯心主义哲学流派的存在,就是作为唯物主义所要克服的对手而存在的,这样就使得许多哲学史上的现象不好理解。中国哲学史的对象应当是"关于自然知识和社会知识的概括和总结的认识过程在中国发展的历史","是研究在世界观方面唯物主义战胜唯心主义的斗争,辩证法战胜形而上学的斗争在中国发展的历史"。①

石峻认为,日丹诺夫的哲学史定义,虽然非常简单,但基本上是正确的。他指出,任继愈关于中国哲学史研究对象的看法"难免有忽视哲学理论的阶级内容的嫌疑,有可能放弃马克思列宁主义研究哲学史的基本原则——哲学中的党性原则的危险,其结果必然要导致取消哲学史上唯物主义和唯心主义两条路线的斗争"②。

二 关于对哲学史上唯心主义哲学的评价问题

贺麟认为,哲学史虽然是唯物主义与唯心主义的斗争,但是,唯物主义与唯心主义的斗争和宗教上的斗争、政治上的斗争有很大区别。唯物主义者和唯心主义者的关系和争论,也不就是革命和反革命的关系。他们有时甚至可以说是师生、朋友的关系,也可以说是今日之我与昨日之我的斗争。唯物主义和唯心主义之间并没有不可逾越的鸿沟,它们之间既有互相斗争的一面,也有互相吸收利用凭借的一面。唯心主义中也有好的东西,有好的唯心主义。辩证唯物主义不但继承了历史上唯物主义的传统,而且也吸收了历史上唯心主义的优点。同时,唯心主义之间的斗争也有利于唯物主义,唯心主义对唯物主义的批判,大部分有一定程度的正确性,推动了哲学史的发展。③

陈修斋认为,即使唯心主义承认意识第一性物质第二性是错误的,也不能得出唯心主义就是绝对错误的结论。有些唯心主义的观点,也可能是合理的、有价值的。在一定的意义上说,唯心主义本身完全可能

---

① 任继愈:《试论中国哲学史的对象和范围》,《光明日报》,1957 年 1 月 11 日。
② 石峻:《论有关"中国哲学史"的对象和范围的讨论及其目前存在的一些问题》,《教学与研究》1957 年第 3 期。
③ 贺麟:《对于哲学史研究中两个争论问题的意见》,载哲学研究编辑部编:《中国哲学史问题讨论专辑》,科学出版社 1957 年版,第 186 页。

包含着合理的、正确的东西。①

关锋认为，唯物主义与唯心主义的关系在根本原则上是完全相反的，它们之间的斗争是"你死我活"、"我立你倒"，没有妥协的余地。②

张世英认为，说唯心主义里面包含有好东西，这决不是说唯心主义是好的、是正确的。唯心主义尽管有各种各样的遁词，但归根到底，其根本原则仍然是精神是第一性的，物质是第二性的。而这是不符合事实的。因此，我们可以简单明白、毫不含糊地断定唯心主义是错误的。唯心主义体系里面包含的合理的东西是与唯心主义的原则相矛盾的，因而决不能说唯心主义本身是好的、正确的。③

三　关于中国哲学的特点

汪毅认为，中国哲学是注重实践的，西方哲学是注重求知的。西方哲学着重在传授给人们一套求知的方法，一套逻辑上完整的知识系统；中国哲学乃在企图提供一种行动的指南。所以，两者的唯物主义和唯心主义表现的方式是不同的，它们斗争的方式也不尽相同。在中国哲学史中，唯物主义与唯心主义的斗争，主要表现在合乎实际的、正确的行动指南与不合乎客观实际的、谬误的行动指南的斗争。根据中国哲学的这种特点，不能用西方哲学史家叙述和评价西方哲学史的方法来叙述和评价中国哲学史。用马克思主义经典作家对西方哲学评价的标准来要求中国古代的哲学家，是不切合中国历史实际的。④

张岱年认为，忽视中国哲学的特殊性，硬把西洋哲学的模式套在中国哲学的头上，是不对的。但是，反过来，过分夸大中国哲学的特殊性，以至抹煞中国哲学与西方哲学的一般性，也是不对的。思维与存在的关系问题是哲学的根本问题，这是中西哲学所共同的。中西哲学的不

---

①　陈修斋：《关于对唯心主义的估价问题的一些意见》，载哲学研究编辑部编：《中国哲学史问题讨论专辑》，科学出版社 1957 年版，第 225 页。

②　关锋：《关于哲学史上的唯物主义与唯心主义的斗争问题》，载哲学研究编辑部编：《中国哲学史问题讨论专辑》，科学出版社 1957 年版，第 205 页。

③　张世英：《略谈对唯心主义的评价问题》，载哲学研究编辑部编：《中国哲学史问题讨论专辑》，科学出版社 1957 年版，第 216 页。

④　汪毅：《一个问题，一点意见》，载哲学研究编辑部编：《中国哲学史问题讨论专辑》，科学出版社 1957 年版，第 54 页。

同,决不在于西洋哲学重"求知",而中国哲学重"行动"。中国哲学在形式方面的特点是采取了论纲式体裁,在内容方面的特点是肯定了"体用一原"、"天人合一"等基本观点。中西哲学在基本观点上虽然有所不同,然而从其研究的范围来看,从其所讨论的根本问题来看,从其思想斗争的基本路线来看,还是大体一致的。[①]

四 关于哲学遗产的继承问题

这个问题,主要是由冯友兰提出的,讨论也主要围绕冯友兰的观点展开。

1957 年 1 月 8 日,冯友兰在《光明日报》上发表了《中国哲学遗产底继承问题》一文,谈了自己对有关中国传统哲学继承问题的看法:

> 在中国哲学史中有些哲学命题,如果作全面了解,应当注意到这些命题底两方面的意义:一是抽象的意义,一是具体的意义……什么是命题的抽象意义与具体意义呢?比如《论语》中所说的"学而时习之,不亦说乎"。从这句话的具体意义看,孔子叫人学的是《诗》、《书》、《礼》、《乐》等传统的东西。从这方面去了解,这句话对于现在就没有多大用处,不需要继承它,因为我们现在所学的不是这些东西。但是如果从这句话底抽象意义看,这句话就是说:无论学什么东西,学了以后,都要及时的经常的温习与实习,这都是很快乐的事。这样的了解,这句话到现在还是正确的,对我们现在还是有用的。

该文发表后,学者们纷纷发表意见,畅谈怎样继承中国哲学遗产问题。吴传启将冯友兰对待哲学遗产的观点总结为"抽象继承法"。[②] 许多学者不同意冯友兰提出的继承中国哲学遗产的观点,认为这一方法是和毛泽东的"批判继承"相对立的,"抹煞唯物主义与唯心主义之间的界限"。此后《光明日报》、《哲学研究》等报刊陆续发表文章,批判冯友

---

① 张岱年:《关于中国哲学史的范围问题》,载哲学研究编辑部编:《中国哲学史问题讨论专辑》,科学出版社 1957 年版,第 79 页。

② 吴传启:《从冯友兰先生的抽象继承法看他的哲学观点》,《哲学研究》1958 年第 2 期。

兰的抽象继承法。

　　同年 1 月下旬，北京大学哲学系主办中国哲学史问题座谈会，讨论如何评价唯心主义、中国哲学遗产的继承等问题。艾思奇在座谈会的总结发言中认定冯友兰的观点违背毛泽东《新民主主义论》中有关文化遗产继承的原则。艾思奇指出："关于继承哲学遗产的问题，我们不能同意冯先生的主张。我们必须遵照毛主席所说的那些原则，正确地分清精华与糟粕，分清什么应当肯定和继承，什么应当加以否定和抛弃。就一般的文化问题来说，我们要肯定的是有民主性、科学性与大众性的东西，而不是冯先生所说的具有一般性与抽象性的东西。""我们对于哲学遗产的肯定与继承的标准，并不在于命题的抽象与具体之分，而是要看它的内容是否是唯物主义和辩证法的。"[①]

　　之后，批判冯友兰"抽象继承法"的文章纷纷刊出。

　　关锋认为，冯友兰的意见有不可忽视的论点："在一定条件下、一定范围内，区分一下哲学命题的具体意义和抽象意义，常常是非常必要的，但是，这都不能从根本上解决如何继承哲学遗产问题。所谓哲学遗产，从根本上说来，就是我国历史上唯物主义和唯心主义、辩证法和形而上学的矛盾斗争和发展过程本身，而这份遗产的继承，最根本的是对这个历史过程进行科学分析，找出规律性，作出科学总结。"[②]1958 年 6 月 15 日，关锋发表《中国哲学史研究的方向问题》一文，指出"冯先生提倡从中国哲学史上捡出现成的拿来使用的好东西的方向，这实际上是反马克思主义的，哲学史上没有也不可能有马克思主义哲学中所没有的、可以现成拿过来使用的好东西"[③]。关锋认为，"唯物主义与唯心主义在根本原则上是完全相反的。它们之间的斗争是'你死我活'（当然不是人的死活）、'我立你倒'，没有妥协的余地。"[④]"唯物主义与唯心主义的斗争不仅是绝对的，而且是思想战线上的敌我斗争，生死斗争。"[⑤]

　　①　艾思奇：《对"中国哲学遗产的继承问题"的一些意见》，载哲学研究编辑部编：《中国哲学史问题讨论专辑》，科学出版社 1957 年版，第 438—439、441 页。

　　②　关锋：《关于继承哲学遗产的一个问题》，载哲学研究编辑部编：《中国哲学史问题讨论专辑》，科学出版社 1957 年版，第 372 页。

　　③　关锋：《中国哲学史研究的方向问题》，《光明日报》，1958 年 6 月 15 日。

　　④　关锋：《反对哲学史方法论上的修正主义》，人民出版社 1958 年版，第 36 页。

　　⑤　关锋：《反对哲学史方法论上的修正主义》，人民出版社 1958 年版，第 70 页。

所谓哲学的继承也只能存在于唯物主义与唯物主义和唯心主义与唯心主义之间。

胡绳认为,冯友兰的"抽象继承法"提出了一个值得认真考虑的问题,但是他所设想的解决问题的方法却是趋向一个错误的方向。其所以错误,就因为在应当实事求是地做具体分析的时候,却采用了一种最省力的办法,从主观出发,在头脑中作一次简单的抽象,这绝不能解决实际问题。在科学研究中对事物和认识的某些属性进行抽象是允许的、必要的,关键在于如何抽象。不能认为一切抽象都是科学的,有科学的抽象,也有非科学的抽象,其区别就在于是否抓住了对象的本质内容。阶级性对于哲学思想来说是一种本质的属性,一切哲学思想,归根结底不是唯物主义的,就是唯心主义的。如果任意把各个敌对阶级的哲学思想拿来,在我们的头脑里把它的本质属性抽象掉,把它们之间的某种相似处概括起来,就以为由此可以反过来证明有一部分思想没有阶级性,这只是一种观念游戏。哲学史的继承大体有两种情形:一种是属于哲学根本观点的继承,在这个范围内,只能是唯物主义继承唯物主义,唯心主义继承唯心主义。唯物主义原则和唯心主义原则是根本对立的,它们在相互斗争中会刺激对方前进,但是相互继承是不可能的。另一种继承是思想资料的继承。有些思想资料并不就是哲学的根本观点,它们可吸收在唯物主义的哲学体系中,也可以吸收在唯心主义的体系中。唯物主义要在唯心主义哲学中取得为自己所需用的思想资料,绝不能只是靠头脑抽象一下的办法,而必须对这些思想资料进行鉴别、审视、剖析,并从而进行修正、改造、发展。只有把它们在唯心主义体系中所受到的歪曲、变形、限制改正过来,然后才能真正对我们有所用。①

冯友兰对于学者们的批判进行了回应。他认为,事实上并没有一个离开思想资料而单独存在的唯心主义观点或唯物主义观点。所谓唯物主义观点或唯心主义观点,或者说"唯心主义作为唯心主义"、"唯物主义作为唯物主义",都是一种抽象。如果过分夸张,也可能倒向客观唯心主义。哲学史上的唯物主义体系与唯心主义体系都是具体的体

①　胡绳:《关于哲学史研究》,载哲学研究编辑部编:《中国哲学史问题讨论专辑》,科学出版社 1957 年版,第 516—518 页。

系,正像方的东西与圆的东西一样。哲学史上没有光是唯心主义观点的唯心主义,也没有光是唯物主义观点的唯物主义,正如在世界上没有光是方的方,也没有光是圆的圆。在我们分析一个哲学体系的时候,我们还是可以分别它的观点与思想资料,也可以分析其中命题的一般意义与特殊意义。不仅在讲继承的时候我们需要分别一个哲学命题的一般意义或特殊意义,就是在讲哲学史的时候,也需要搞清楚这些分别。只有作了这些分别,我们才能看出来哲学史中各派哲学思想的真实意义,才能看出来各时代的唯物主义与唯心主义的斗争的具体内容。这就是说,对于各哲学家的思想才能有深刻的了解,不至于为表面上的字句所蒙蔽。①

陈伯达认为,冯友兰所说的具体只有在抽象中存在,只能通过抽象而存在,这是把抽象变成主体,具体变成从属和派生的东西。"于是,不论古今、任何哲学派别、任何阶级道德,似乎都要屈服在冯友兰所谓的'抽象意义'和'具体意义'之下。这样也可以方便地磨去唯物论和唯心论的界线,磨平这个阶级道德与那个阶级道德的界线。在这种'抽象继承法'里面,倒真有它的具体内容,是什么呢?那就是蕴藏着一种具体的复古主义,即企图经过某种形式保留中国历史上的唯心主义体系,企图把中国封建时代统治阶级的一套道德都当作永恒不变的道德。"陈伯达认为冯友兰的"抽象继承法"磨掉唯物论和唯心论的界线,磨掉道德的阶级性,其在哲学史研究中探索如何更好地继承历史文化遗产的用意,是一种"复古主义"的"企图"。②

1961 年,冯友兰在《论孔子关于"仁"的思想》一文中,引用马克思、恩格斯在《德意志意识形态》一书中所说:"每一个企图代替旧统治阶级的地位的新阶级,就是为了达到自己目的而不得不把自己的利益说成是社会全体成员的共同利益,抽象地讲,就是赋予自己思想以普遍性的形式,把它描绘为唯一合理的、有普遍意义的思想。进行革命的阶级,仅就它对抗另一个阶级这一点来说,从一开始就不是作为一个阶级,而是作为全社会的代表出现的;它俨然以社会全体群众的姿态反对唯一

---

① 冯友兰:《再论中国哲学遗产的继承问题》,《哲学研究》1957 年第 5 期。
② 陈伯达:《批判的继承与新的探索》,《红旗》1959 年第 13 期。

的统治阶级。"冯友兰认为,孔子关于"仁"以及"博施于民而能济众"一类的思想,就是以"普遍性的形式"提出来的。这些"普遍性的形式",对于劳动人民来说固然是一种欺骗,但是否完全欺骗,还要看具体情况。马克思和恩格斯还说,新的统治阶级之所以能够把自己的思想赋予"普遍性的形式","是因为他的利益在开始时的确与一切非统治阶级的共同利益还多少有一些联系,在当时存在的那些关系的压力下还来不及发展为特殊阶级的特殊利益。但这只是就这种胜利使这些人有可能上升到统治阶级行列这一点讲的"。① 对于孔子的"仁"这类思想,我们也可以这样看。1962 年冯友兰在《中国哲学史新编》中重提"普遍性形式的思想",认为"孔子所讲的'仁'的阶级性是很明显的,可是孔子讲'仁'是用一种超阶级的提法提出来的……这就是赋予他所说的'仁'以一种普遍性的形式"②。"冯友兰所谓'普遍性形式的思想'所引发的波澜,不亚于当年对于'抽象继承法'的批判","这些论述在今天看来,自属一般平常,且不免失之于模棱、含混和不系统,但在当时的学术界却是空谷足音,也因此遭遇到肤浅、好斗、逞强的批判者们的穷追猛打"。③ 关锋、林聿时、汤一介、孙长江、庞朴、方克立、昭父、鲁春龙、车载、杨超、李学勤、张岂之、邓艾民、庄印、冯定纲等加入了与冯友兰"商榷"的行列。为此,《哲学研究》开辟了"哲学史方法论的讨论"专题。

方克立认为,冯友兰在分析孔子"仁"的思想时,实际上贯彻了一种超阶级的抽象分析方法。冯友兰的这种抽象分析方法,并不是什么新的货色,它不过是冯友兰在 1957 年提出的"抽象继承法"的乔装改扮而已。④ 冯友兰实际上还在坚持他的"抽象继承法",并且有了若干新的发展。所谓"新发展",主要是从马克思主义经典著作中找到了"普遍性形式"作为他的"理论基础"。冯友兰硬要说这就是马克思列宁主义的方法,那就大错特错了,因为马克思主义经典作家早就揭露了这种方法的唯心主义本质,并且指出应用这种方法来考察历史运动时,必然要赞

---

① 冯友兰:《论孔子关于"仁"的思想》,《哲学研究》1961 年第 5 期。
② 冯友兰:《中国哲学史新编》(上),人民出版社 1998 年版,第 120 页。
③ 郑家栋:《断裂中的传统——信念与理性之间》,中国社会科学出版社 2001 年版,第 361 页。
④ 方克立:《关于孔子"仁"的研究中的一个方法论问题——与冯友兰先生商榷》,《哲学研究》1963 年第 4 期。

同每一时代统治阶级的幻想。①

昭父认为，冯友兰关于"普遍性的形式"的论述，不过是"抽象继承法"的新版。这里的"普遍性的形式"，相当于那里的"抽象意义"或"一般意义"。它们都在论证超阶级思想的真实性，而且重视它、赞美它；它们在表面上都不反对阶级分析的方法，实质上却违背了它；它们似乎在运用唯物辩证法，实质上却背离了唯物辩证法。它们也有不同之处，即关于"普遍性的形式"的论述，有更多的经典著作作为依据；在论述上更为隐晦和曲折，许多逻辑将必然导出的论点，并没有直接表述出来。当然，隐晦、曲折并不能改变实质，如果接受了这样对经典著作的理解，同意了这种看起来还是阶级分析的论述，那么，明显的错误论断，会自己逻辑地推出来的。②

赵纪彬认为，如果以为在奴隶制或封建制的生产关系中，奴隶或农奴已经赋有人身权和财产权；因而阶级关系已经依照商品等价交换原则，成为自然人、"彼得与保罗"式的平等关系；亦即"人"概念的外延，已经扩展到《人权宣言》的广度，凡生物学上称"人"者，在 2500 年前的春秋时期亦即称"人"；凡此云云，均为脱离历史实际的主观随意性议论。如果说此种平等关系，得之于马克思所谓"普遍性的形式"，则只能是对于马克思主义的一种"抽象继承法"，因为马克思的原意系指以"平等"为特征的资本主义社会。试问从以"等级"为特征的奴隶制或封建制社会中，何以能抽出"平等"的"人"概念或其"普遍形式"？ 试问：概念与社会存在，形式与思想内容究竟是何关系？③

关锋、林聿时认为，冯友兰对《德意志意识形态》关于"普遍性形式"一段话的理解不符合马克思、恩格斯的原意。从方法上说，冯友兰没有注意以《哲学的贫困》、《共产党宣言》以后的马克思、恩格斯的著作为指导，而单纯地孤立地去钻这段话中的某些个别辞句，这样就不免以辞害意，把自己的意思附会上去。④

---

① 方克立：《实质的分歧是什么？——答冯友兰先生》，《哲学研究》1963 年第 6 期。

② 昭父：《关于"普遍性的形式"——与冯友兰先生商榷》，《哲学研究》1963 年第 5 期。

③ 赵纪彬：《哲学史方法论断想——从春秋的"人"概念看孔子"仁"的思想实质》，《哲学研究》1963 年第 1 期。

④ 关锋、林聿时：《关于哲学史研究中阶级分析的几个问题》，《哲学研究》1963 年第 6 期。

在大量学者就《中国哲学史新编》中关于"普遍性形式"问题的商榷和批判中，冯友兰做了自我批评，认为自己写《中国哲学史新编》时，对《德意志意识形态》的理解很模糊，因此，《新编》中讲孔子、孟子的关于"仁"的理论的时候，就有很多错误。归结起来，大约有三点："在《新编》中，我没有着重地说明，新出现的地主阶级是为它自己的利益而更赋予它自己思想以普遍性的形式；孔子的'仁'是为适应这种需要而提出的，在反对奴隶主贵族的斗争中，各个非统治阶级虽都参加这个斗争，但是各为自己的利益，'如众灯明，各偏似一'；《新编》还把孔子、孟子所讲的'仁'跟'人的自觉'联系起来。具有普遍形式的思想是一种幻想。我从同志们提出的意见中，认识到上面所说的错误论点。由此我认识到《新编》表面上说是以马克思、恩格斯在《德意志意识形态》中所提出的理论为指南，实际上是以之为掩护。我的旧哲学思想和思想方法还没有彻底地改造过来，经典著作中的理论没有学好，于是新的理论就成为旧思想的护身符和挡箭牌了。"①

（徐庆文）

---

① 冯友兰:《关于孔子讨论的批评与自我批评》,《哲学研究》1963 年第 6 期。

现代新儒家敬告世界人士宣言

　　1958 年，牟宗三、徐复观、张君劢、唐君毅四人联名在《民主评论》和《再生》杂志上发表了《为中国文化敬告世界人士宣言——我们对中国学术研究及中国文化与世界文化前途之共同认识》[①]一文，标志着港台地区现代新儒家的正式形成，在现代新儒学及 20 世纪中国思想发展史上具有划时代的意义。

　　此《宣言》之缘起，最初是 1957 年张君劢与唐君毅在美国谈到西方人士对中国文化的研究时，发现他们对中国文化的研究方式及对中国文化的根本认识，有很多不切当的地方，因此，张君劢致函向台湾的牟宗三、徐复观征求意见，然后由唐君毅负责起草，共同发表此文以纠正西方学者对中国文化问题的偏见。这份《宣言》，张君劢、牟宗三没有表示其他意见就同意了，徐复观作了两点修改：一是关于政治方面，徐复观认为要将中国文化精神中可以与民主政治相通的部分疏导出来，推动中国的民主政治。这一点原稿讲得似乎不太充分，徐复观就改了一部分。二是由于唐君毅的宗教意识很浓，所以在原稿中也就强调了中国文化的宗教意义。徐复观则认为，中国文化虽然原来也有宗教性，也不反宗教，然而从春秋时代起中国文化就逐渐从宗教中脱出，在人的生命中实现，不必回头走。徐复观便把这一部分的原稿也改了，然后寄还唐君毅。唐君毅接受了徐复观的第一个建议，第二个建议则没有接受。因为《宣言》是针对若干西方人士对中国文化的意见而说的，所以本想

---

　　①　全文参见本卷附录二。

先用英文发表。但在中文定稿后，未能及时翻译，再加上他们认为要想消除西方人士的成见，也不是单凭这一篇文章所能奏效的，重要的是中国人之反求诸己，对中国的文化前途，先有一自信。因此，他们决定先以中文交《民主评论》及《再生》杂志于 1958 年的元旦同时发表。

《宣言》系统地阐释了他们研究中国文化的态度与方法，及对中国文化乃至人类之未来前途的根本看法。全文分十二个部分，主要内容包括：申明发表的理由；批评国外研究中国传统文化的三种动机和作者认为研究中国文化所应取的态度；关于中国传统文化的特点、内容、本质及其核心；关于中国文化今后发展的方向；对西方文化、世界文化所寄予的希望。

关于发表《宣言》的理由，作者认为，《宣言》是他们在中国遭到所谓"空前大变局"，在"四顾苍茫"的忧患意识下，"灵根自植"，对中国传统文化所提出的"共信"。他们认为"真正的智慧生于忧患"。只有忧患，"可以把我们之精神，从一种定型的生活中解放出来，以产生一超越而涵盖的胸襟，去看问题的表面和里面、来路和去路"。中国文化对世界文化作出过巨大贡献，现在，占世界四分之一人口的中国，其"生命与精神，何处寄托，如何安顿"，早已为"全人类的共同良心所关切"。中国文化如果不被了解，中国文化若没有未来，将成为全人类的"良心负担"。作者"恳求"世界人士研究中国文化，首先要承认它存在着"活的生命"，要对它寄以"同情和敬意"。中国文化没有死亡，研究它不是整理"国故"、"凭吊古迹"，也不是研究"自然化石"，应该研究它的生命和心血，懂得它"有血、有汗、有泪、有笑，有一贯的理想与精神在贯注"。

《宣言》阐述了中国文化的特点、内容、本质及其核心。作者认为，中国文化的特点是它的"一本性"，即儒家思想之"道统"，从夏商周到如今，有一个"圣人心迹一脉相传"的统绪。中国文化虽亦曾受到印度、阿拉伯、希腊罗马文化的影响，亦有不同的文化地区和"多根"，但在本源上只有一个统绪。自夏至清，在政治上虽有分合，但从未影响到文化学术思想的大归趋。由于中国文化的一本性，表现在哲学上，则不把哲学家个人的思辨，看成一家的天地。中国哲学虽然粗疏简陋，而其所含之精神意义、文化意义、历史意义，则极丰富极精深。

《宣言》把儒学上升到宗教的高度，认为中国文化虽没有宗教教会和宗教战争，但"中国诗书中之原重上帝或天之信仰，是很明显的"，一般家庭中有"天地君亲师之神位"。在认识中国人生道德伦理实践中，"明涵有宗教性之超越感情"。作者强调，中国孔孟老庄以来的思想家，都重视"天人合德、天人合一、天人不二、天人同体"，其中"天"的意义，是"超越现实的个人自我，与现实之人与人关系的"，"明指有人格之上帝"。中国古代对天之宗教信仰，贯注在思想家关于"人"的思想中，融合于人生伦理道德中。作者认为，不是中国"无神、无上帝、无宗教"，而是能"天人交贯"，一方面，"由上彻下以内在于人"，另一方面，"由下升上而上通于天"。这种"天人交贯"存在于中国义理之学之中，这种人格把义理放在第一位，不把利害、祸福、得失、生死放在第一位，虽然把生死问题摆到人们面前，但却让仁义的价值超越个人生命的价值凸显出来。儒家教导人们持守"气节"为"最高理想献身"，此中若没有对"义"之绝对信仰，对于"仁"之价值、"道"之价值的绝对信仰，是不能做到的。这种"留天地正气"、"行其心之所安"的境界，不必是上帝的"诫命"或"旨意"，而是一种对宗教性的超越感情的信仰。

《宣言》特别重视宋明儒的"心性之学"，指出它是中国文化的"神髓"，认为《古文尚书》三圣口传的十六字"心法"，为"中国道统之传之来源所在"。作者断定中国的心性学是人生道德实践的基础，又随道德实践的深化而深化，"自包含一形上学"，"是为道德实践之基础，亦由道德实践所证悟的形上学"。对心性学的境界，不从事于道德实践的人，或虽从事于道德实践，但却只服从于一定社会道德规律或神的命令的人，都是不能有亲切了解的。这种心性学只能通过"觉悟"、"领悟"的途径，"依觉悟而生实践，依实践而更增觉悟"。"实践"行为是外对于他人和物的，而"觉悟"纯是内在自己的。实践关涉无限量，此心性亦无限量，从而证悟吾人与天地万物为一体。故此心此性，上通于天，人性即天性，人德即天德，人之尽性成德之事，皆所以赞天地之化育。故而，"此心性之学，乃通于人之生活之内与外及人与天之枢纽所在，亦即通贯社会之伦理礼法，内心修养，宗教精神，及形上学等而一之者"，作者认为，这"乃中国文化之神髓所在"。

《宣言》在反复申明儒家文化"正面价值"之后，进而说明了中国文化发展的方向，并"反照出"中国文化的"不足"及其"现实缺点"，提出了中西文化汇合的主张。作者指出,要从中国文化自身伸展出文化理想,须使中国人不仅由心性之学,自觉为一道德实践之主体,同时要自觉为一"政治主体";在自然界、知识界自觉为一"认识主体"及"实用技术活动之主体"。作者认为,中国要有真正的民主建国、科学和实用技术,必须接受西方或世界文化;但他们又认为,这种"科学"和"民主"是中国道德人格自身更高完成的要求。其所以需要接受西方或世界文化,乃在于"使中国人之人格有更高的完成,中国民族之客观的精神生命有更高的发展。此人格之更高有完成,与民族之精神生命之更高的发展,正是中国人之要自觉的成为道德实践之主体之本身所要求的,抑是中国民族之客观的精神生命之发展的途程中,原来所要求的"。在中西文化的联结中,他们反对用"加添法"把西方的哲学、宗教"加"到中国文化中来,认为只能从中国文化本身中伸展出文化理想,"转出"政治主体、认识主体和实用技术主体。

在科学、实用技术方面,《宣言》强调中国古代文化是注重实用技术的,传说中的"圣王",都是器物的发明者,儒家有"形上之道"见于"形下之器"的传统,又有"正德、利用、厚生"原则,天文、医学、数学知识,都发展很早,只是应承认中国文化缺乏"超实用技术动机之上的科学根本精神"。作者承认由于中国缺少这种科学精神,使中国的理论科学未能发展,实用技术不能扩充,"利用、厚生"未尽量伸展。中国文化在"正德"与"利用、厚生"之间少了一个理论科学的媒介,其根本症结在中国思想之过重道德的实践,内在的道德修养,闭塞了道德主体向外通的门路,以致使道德主体趋于寂寞和干枯。为了改变这种状态,作者提出了"建立学统"的口号,以求在中国传统道德观念上面,建设一纯理论的、科学知识的"传统"。如何建立学统呢?要从道德主体之内"转换"出一个认识主体来。在转换过程中,让道德主体暂时退归于认识主体之后,成为认识主体的支持者,直到认识主体完成认知任务之后,然后再施行道德价值判断,再从事道德实践。

关于政治民主,《宣言》承认"中国文化历史中,缺乏西方近代之民主制度之建立"。民主建国问题,亦是中国传统政治发展的"内在要求",中国传统文化中也有民主思想的"种子",比如"天视自我民视,天听自我民听",就是"以民意代表天命",后来发展出代表知识分子力量的宰相制度、谏诤御史制度,提拔知识分子的征辟制度、选举制度和科举制度,都使君主权力受到一定的限制。只因没有一种君主、人民共认之根本大法(宪法)的限制,中国知识分子往往被君主利用、压迫、放逐乃至杀戮,至多只能以"气节"之士,对君主权力和意志加以抗争。作者主张,中国须从宰相御史制度中"转出"一种政府外部的人民权力,对政府权力作有效的限制,即由全体公民所建立的宪法之下的政治制度,取消君主专制,使政权的转移成为政党间的"和平转移"。

《宣言》仍然没有超越第一代现代新儒家所提出的拯救中国文化之路。在第一代现代新儒家那里,学术与政治的两分就已相当明显,他们大都以学术取代政治,认为中华民族的危机在于文化意义上的危机,拯救中国危机在于发掘中华民族的本位文化,经过批判改造使之成为新文化,这种新文化就是拯救中国的关键性之所在,所以他们主张儒家思想文化作为中华民族的本位文化,具有不为特定社会形态所制约的"常道"性格,而这恰是中华民族精神之"理性"所在,并且,社会危机、民族危机越紧迫,他们对儒家"常道"之价值坚信程度越高。《宣言》沿着第一代现代新儒家设计的道路,将文化从社会中独立出来,为中国建设设计一条以儒家文化为本位的道路,来拯救中国文化。《宣言》不是在"复古",而是企图光畅民族文化生命洪流,护卫民族文化的主体性,接纳西方的民主与科学,促使传统儒家文化现代化,发展现实和未来的民族文化。就其对民族文化的强烈自我意识、要求发扬和复兴民族文化的高度责任感及其对传统文化所进行的疏导、发掘工作来说,其功绩是不可抹煞的。

(法　帅)

关于孔子阶级属性的争论

从 1949 年新中国成立到 1966 年"文化大革命",这一时期儒学研究按照"百家争鸣"的方针展开。然而,由于新中国成立后,理论界、学术界要树立马克思主义世界观,知识分子要实行社会主义思想改造,学会用马克思主义的思想、观点、方法界定、判断、论述、批判传统文化。在这一背景下,马克思主义的阶级分析方法成为研究孔子及其思想的主流方法,而孔子的阶级属性也成为判定孔子及其思想是进步还是落后的重要标准。于是,知识分子们围绕着孔子的阶级属性展开了激烈的争论。"孔子的阶级成分问题(是代表没落的奴隶主阶级还是新兴的封建地主阶级)更是耗费了人们大量的笔墨。"①孔子的阶级属性,已经上升到判断孔子思想有无价值的一个明显标志。

关于孔子阶级属性的争论,大致可分为两种不同的观点。

一、主张孔子属于成分复杂的士阶层的一分子,代表地主阶级,具有保守和进步的两面性。

郭沫若认为,孔子的基本立场既是顺应着当时的社会变革的潮流的,大体上他是站在代表人民利益的方面的,他很想积极地利用文化的力量来增进人民的幸福。对于过去的文化于部分地整理接受之外,也部分地批判改造,企图建立一个新的体系以为新来的封建社会的韧带。②

---

① 郑家栋:《断裂中的传统——信念与理性之间》,中国社会科学出版社 2001 年版,第 301 页。
② 郭沫若:《孔墨的批判》,《十批判书》,东方出版社 1996 年版,第 87 页。

范文澜认为，孔子思想的妥协性多于反抗性，他的学说是春秋时代士阶层思想的结晶。"孔子确是封建社会集大成的圣人"，同时又是"中国古代文化的伟大代表人"。①

冯友兰认为，在春秋时代，奴隶占有制崩坏的时期，有一部分奴隶主贵族向地主阶级转化。孔子就是这个阶层的代言人，他的思想就是这个阶层的要求和愿望在当时思想战线上的反映。孔子思想的要点，就是尽可能维持当时旧东西的框子，在其中套进去新的东西。这两种东西的比重，是什么样子呢？大致说起来，对于当时的具体的政治问题，孔子的态度是偏于保守的。②

王先进认为，孔子的思想虽然有局限性，但他的思想和行动都是站在新兴地主阶级立场向奴隶主阶级立场进行斗争的，它推动了奴隶社会向封建社会的发展。在春秋末叶，他是代表先进阶级的利益向落后阶级作斗争的，是前无古人的。③

钟肇鹏认为，孔子思想与周礼有着很大区别，这些区别是带原则性的。我们不否认孔子思想有其保守的一面，但主要的，孔子思想是代表新兴地主阶级的。④

王仲荦认为，孔子是士阶层的奠基者，而士阶层在当时是一个新兴阶层。在士阶层开始抬头的时候，自己的力量还很薄弱，不得不有赖于贵族对他们的提携，因此不可能要求他们完全摆脱传统思想的束缚，这是他们的落后面。但是，代表新兴士阶层的孔子思想，也有许多进步的东西，如"有教无类"的教育思想、举贤才的任贤思想以及仁道思想等等，在当时的历史条件下，孔子基本上可以算做一个进步人物。⑤

唐兰认为，孔子代表新兴的平民阶级思想。在封建社会初期，士还在"四民"之列，与封建贵族和领主们是对立的，士这个阶层还没有上升

---

① 范文澜：《中国通史》（第1卷），人民出版社1955年版，第160、159页。
② 冯友兰：《论孔子》，《光明日报》，1960年7月22日、29日。
③ 王先进：《孔子在中国历史上的地位》，载中国科学院山东分院历史研究所编，《孔子讨论文集》（第一集），山东人民出版社1961年版，第336—337页。
④ 钟肇鹏：《略论孔子思想的阶级性》，《文史哲》1961年第3期。
⑤ 王仲荦：《从孔子对历史人物的评价看他的基本思想》，《光明日报》，1961年11月17日。

到统治阶级,孔子的学说应该说是先进的和革命的。[1]

童书业认为,孔子所处的时期是奴隶制向封建制过渡阶段的开始时期,孔子是站在上层士大夫的立场,维护贵族阶级的统治。孔子是士大夫上层的开明派,他的思想有很大的保守面,但也有很大的进步成分。孔子出身贵族阶级的最下层,当他得位以前,是相当贫贱的,他的身份地位比较接近庶人,他不能不看到些民间的疾苦,不能不产生些同情人民的思想,这就是孔子思想中具有相当大的成分的进步因素的原因(当时进步思想潮流对他的影响,也是使他产生这种思想因素的原因)。在他的政治思想中,进步成分要比别的思想少些,这是由于政治思想是表现阶级性最显著的思想的缘故。[2] 孔子在理论外表上虽明白主张恢复西周的旧制度,但他的政治实践和某些政治主张发展下去,会走上新路。孔子的革新倾向固然不见得完全自觉,而有些地方似乎是自觉的,他的主张确带有"托古改制"的成分。[3]

安作璋认为,孔子的思想在奴隶制向封建制过渡时期,代表着正在形成中的地主阶级利益,同时也反映了人民群众的一部分要求,因而成为封建思想的先驱者。[4]

高亨认为,从孔子的阶级来看,他本是士阶层的人物。士阶层具有其两面性,一方面维护统治阶级利益,一方面对人民抱一定的同情。孔子又做过短时间的大官,平生又多在公侯大夫之间进行政治活动,所以他的思想一部分代表了人民的某些利益,一部分又代表贵族领主的利益,是毫不足怪的。[5]

二、主张孔子是奴隶主阶级的代表,是落后的。

杨荣国认为,孔子生活的时代,因社会的变化,新兴势力的抬头,致某些种族奴隶制国家被迫而不得不进行若干的改革,不得不从礼治而逐渐向法治的道路上走。晋人的铸刑鼎、鲁国的季孙叔孙和孟孙"三分

---

[1] 唐兰:《评论孔子首先应辨明孔子所处是什么样的社会性质的社会》,《文汇报》,1962 年 1 月 26 日。

[2] 童书业:《孔子思想研究》,《山东大学学报》1960 年第 1 期。

[3] 童书业:《论孔子政治思想的进步面》,《文史哲》1961 年第 2 期。

[4] 安作璋:《关于孔子"礼"和"仁"的学说》,载中国科学院山东分院历史研究所编:《孔子讨论文集》(第一集),山东人民出版社 1961 年版,第 239 页。

[5] 高亨:《孔子思想三论》,《哲学研究》1962 年第 1 期。

公室"、齐国的"陈恒弑君"等都是当时社会从种族奴隶制向封建制转化的过程中，所反映在政治上之变化之荦荦大者，是带有若干关键性的。而在这许多关键性的变化当中，孔子的政治态度是很明显，他是在竭力维护当时走向没落的种族奴隶制，从而反对一切适应新的形势的变化与改革，力图参与如何维护种族奴隶制的一切活动。孔子曾一再表示：在礼制上，周是最完备的，因之"吾从周"。又说："如有用我者，吾其为东周乎！"——要把东周的颓势挽回过来，回复到西周种族统治的局面。同时，他嫉视新兴势力，嫉视新兴势力的所谓越礼的行动。这一切，均说明孔子政治态度是如何的保守。①

关锋、林聿时认为，孔子的政治学说，基本方面是调和阶级矛盾，是改良主义，企图经过改良以维护和恢复西周制度。孔子哲学的方法论是折衷主义，其世界观基本上是主观唯心主义和"客观"唯心主义的折衷杂拌。他在政治立场方面，尤其在中年以后，更是保守的、反动的，站在没落奴隶主贵族立场。由于出身平民的孔子要自己和他弟子登上政治舞台以实行他的政治主张，也由于新兴地主阶级和劳动人民显示了强大的力量，所以他不能不对周礼加以修改，而主张具有进步意义的尚贤，不能不主张对新兴地主阶级和劳动人民有所让步，因而在他的"仁"的学说中包含了一些进步内容。这也是时代和他的平民身份使然的。那些进步内容，可以说还多少的、并且曲折反映着他出身的那个阶级之知识分子要求的一些痕迹。②

任继愈认为，看孔子属于哪个阶级，首先看孔子对于他所处时代的看法。孔子处在奴隶制崩溃、封建制正在形成的过渡时期。从孔子对于他的时代的特点的总估计，不难看出他是站在奴隶主阶级立场，反对新兴封建势力的。孔子对奴隶制拥护的态度是十分明确的，他的立场也十分坚定。他对个别的事件保守观点和他对于时代的总估计保守立场是一致的。凡是不利于奴隶制或有利于封建制的重大事件孔子都坚决反对。③

---

① 杨荣国：《论孔子思想》，《学术研究》1962 年第 1 期。
② 关锋、林聿时：《论孔子》，《哲学研究》1961 年第 4 期。
③ 任继愈：《孔子——奴隶社会的保守派、封建社会的"圣人"》，《北京大学学报（人文科学）》1962 年第 4 期。

夏基松认为,孔子在政治上是一个保守主义者,他的政治、伦理、哲学等方面的学说虽然并不是没有丝毫进步的方面和合理因素,但是在本质上是保守的,它们是古代奴隶主贵族的传统意识在新的历史条件下的继续和发展,而最终的目的是为了挽救土崩瓦解的旧秩序,维护日趋没落的奴隶主贵族的旧政权。①

(徐庆文)

---

① 　夏基松:《孔子思想的历史渊源和阶级实质》,《江海学刊》1961 年第 9 期。

关于孔子思想的核心的争论

20 世纪五六十年代的大陆儒学研究中,关于孔子思想的核心问题争论得非常激烈。对于孔子思想核心的不同解释,成为孔子是进步阶级(地主阶级)还是落后阶级(奴隶主贵族)的重要思想渊源。

关于孔子思想的核心,当时大部分学者认为是"仁",蔡尚思认为孔子思想体系的中心是"礼"①,庞朴认为孔子的思想中心是"中庸"②。同时,关于"仁者爱人","克己复礼"之"己","仁"、"礼"关系等问题的理解,学者之间也有着非常大的分歧。此后,关于这一问题的讨论一直没有间断。

一 关于"仁者爱人"

关于"仁者爱人"争论的焦点,主要集中在孔子"仁者爱人"思想是否具有阶级性,以及他所说的"人"是虚指还是实指。

冯友兰认为,孔子的思想的进步一方面,更表现在他关于"仁"的理论。在他的思想中"仁"是一个最高的道德原则,它的主要内容是"爱人"。就"爱人"的"人"有两个意义:一个意义,人就是宗族以外的人;另一个意义是与"己"相对的"别人"。在"人"里面,孔子认为有"君子"和"小人"的阶级分别。他说:"民可使由之,不可使知之。"这就不是承认"民"与自己同样有独立的意志和人格。但是在奴隶占有制时代,这样

---

① 蔡尚思:《孔子思想核心剖视》,《文汇报》,1962 年 7 月 10 日。
② 庞朴:《论孔子的思想中心》,《沉思集》,上海人民出版社 1982 年版。

的理论就是进步思想。这是奴隶主贵族向地主阶级转化在提高劳动生产者的地位时,对于人的作用的认识的一种表现。孔子认为"仁"的基础是人的欲望和情感,一个仁人首先必须老实诚恳有真实的情感。孔子重视有情感欲望的具体的人,并企图以具体的人的情感欲望为基础,建立起"仁"的德。但是在阶级社会中,具体的人是有阶级性的。孔子所说人的欲望情感,其实就是统治阶级的人的欲望情感。① 冯友兰不同意"人"与"民"含义不同的看法,认为这两个词在春秋以前可能有不同的含义,但春秋以后基本上则是相同的。"民"这个词包括有政治地位的意义,"人"这个词没有这样的意义,只是一种泛指。孔子所说的"爱人",照字面上讲不能解释为爱奴隶主贵族,而是爱一切人。这里说的"人"是抽象的,实际上孔子所要爱的还只是剥削阶级,但不可以说,"人"这个字就专指奴隶主贵族。②

赵纪彬认为,《论语》中的"人"的具体名目颇多,离开这些"具体的人"就没有所谓"抽象的人"。应该将《论语》以抽象形式提出的"人"字与具体的"人"结合起来进行分析,并且从具体的人的"社会性"和"历史发展"中来理解"抽象的人"的实际所指。春秋末年过渡时期特有的阶级矛盾,"人"与"人"之间的对立斗争尖锐复杂,彼此之间既无共同利益,亦无共同伦理,当然不能成为孔子"爱一切人"的客观基础。③ 孔门所说的"人""民",是指春秋时期相互对立的两个阶级;两者在生产关系中是剥削与被剥削的关系,在政治领域中有统治与被统治的区别,因而其物质生活及精神生活的内容与形式,亦复互不相同。《论语》所说的"人"与"民",相当于一般奴隶制社会的两大阶级:"民"是奴隶阶级,"人"是奴隶主阶级。在先秦文献中,由于时期、地域及学派不同,关于奴隶与奴隶主两个不同阶级的称谓,自有歧异与变迁;但就《论语》语法来看,如此确定,于全书章句,似乎尚无不合。孔门言"诲",系以"人"为对象;孔门的政论,亦系为"人"的阶级服务。因此,孔子所创立的古代前期儒家,是春秋时期"人"的阶级的学派。同时,赵纪彬认为冯友兰所谓的"人"是"没有政治地位的意义"的"抽象的人","显然是用《新理学》

① 冯友兰:《论孔子》,《光明日报》,1960 年 7 月 22 日、29 日。
② 冯友兰:《论孔子关于"仁"的思想》,《哲学研究》1961 年第 5 期。
③ 赵纪彬:《仁礼解放》,《新建设》1962 年第 2 期。

的抽象方法,代替了历史唯物主义的阶级分析"。①

关锋、林聿时认为,孔子所说的"爱人"、"己所不欲,勿施于人"等等,是不包括"民"(奴隶)在内的。《论语》在使用"人"和"民"这两个词上,是有相当严格的区别的。他们认为,赵纪彬所得出的同"人"(指奴隶主阶级)相区别的"民"系指奴隶阶级这个结论,是正确的。一部《论语》没有一个地方提到"爱民",也没有一个地方说"己所不欲,勿施于民",或者可以拿出"博施于民而能济众"来反驳,但是,从前后文来仔细思索一下,那是不能作为反驳上述论断的根据的。②

高赞非认为,"仁"的最普通的意义是"爱人",是承认人的生存权利,在当时说正是反映了广大奴隶的要求,同时也是开始由奴隶主向封建主转化的新兴的地主阶级的要求。因为保护奴隶的生存,对于发挥被解放了的奴隶也就是农民的生产积极性更有利一些,更便于新兴地主阶级的剥削。在这一个时代的"仁"的思想,不是别的,就只能是反对奴隶制的人道主义。这对摧毁奴隶制度,促进封建生产关系的发展,无疑是会起一定的作用的。所以"仁"虽然是孔子开始为孔子所特别强调的思想,却不能认为就是从孔子主观愿望产生出来的,而是时代的反映,是当时阶级斗争形势下已经存在的被压迫阶级要求的集中表现,也是新兴地主阶级所能接受的思想。③

安作璋认为,孔子所说的"人"是存在阶级区分的,有对统治阶级而言和被统治阶级而言之分,对象不同,含义也不一样。孔子的"人"虽然有阶级性,但也包括劳动人民在内。把孔子的"爱人"解释为泛爱,或认为孔子的爱人不包括劳动者在内,都是不对的。应该肯定孔子的爱人是有阶级性的,目的不同,内容也有区别。对统治阶级内部来讲,是"己所不欲,勿施于人";对被统治阶级来讲,是要"节用而爱人,使民以时"。很显然,二者是有重大区别的,前者是为了维持统治阶级内部的正常秩序,后者则是企图缓和阶级矛盾。④

---

① 赵纪彬:《释人民》,《论语新探》,人民出版社1959年版,第26—27页。

② 关锋、林聿时:《论孔子》,《哲学研究》1961年第4期。

③ 高赞非:《孔子思想的核心——仁》,《文史哲》1962年第5期。

④ 安作璋:《关于孔子"礼"和"仁"的学说》,载中国科学院山东分院历史研究所编:《孔子讨论文集》(第一集),山东人民出版社1961年版,第241页。

车载认为,孔子思想的阶级性,不仅表现在他谈"礼"的一方面,同样表现在他谈"仁"的一方面。孔子说:"君子而不仁者有矣夫,未有小人而仁者也。"在孔子的心目中,"人"这个名词有两大集团的人的界限。处于剥削地位的一群人,孔子称之为"君子";处于被剥削地位的另一群人,孔子称为"小人"。孔子所提出的爱人,仅指剥削阶级的范围而言,不包括被剥削阶级。①

二 关于"克己复礼"之"己"

冯友兰认为,克己是"仁"的内容的一个主要方面,另外一个主要方面就是"复礼"。专从克己方面看,孔子所讲的"忠恕之道",在人与人的关系上是一个很大的进步。这表示,孔子认为自己是与别人平等的,这里所说的"己"是泛指,并不是专指孔子自己。②

赵纪彬认为,基于清代毛奇龄、阮元、凌廷堪三家的辩证,"克己"不能作"克去私欲"解已成为不刊之论。他认为冯友兰对"克己复礼"所作的全部训解,从方法到结论,仍然大体上是承接宋明道学中之理学一派。此解更将程朱观点进一步抽象化,将"克己"训解为资产阶级的"平等"观念,因而去孔子本义愈远,并陷自己于矛盾而不自知。③

车载认为,"克己复礼为仁"是一句极为紧要的话语,是孔子思想体系里的中心问题。孔子把"克己复礼"的价值看得极大。他说:"一日克己复礼,天下归仁焉。""天下归仁"是"修己以安百姓"的另一种说法,这是儒家为政的最高要求。"己"不是抽象的,而是具体的,是有阶级内容的。"克己复礼"的"克己"指"修己"的工夫,或指"无我"的工夫,都是就剥削阶级的内部说的,不包含被剥削阶级在内。孔子所提出的"克己"的工夫,实际上是"无我"精神的提倡。可是孔子所提出的"无我",依旧是从阶级利益出发的。他要剥削阶级里的个人把剥削阶级的利益放在第一位,个人利益服从阶级利益,个人利益与阶级利益统一起来,这就是孔子所提出的"无我"精神之所在。④

---

① 车载:《论孔子谈"仁"的阶级性》,《文汇报》,1960 年 11 月 4 日。
② 冯友兰:《论孔子关于"仁"的思想》,《哲学研究》1961 年第 5 期。
③ 赵纪彬:《仁礼解放》,《新建设》1962 年第 2 期。
④ 车载:《论孔子谈"仁"的阶级性》,《文汇报》,1960 年 11 月 4 日。

三　关于"仁"、"礼"关系

冯友兰认为,孔子是拥护"周礼"的,但对"周礼"作了基本的修正,孔子主张"道之以德,齐之以礼",用"德"和"礼"来培养奴隶和劳动人民的羞愧之心,实际上就是承认奴隶与劳动人民也是人,这就打破了奴隶与奴隶主不可逾越的界限,所以孔子的思想,正是当时奴隶身份逐步得到解放而成为自由人或半自由人这种进步趋势的反映。另一方面,孔子主张"礼"以"仁"为基础,将"礼"与"仁"结合起来,这是对"周礼"最重要的修正,所以他所拥护的已经不是奴隶制的"礼"了,而是封建制的"礼"。

关锋、林聿时认为,孔子依据"周礼"反对晋国铸刑鼎,反对季氏"以田赋",反对对"周礼"的僭越等,可以证明孔子所主张的礼,基本上还是周礼。他对周礼的修正,并不是原则上的基本的修正。说孔子把礼下到奴隶也找不到根据;即使孔子真的主张把礼下到奴隶,也不能证明礼不是周礼。问题是礼的内容是什么,如果内容还是周礼,下到奴隶也还是周礼。羞愧之心是有阶级性的,在奴隶解放时期,奴隶认为逃亡、起义是正义的,至少用不着"羞愧",而奴隶主却认为是可耻的。说孔子用礼来培养奴隶的羞愧之心,并不能证明孔子的礼不是周礼。在奴隶的反抗斗争下,孔子倒是主张对奴隶有所让步,如他说"使民如承大祭",等等。[①]

车载认为,"克己复礼为仁"是孔子明确提出的政治要求,表明其思想体系的阶级性。"礼"是封建剥削阶级用以统治被剥削阶级的武器,因而也确定了"克己"的阶级性。"归仁"一词,同样反映了政治要求,"仁"是维护封建统治的儒家用以欺骗被剥削阶级的武器。孔子主张"天下归仁",这是十足的欺骗。"复礼"是"克己"的基础,也是"归仁"的基础,三者联系成为一体,严整地组成了儒家的思想体系。孔子用"复礼"的武器来束缚人们的视、听、言、动,也就是束缚人民的思想,表面上看好像重点是在向封建剥削阶级的统治者说教,骨子里针对的主要对象放在被剥削阶级的身上,从政治上的统治到思想上的统治都以维护封建统治利益为目的,这就是孔子思想的"一以贯之"。[②]

（徐庆文）

---

① 关锋、林聿时:《三论孔子》,《光明日报》,1962 年 1 月 22 日。
② 车载:《孔子论"仁"》,《文史哲》1961 年第 3 期。

关于孔子哲学思想的争论

20 世纪五六十年代,关于孔子哲学思想的讨论成为学术界的一个焦点,从某种意义上说,孔子哲学思想已经成为孔子属于唯物主义还是唯心主义的主要标志。其中分歧最大的问题是孔子哲学思想究竟倾向唯物主义还是倾向唯心主义以及相关的孔子对于"天命"、"鬼神"的态度。

关锋、林聿时认为,折衷主义是孔子建立他的思想体系的指导原则或方法论。孔子的折衷主义,从基本方面看来,却不是把唯物主义和唯心主义折衷、调和起来。折衷主义地调和唯物主义和唯心主义的因素是有的,如:"性相近,习相远",强调"习"这是唯物的;"生而知之","上智和下愚不移"则是唯心的。但这在他的哲学思想中并不占主要地位。所以,他的哲学思想并不是二元论,基本上是折衷地混合了"客观""唯心主义和主观唯心主义。孔子的"天命"是"客观"的主宰,这是"客观"唯心主义的。孔子的命定论就是"客观"唯心主义的命定论。但他同时又是一个主观唯心主义者。如他的政治学说的中心的"仁",是人们头脑中的观念,他的一整套政治学说都是颠倒存在和精神的关系而构造的观念的世界。他认为"名"是第一性的,"实"是第二性的,这也就是说人们头脑中的观念是第一性的、决定性的东西。他要实行他的"仁政"学说,以"正名"的手段去恢复即将完全崩溃的奴隶主贵族统治的社会秩序的基础。这当然是主观唯心主义的。他的强力而为,说他当了政,"期月可治"这种信念,就是建立在主观唯心主义基础之上的。按照这种观点,就又排斥了一切都是由天命安排好了的观点。①

冯友兰认为,关于"天"和鬼神的问题,孔子接受了传统的宗教的见解,但也作了比较重要的修正。孔子关于这个问题的思想中的新的成分,使他倾向于无神论,但是没有使他脱离唯心主义。孔子的自然观基本上还是唯心主义的。②

金景芳认为,孔子的世界观和方法论基本上是正确的,基本上是辩证唯物主义的;他的道德观点以"仁"即人道主义为基础、核心,实际已冲破阶级的藩篱,从全人类出发来考虑问题,这个精神是伟大的;只是他的政治态度是保守主义的,他没有意识到社会正在发生大的变革、周代社会制度必须根本改造。③

任继愈认为,先秦时期"天道观"的争论,是有神论、无神论及唯心主义、唯物主义两种思想的斗争。这两种思想斗争和在政治上维护垂死的奴隶制与反对奴隶制的两种立场密切联系着。在孔子生活的年代,维护奴隶制的哲学上层建筑是宗教神学,具体表现为宣扬天是有人格的神,天命不可违抗。当时唯物主义哲学都反对天是有人格的神。是否维护有人格的神是划分唯心主义或唯物主义两大阵营的主要标志。在"天道观"问题上,孔子是有神论者,是维护一向为奴隶主阶级服务的宗教神学的。判断孔子哲学是不是唯心主义,是进步还是保守,必须密切联系当时的实际矛盾去考察,看孔子对待新生事物是什么态度和立场,看他对垂死的奴隶制是什么态度和立场。在当时新旧制度的矛盾中,孔子是守旧的。在"天道"问题上,孔子是有神论者。孔子说"天之将丧斯文也"、"天生德于予"等,表明他心目中的"天"就是上帝,有人格,有意志。由于孔子承认天是人格神,在这个主要问题上,他站到唯物主义的对立面。在孔子的哲学思想中,相对于天道观而言,鬼神问题是比较次要的,即使其中有某些怀疑主义的因素,仍不能改变他的唯心主义立场。孔子对鬼神不多讲,也不明确否认("未知生,焉知死"),这种对鬼神的态度,有些人认为是无神论因素,其实孔子倒是公

---

① 关锋、林聿时:《论孔子》,《哲学研究》1961 年第 4 期。

② 冯友兰:《论孔子》,《光明日报》,1960 年 7 月 22 日、29 日。

③ 金景芳:《论孔子思想》,《东北人民大学人文科学学报》1957 年第 4 期。

开承认有鬼的,他只是反对乱祭。①

孙长江认为,判断孔子哲学倾向的关键所在,是孔子的"天道观",而且所谓天道观的问题不仅仅是一个有神论或无神论的问题,同时也是一个唯心主义和唯物主义的问题。这样说,并不是把有神论和无神论与唯心主义和唯物主义直接地、完全地等同起来,而是认为,所谓天道观,从一方面讲,是人们对于自然的态度。当人们认为,有意志的"天"是不存在的,"天"不是"人格神",而是不以人们的意志为转移而存在的自然,那么,在这个时候,他不仅是无神论者,而且也是唯物论者。孔子承认一种从社会外部决定着社会命运的"命"和"天命",这自然是错误的。但这只是唯心主义的历史观,不能根据这一点,就笼统地断言孔子的整个哲学体系是唯心主义的。一个哲学家,如果他的"天"不是有意志的天,他的"命"不是上帝的命令,而是一种自然和社会的必然性之类的东西,那么,他就可能是一种在社会历史上陷入宿命论和唯心主义的旧唯物主义者。在这里,关键在于,这个"天命"是一种自然的和社会的必然性之类的东西呢,还是上帝的命令。因此,分析孔子的"命"是上帝的意志还是一种必然性,正是判断他哲学基本倾向的一个关键。②

童书业认为,孔子思想的主导方面是唯心主义的,但有唯物论的成分。孔子的宇宙观是矛盾的,从他的"自然主义"倾向和怀疑鬼神的态度看来,是有些唯物论的成分。从他相信"天"、"命"等思想看来,又是宗教唯心论。如从孔子的整个思想考察,唯心论显然是主导的。③

(徐庆文)

---

① 任继愈:《孔子——政治上的保守立场和哲学上的唯心主义》,《北京日报》,1961 年 7 月 27 日。

② 孙长江:《怎样分析孔子的哲学思想——向关锋、林聿时求教》,《教学与研究》1961 年第 4 期。

③ 童书业:《孔子思想研究》,《山东大学学报》1960 年第 1 期。

关于孔子政治态度的争论

20世纪五六十年代,由于受孔子研究阶级分析一元化研究方法的影响,孔子的政治态度,成为他是代表奴隶主阶层(落后)或代表封建地主阶层(先进)的判断标志。所以,在孔子参与的一些政治事件中,如"铸刑鼎"、"堕三都"、"应召与叛"、"正名"等,孔子所表现出的态度,成为学者们激烈争论的焦点。

一 孔子反对"铸刑鼎"

公元前513年,晋的大臣赵鞅、荀寅将该国法律铸在鼎上,向国民公布。《左传·昭公二十九年》记载了孔子对这件事的评价。孔子认为,"晋其亡乎,失其度矣!夫晋国将守唐叔之所受法度,以经纬其民,卿大夫以序守之,民是以能尊其贵,贵是以能守其业。贵贱不愆,所谓度也。文公是以作执秩之官,为被庐之法,以为盟主。今弃是度也,而为刑鼎,民在鼎矣,何以尊贵?贵何业之守?贵贱无序,何以为国?且夫宣子之刑,夷之蒐也,晋国之乱制也,若之何以为法?"这段话成为20世纪五六十年代学者判定孔子政治态度的重要依据。

童书业认为,这段话夹杂着预言,当然不尽可信,然而它却相当正确地反映了孔子的保守的政治思想。原来当春秋中叶以前,是没有正式法律的,贵族们凭着自己的意志统治人民。到了春秋末叶,由于社会经济的发展,私有财产制进一步巩固,为了严格保护私有财产,就不得不有公布的成文法,所以那时候比较先进的国家就开始公布了法律。这在保守的贵族阶级看来,是不合理的事情,因此郑国"铸刑书"惹起了晋国叔向的批评,晋国"铸刑鼎"也惹起了孔子的批评。孔子的话尤其明白:"民在鼎矣,何以尊贵?"就是说百姓根据法律,便可以对抗贵族,贵族的独断的权力就失去了。所以孔子反对"刑"、"政"的目的,在于维持贵族的宗法统治,这确是孔子的宗法保守思想的明显表现。①

钟肇鹏认为,将孔子反对"铸刑鼎"作为孔子维护旧的奴隶制的证据,很有推敲的必要。刑法、刑书并不起于春秋末年,不能毫无分析地认为凡"铸刑书"就一概代表进步的政治思想。就孔子来说,他批评了晋"铸刑鼎",但对于郑国"铸刑书"的子产却大加称赞,对于法家的开创者管仲更是备极推崇。他对于这两位主张法治的前驱是那样的嘉许,而对于荀寅"铸刑鼎"却大加批评,这就不能不加以分析。评晋"铸刑鼎"一事并不能证明孔子反对进步的法制,倒足以证明孔子批判了保护奴隶主的反动法律。②

王先进认为,孔子反对的不一定是法律的公布而是法律的内容,他所拥护的是唐叔接受的法律。唐叔接受的法律内容是什么?现代不得而知。若以周公籍田法充其内容,则是晋国将唐叔所接受的周公的法度来管理他的人民。晋文公根据这个法律的精神,制"执秩之官"和"被庐之法"缓和了当时的社会矛盾,所以称霸。到范宣子时,晋国统治阶级剥削繁重,激起盗贼反抗。范宣子在这种情况下,才制刑书来镇压人民。把这种刑书铸在刑鼎上,按着这种刑书来镇压百姓,所以孔子说老百姓的命都在鼎上了。范宣子这种残酷镇压劳动人民的法律,也违反了孔子"子为政,焉用杀"和"道之以德,齐之以礼"的主张,所以孔子反对它。③

汤一介认为,孔子反对"铸刑鼎"有两重意思:一方面,孔子维护作为剥削阶级统治工具的"礼",因为"铸刑鼎"不利于"礼"的巩固,所以孔子表示反对;另一方面,晋国的刑律对奴隶是相当残酷的,这也和孔子主张的"仁政"不相符合。孔子是一个有远见的剥削阶级的思想家,从历史唯物主义的观点来看,在当时并不一定是反动的,应该加以批判地

①　童书业:《孔子思想研究》,《山东大学学报》1960 年第 1 期。
②　钟肇鹏:《略论孔子思想的阶级性》,《文史哲》1961 年第 3 期。
③　王先进:《孔子在中国历史上的地位》,载中国科学院山东分院历史研究所编:《孔子讨论文集》(第一集),山东人民出版社 1961 年版,第 321—322 页。

肯定。①

　　冯友兰认为，在孔子的当时，"铸刑书"具有历史意义的变革，标志着中国社会在这个时代的伟大的转变。孔子对于晋国的这种措施持反对意见。他认为晋国的奴隶主贵族，应该死守着从开国以来的传统的贵族制度，这样奴隶和人民就能服从贵族，贵族可以保守着他们的统治和剥削的地位。孔子认为传统的制度的主要意义，就是要使"贵贱不愆"。正是因为如此，所以当时新兴的社会势力要冲破这些制度。这个后果，孔子也是看到的。这就是说，有了成文法，又把它铸在鼎上公布出来，人民就专注于成文法，对于贵族的重视就要减轻了，贵族不能随便摆布（"经纬"）人民了，他们干什么呢？这完全是站在奴隶主贵族立场的言论。②

　　关锋、林聿时认为，很显然，这是站在奴隶主贵族立场维护旧制度，反对法治，和叔向反对郑子产作刑书是一个鼻孔里出气，其论据，其口气也都如出一辙。这当然是反动的。这材料是否可信呢？我们看，它和《论语》所记述的孔子的思想，是完全一致的。因此，我们没有理由对这则材料持否定的态度。而且，他对晋国"铸刑鼎"所采取的态度，和他在本国对待鲁公室和季氏的态度也是完全一致的。③ 孔子依据周礼反对晋国"铸刑鼎"，可以大致看出，谁站在进步的方面，谁站在保守的方面。"唐叔之所受法度"，就是周初封唐叔时，周公所授给他的法度，就是《唐诰》。《唐诰》没有保存下来，但奴隶时代的周公，绝不会授给唐叔一套封建地主阶级的政治法典，这是显然的。孔子就是以"唐叔之所受法度"，亦即周礼，来反对"铸刑鼎"的。守"唐叔之所受法度"就是维护周礼所规定的贵贱秩序、等级秩序。"铸刑鼎"又有什么坏处？孔子认为铸了刑鼎，贵者就不尊了，就无法守其"业"了，贵贱就无序了。这不是站在维护周礼方面，反对改革，站在贵者方面，反对贱者，又是什么呢？孔子把"铸刑鼎"和周礼、"唐叔之所受法度"，置于绝对对立的地位。这也有助于证明，在当时，主张法治，反对礼治，就是反对周礼，是

　　① 汤一介：《孔子思想在春秋末期的作用》，载中国科学院山东分院历史研究所编：《孔子讨论文集》（第一集），山东人民出版社1961年版，第39页。

　　② 冯友兰：《论孔子》，《光明日报》，1960年7月22日、29日。

　　③ 关锋、林聿时：《论孔子》，《哲学研究》1961年第4期。

进步的。那么,孔子反对"铸刑鼎",说铸了刑鼎就贵贱无序了,就证明了他是站在保守方面的。[①]

二 孔子"堕三都"

"三都"指三桓的城池,即叔孙氏的郈、季孙氏的费、孟孙氏的成。鲁定公十二年,孔子任鲁司寇,他在任时实施了"堕三都"。当时,鲁国国君与三桓之间、三桓相互之间以及三桓和家臣之间都有矛盾。孔子"堕三都"究竟是为了"张公室",削弱三桓,维护鲁公的权威,还是为了打击家臣,维护三桓的势力? 这一点,已经很难考证清楚。

关锋、林聿时认为,"堕三都"之策,在三家是利用公室的名义,和鲁公室讲统一战线,削平他们的心腹之患——威胁他们的家臣;他们是绝不赞成"家不藏甲,邑无百雉之城"的;而鲁公室和站在鲁公室一边的孔子,却是想借此削弱三桓的势力,而把实际权力夺回来。双方是互相利用。结果是握有实际势力的三桓胜利,而鲁公室失败了,它只是被三桓利用了一番。孔子和季氏在反对公山弗扰这一点上,是站在一条线上的。孔子为司寇,实行"堕三都"的计划,主要是利用也必须利用季氏的力量,因此,在公山弗扰袭鲁的战斗中,孔子帮了季氏的忙,这是没有什么奇怪的。[②]

唐兰认为,孔子借季孙与其家臣阳虎的矛盾,设法堕三家的都邑,固然是用以加强鲁国公室的力量,但其本意却在于压抑大夫的专权,恢复封建国家的权力,再进一步建立新统一王朝,所以孔子说"如有用我者,吾其为东周乎"。不能以此认为孔子的政治态度是保守的、反动的。[③]

晁松亭认为,虽然鲁公室代表奴隶主阶级,季氏代表地主阶级,但孔子张公室并不是站在鲁公室一边。孔子不反对季氏,也不是要张公室。他是站在新兴地主阶级立场,顺着历史潮流前进的。孔子出身贫贱,能为鲁司寇完全是季氏提拔。孔子由中都宰升为大司寇,如不得季

---

① 关锋、林聿时:《三论孔子》,《光明日报》,1962 年 1 月 22 日。

② 关锋、林聿时:《论孔子》,《哲学研究》1961 年第 4 期。

③ 唐兰:《评论孔子首先应该辨明孔子所处是什么样的社会性质的社会》,《文汇报》,1962 年 1 月 26 日。

氏支持是不可能的。季氏逐出昭公后,鲁国政权完全掌握在季氏手中,已经有七年之久,孔子若有张公室反季氏的丝毫表现,或昭公出亡时孔子有拥护昭公之活动,试想季桓子会让他回鲁国做司寇吗? 季桓子病重时,对其嗣季康子说"我即死若必相鲁,相鲁必召仲尼"。季桓子死后,季康子果然召仲尼归鲁尊为国老而问政事。由此足证孔子与季氏的关系始终不坏,更可以证明孔子绝不是反对季氏的人。当时鲁国形势很清楚,三家陪臣势力已经尾大不掉。"堕三都"乃是孔子帮助季氏做一次大工作,正是拥护季氏的积极行动的表现。堕了三都,政权更集中于季氏。孔子反对季氏厚敛于民,并不反对季氏推行新政。这是孔子很进步的表现。孔子叫季氏行周公之典,正是叫他少刮取于民的意思,不能以此简单地认为孔子的主张就是恢复周礼。①

钟肇鹏认为,当时不论鲁公室还是三桓都是奴隶主阶级,政权性质也还是奴隶主的政权,而季氏尤其是奴隶主势力的实力派。所谓公室与私家之争基本上是反映了奴隶主阶级的内部矛盾。孔子当鲁司寇的时候正是季氏当国的时期,鲁定公不过是半个傀儡式人物,孔子若得不到季氏的支持恐怕当不了鲁司寇。"堕三都"固然有削弱三桓的意图,但是否就足以证明季氏就是反革命、孔子就是革命呢? 以"张公室"来说,当时许多陪臣反对季氏的专擅都以"张公室"为名,究竟谁革命谁不革命呢? 如果认为陪臣的"张公室"是革命的,孔子想利用鲁公来进行一些改革就是反革命,这样的论断恐怕难以令人信服。所以,判断孔子思想的阶级性恐怕不能以反对"某人"、"某家"为标志,何况认为季氏就是代表新兴地主阶级,这一前提还缺乏坚实的基础。事实上由于私门擅权,引起"公""私"之争,强大的私家大概都是代表世族贵族的实力派,这种残余势力一直影响到战国末年,所以代表当时进步思想,主张变法的人,首先要反对私家。②

三 孔子"应召与叛"

《论语》记载:"公山弗扰以费畔,召,子欲往。子路不说,曰:'末之

---

① 晁松亭:《对于关锋、林聿时二同志〈再论孔子〉的商榷》,《文史哲》1962年第2期。

② 钟肇鹏:《略论孔子思想的阶级性》,《文史哲》1961年第3期。

也已,何必公山氏之之也。'子曰:'夫召我者而岂徒哉? 如有用我者,吾其为东周乎!'"又记载:"佛肸召,子欲往。子路曰:'昔者由也闻诸夫子曰:亲于其身为不善者,君子不入也。佛肸以中牟畔,子之往也,如之何?'子曰:'然。有是言也。不曰坚乎,磨而不磷;不曰白乎,涅而不缁。吾岂匏瓜也哉? 焉能系而不食?'"学者们围绕着公山弗扰是否是"乱党",他们的反叛是否是闹革命,孔子对"乱党"的态度等问题展开了争论。

郭沫若认为,孔子是袒护乱党的。佛肸要找老师去帮忙,老师也很想借这个机会去行道,急于想用世的孔老夫子的心境,真是吐露得淋漓尽致。这样袒护乱党的行径,连子路都不大高兴的,公然逃过了儒家后学的掩饰而收在了《论语》里面,实在是值得珍视的事。①

冯友兰认为,公山弗扰是鲁国大贵族季氏的家臣,对鲁君说,他是陪臣;佛肸是晋国大贵族赵氏的家臣,对晋君说,他是陪臣。他们的叛是对于季氏和赵氏的叛,他们可能以拥护鲁君和晋君为名,来反对季氏和赵氏。冯友兰的这个推测有一个例证,季氏把鲁君昭公赶出去以后,季氏的家臣南蒯就在费这个地方叛季氏。南蒯失败,逃跑到齐国,有一天,在一个宴会上齐君景公说他是"叛夫"。他说:"臣欲张公室也。"又一个贵族驳斥他说:"家臣而欲张公室,罪莫大焉。"这个情况跟公山弗扰和佛肸的情况是一类的。他们以"张公室"为号召,所以孔子有意接受他们的召请。可是也许另有一说,照旧礼,陪臣不应该"张公室",所以孔子还是没去。这跟孔子拥护贵族等级的基本主张,并无矛盾。②

关锋、林聿时认为,鲁公室和季氏的对立代表着两大阶级的对立。前者代表奴隶主贵族,维护奴隶制度;后者代表着新兴地主阶级,向公室争夺政权,要求实行封建剥削制度。从宣公开始,政权实际上已经转移到了季氏手中。但季氏的"家臣"也要起来进行斗争,争取他们自己的利益。于是,便形成了错综复杂的三种势力的斗争。而"家臣"反对季氏,奴隶主贵族的政治家是会企图从中渔利的,"家臣"也可能打着"张公室"的旗号,固然他们的真正目的并不在于"张公室",如果他们胜

① 郭沫若:《孔墨的批判》,《十批判书》,东方出版社1996年版,第83页。
② 冯友兰:《论孔子》,《光明日报》,1960年7月22日、29日。

利了,也许会对奴隶制度废除得彻底一些。在这里,我们要看到几个矛盾方面的对立,它们之间的错综复杂的关系,不能把这场斗争简单地化为只是两个对立方面的斗争。很显然,阳虎、公山弗扰之"叛"是直接地"叛"三桓,"叛"季氏,并且也很可能打着"张公室"的旗号。既然如此,孔子曾经想应公山弗扰之召,怎么就是要帮助"乱党"闹革命呢?如果公山弗扰"叛"鲁公,孔子欲往,可以说他是帮助"乱党"闹革命的;可是公山弗扰是"叛"鲁公的政敌季氏,孔子欲往,就不能说他是帮助"乱党"闹革命了。后来孔子做了鲁司寇时,公山弗扰率领费人袭鲁公和三桓,他站在鲁公方面反对公山弗扰,就是一个最好的证明。《论语》记载的孔子的话,也是很明白的,他老先生的打算,不过是想利用公山弗扰,削平三桓,兴周道于东方罢了。结果没有到公山弗扰那儿去,大概是因为形势发展得很快,不久阳虎失败逃齐,而公山弗扰也不敢立即公开"叛变"季氏了。所以,这件事倒是证明了孔子的立场是奴隶主贵族立场。[①]

杨荣国认为,"公山不狃不得意于季氏",当是彼此政见不同。公山不狃是张公室的,因而捉了季桓子,但季桓子因计得脱!此事不果,公山不狃便于次年——公元前 501 年"以费畔季氏,使人召孔子,孔子循道弥久,温温无所试"——打算去,并且说:"盖周文武起丰镐而王,今费虽小,傥庶几乎!"又说:"夫召我者岂徒哉,如用我,其为东周乎!"其后虽不曾去,但他要去的意思是很明显的,打算和公山不狃一道从张公室中以挽回种族统治的颓势。佛肸之以中牟畔,孔子之所以想应佛肸之召,亦有和佛肸同样的意思,就是如果赵简子进攻得逞,那么,韩赵魏三分晋地之势便成,那还得了么?故拟去协助佛肸以挽回颓势。至于子路之所以不让孔子去,亦不是其他,而是孔子曾经说过"危邦不入,乱邦不居"的话,怕孔子去了,弄得不好,反而遭受危险。而在孔子一方面,认为在这紧要关头,我不能老是待着不动,我应该要行我的道,应该要有所作为呀!又虽然他终于没有去,但他要去的政治态度是很明显的。[②]

---

① 关锋、林聿时:《论孔子》,《哲学研究》1961 年第 4 期。
② 杨荣国:《论孔子思想》,《学术研究》1962 年第 1 期。

唐兰认为,孔子应召是为了实现自己的政治理想。孔子的政治倾向是进步的,因此孔子应召也就成为帮助公山弗扰"闹革命"了。孔子生活的时代是诸侯割据称雄的时代,但孔子在公山弗扰和佛肸的召唤时也想去,并提出"如有用我者,吾其为东周乎","吾其匏瓜也哉,焉能系而不食"等口号,说明他为了行他的道,是不妨打破常规的。①

任继愈认为,公山弗扰和佛肸两个叛臣都想请孔子去帮助,孔子曾动过念头。孔子的动机是劝他们"改邪归正"还是希望通过他们恢复西周以来的奴隶制,我们无从推测。但孔子毕竟没有去参加他们的"叛乱"集团。孔子的政治态度,正如朱熹所透露的:"阳货之欲见孔子,虽其善意,然不过欲使其助己为乱耳,故孔子不见者,义也。"②

四 孔子的"正名"

《论语》中记载:"子路曰:'卫君待子而为政,子将奚先?'子曰:'必也正名乎!'子路曰:'有是哉,子之迂也! 奚其正?'子曰:'野哉由也! 君子于其所不知,盖阙如也。名不正,则言不顺;言不顺,则事不成;事不成,则礼乐不兴;礼乐不兴,则刑罚不中;刑罚不中,则民无所措手足。故君子名之必可言也,言之必可行也。君子于其言,无所苟而已矣。'"学者们针对孔子的正名思想与其政治态度的关系展开了讨论。

冯友兰认为,孔子把他拥护礼的主张集中成为他所谓"正名"的理论,这个理论的具体内容,就是如他向齐景公所说的"君君、臣臣、父父、子子"。他认为每一个名,如"君"、"臣"、"父"、"子"等,都有其一定的意义。这些意义就代表这个名所指的事物所应该如此的标准。这个标准,他称为"道"。事实上处于君臣父子的地位的人,如果都合乎君臣父子的"道",就是"天下有道"。不然,就是"天下无道"。照他看起来,"无道"就是"乱",那就是说,奴隶主的社会秩序不能维持了。他不认为新势力对旧势力的破坏是进步的现象,而认为这是"天下大乱"。为了阻止这个"乱",他就企图用奴隶主制度中的"名"加上自己的一些新的补

---

① 唐兰:《评论孔子首先应该辨明孔子所处是什么样的社会性质的社会》,《文汇报》,1962年1月26日。

② 任继愈:《孔子——政治上的保守立场和哲学上的唯心主义》,《北京日报》,1961年7月27日。

充的意义，"校正"当时他所认为是不对的实际情况，这就是他所谓"正
名"的实际意义。①

童书业认为，"正名"就是使名与实相符，"名不正"的弊害，会使"礼
乐不兴"，"刑罚不中"。孔子曾否作《春秋》，固然还是问题，但《春秋》确
是"正名"的书，孔子作《春秋》的传说，也说明孔子的"正名"思想。原来
当周天子有权力的时候，谁要破坏了宗法封建秩序，如"臣弑其君"，"子
弑其父"，周天子就要讨伐；现在周天子没有权力了，"臣弑其君"，"子弑
其父"，无人讨伐。孔子就来代替周天子施行讨伐，用《春秋》的"史笔"
褒贬，以代替赏罚，所以说"孔子成《春秋》，而乱臣贼子惧"。褒贬也就
是"正名"，其目的便是要使"君君"、"臣臣"、"父父"、"子子"。所以"正
名"是维持宗法封建秩序的一种手段，也就是"礼治"。②

关锋、林聿时认为，自春秋以来，社会经济基础、阶级关系发生着急
剧变化；但是作为上层建筑的观念、概念、名，却落后于经济基础的变
化，而处于新旧交错的"混乱"中。孔子却把"正名"看作第一位的，为政
的根本。这就无怪乎子路说他"迂"，极不以为然地问他"奚其正"了。
孔子的议论中包含着"名"、"实"关系的见解，很显然，用现在的话说，他
认为"名"是第一性的、"实"是第二性的。孔子的"正名"主义正是当时
"名实相怨"的反映，但是，他作了唯心主义的颠倒。从他的议论中可以
看出，他是把上层建筑看作第一性的，"礼乐不兴"，不是由于基础的变
化，归根结底是由于"名不正"、"言不顺"。于是子路问他为政"将奚
先"，就答曰"必也正名乎"。"正名"是首先的、最根本的，"名正"，事物
就变化了，天下就由"无道"变作"有道"了。总观他的全部政治理论，
"正名"的内容，无非是"君君、臣臣、父父、子子"，无非是"复礼"，当然其
中也包括尚贤等。他要从"正名"入手或者以"正名"为手段去实现他的
关于"仁"和"礼"的政治学说，以兴周道。当然这是基本上保守的。这
里应该说明，"名"是第二性、"实"是第一性的，"名"对"实"也有反作用，
所以"正名"是必要的，问题是把"正名"放在什么地位。历史上的对
"名"、"实"关系作了唯心主义颠倒的思想家，在政治上并非一定是保守

---

① 冯友兰：《论孔子》，《光明日报》，1960 年 7 月 22 日、29 日。
② 童书业：《论孔子政治思想的进步面》，《文史哲》1961 年第 2 期。

的、反动的。问题是"正"的什么"名",是趋向进步,还是趋向倒退。之所以说孔子的"正名"基本上是保守的,就是因为他基本上是要以旧的"名"改变新的事实。①

夏基松认为,孔子积极"正名",把"正名"看作统治者的首要任务,是与他大力宣传周礼一致的。孔子提倡"正名"的目的,就是为了恢复周礼。在孔子的时代,旧秩序、旧传统正在分崩离析,是非善恶观念发生了变化,孔子重申是非善恶的准则,即重新提倡旧秩序旧观念,让大家继续按老规矩办事,按老传统生活。②

任继愈认为,春秋战国时期名实问题是哲学上争论最多的问题之一。凡是认为事物的客观存在(实)是第一性、表达这一客观事物的名词(名)是第二性的学派,是唯物主义;反之,就是唯心主义。孔子和老子的名实论相对立,充当了反面角色。孔子认为,为政要"正名",把名搞正了,才能稳定统治秩序。③

在孔子参与的政治事件中,当时还有关于诛杀少正卯、"吾从周"、"复古"与"托古"等的争论。

(徐庆文)

---

① 关锋、林聿时:《论孔子》,《哲学研究》1961 年第 4 期。
② 夏基松:《孔子思想的历史渊源和阶级实质》,《江海学刊》1961 年第 9 期。
③ 任继愈:《孔子——政治上的保守立场和哲学上的唯心主义》,《北京日报》,1961 年 7 月 27 日。

"全国孔子学术研讨会"

　　1962年11月6日至12日，由山东历史学会、山东历史研究所联合主办的"全国孔子学术研讨会"在济南召开。有的学者称这次会议为"建国后首次全国性孔子学术会议"①。"这次孔子学术讨论会，集全国各地的老年、青年史学、哲学工作者于一堂，大家都心情舒畅地发表了自己的意见和进行了'争鸣'。"②来自全国16个省、自治区、直辖市160多位老年和青年学者出席了会议，几乎聚集了当时全国史学界、哲学界、文学界等所有有名望的学者。

　　中国科学院哲学社会科学学部副主任刘导生、山东省副省长余修到会讲话。冯友兰、吕振羽、周予同、于省吾、赵纪彬、杨荣国、吴泽、蔡尚思、束世澂、唐兰、刘节、李青田、赵一民、金景芳、关锋、林聿时、高亨、高赞非等在大会上发言，就孔子的阶级归属、孔子的中心思想、孔子的世界观和方法论、孔子在历史上的地位和作用等问题展开了讨论。特别是关于如何继承孔子思想遗产的方针和方法问题，成为会议争论的中心。围绕这一问题，许多学者集中发表了意见，其中有许多真知灼见，成为当时孔子研究的闪亮的思想火花。

　　高赞非认为，一直到现在我们对于孔子的"仁"的思想还不能得到比较完整的说明，主要原因是在方法论上还存在一定的问题。首先，在我们的研究中，还往往不善于从发展中来看孔子有关"仁"的思想；其

---

　　①　颜炳罡：《五十年来孔子研究的回顾与展望》，《山东大学学报》1999年第3期。
　　②　吕振羽：《孔子学术讨论中的几个问题——在山东历史学会、山东历史研究所主办的孔子学术研讨会上的发言摘要》，《文史哲》1963年第1期。

次,对待孔子"仁"的思想,往往不能从其思想内在的逻辑上加以展开,从而实事求是地分析哪些是积极的东西,哪些是消极的东西。为此,他从孔子思想的发展上,从其各方面思想的内在联系上探求"仁"的全部思想内容,认为"仁"的思想的一般意义是"爱人",是封建的人道主义;"仁"的思想的特殊意义,乃是一种忘我的、无私的、积极奋发的精神,是孔子所指的最高道德标准;"仁"的更本质的意义,乃在于它又是孔子世界观的重要组成部分,是他一切思想的出发点和归宿点。他认为这三者是孔子"仁"的思想的全部内容,是孔子思想中最精华的部分,是应该肯定的积极的东西。①

冯友兰认为,评价孔子要看他是拥护哪种剥削方式。从孔子说的话中找不出孔子拥护哪种剥削方式,这是一个困难,但在孔子思想中有这个反映,这就是孔子的"仁"。孔子讲"仁"是"爱人",又讲"泛爱众而亲人","众"就包括劳动人民、平民。在阶级社会里,超阶级的爱的事实是没有的,但超阶级的思想、言论是有的;孔子讲爱人是超阶级的爱,思想上有,不过不能实行罢了;超阶级的言论一般说是虚伪的,但是否在一切情况下都是虚伪的,也要看具体情况,看这个阶级是在什么阶段,是上升还是没落。②

杨荣国认为,分析孔子思想必须用阶级分析的方法,不能单从字面上看。譬如说孔子贵"仁",就要看他到底是站在什么立场上,"贵"的是什么具体内容的"仁",必须洞察它的阶级实质。③

赵纪彬认为,我们和旧社会研究孔子不同,反动派是从孔子的保守的唯心方面提倡尊孔谈经,我们则是从进步方面,从唯物主义传统方面继承。如何继承? 首先必须打破他的思想体系;不然,就分不出什么是精华、什么是糟粕,就谈不到思想遗产的继承。关于《论语》中"人"和"民"问题的争论,赵纪彬认为,无论哪个社会,"人"和"民"都是个历史的和政治的范畴,"人"和"民"必须按阶级分析。针对冯友兰说"爱人"是有阶级内容的,但又说"爱人"思想是普遍形式,赵纪彬指出,所谓普遍形式的爱终究仍有其特定的历史的社会的内容。如夷夏之辨,族类

---

① 高赞非:《孔子思想的核心——仁》,《文史哲》1962 年第 5 期。

② 冯友兰:《关于孔子讨论中的一些方法论上的问题》,《文汇报》,1962 年 11 月 3 日。

③ 杨荣国:《论孔子思想》,《学术研究》1962 年第 1 期。

之别,以及阶级、等级名分等,均对此"普遍形式"的"人"施加种种制约。说"爱人"是全民性的,不可能有这样的概念。人与人的真正平等关系只有在阶级消灭前提下才能实现。①

李青田、赵一民认为,研究孔子应该对其作出合乎历史事实的科学的评价,但是,从会议印发的某些文章来看,却有把孔子现代化的倾向。李青田、赵一民认为这种现代化倾向包括:孙祚民认为的孔子的"仕而优则学,学而优则仕",就是主张理论与实践相结合,并且和"实践——认识——再实践——再认识"的真理相吻合;郭绳武把孔子"三十而立"到"七十而从心所欲不逾矩"说成是孔子已经接触到"主观与客观的统一"、"由感性认识到理性认识"、"由认识事物的对立到认识事物的统一";祝瑞开主张孔孟思想已被"重新塑造为无产阶级、共产党人党性修养的重要组成部分之一",等等。②

但是,"这次学术会议成为孔子研究的转折点。在此以前,孔子研究中的不同观点属正常的学术争鸣,从此以后,孔子研究逐渐带上政治色彩且愈来愈浓,对孔子评价高低成为政治态度的表现,发展至 1966年,'文化大革命'兴起,政治完全取代了学术"③。孔子研究的这种转向的标志是关锋在大会上以《关于孔子思想讨论中的阶级分析的几个问题》④为题所作的发言,以学霸的口气对几年来持不同学术观点的人进行了定性式的评议。

关锋、林聿时认为,曹汉奇和严北溟的文章中所持的孔子站在没落奴隶主贵族立场,一生为挽救垂死的奴隶制度而斗争,但创造了进步的哲学体系和政治学说的论点,是背离了马克思主义的阶级斗争学说,也是违背历史实际的。按照曹汉奇的说法,孔子正因为站在没落奴隶主立场,挽救奴隶制的灭亡,所以有了"极其光辉的进步思想"。他们反问道:如果孔子站在没落奴隶主的立场,在"奴隶制濒灭亡的春秋时代"设计挽救垂死奴隶制的"蓝图",那不就是抵抗当时社会发展的趋势吗?怎么还能有进步的哲学和政治学说呢?如果孔子设计的是封建社会的

---

① 参见《在山东举行的孔子学术讨论会》,《哲学研究》1963 年第 1 期。
② 参见《在山东举行的孔子学术讨论会》,《哲学研究》1963 年第 1 期。
③ 颜炳罡:《五十年来孔子研究的回顾与展望》,《山东大学学报》1999 年第 3 期。
④ 该文署名关锋、林聿时,载于《文史哲》1963 年第 1 期。

"蓝图",那他不就是站在了新兴地主阶级的立场吗?严北溟一方面认为孔子站在没落的奴隶主的立场上,一方面又认为表现了孔子立场的仁的学说,具有极大的进步意义。一方面认为"奴隶主只能把奴隶当牲畜看待,不当人看待",另一方面又认为完全站在没落奴隶主贵族立场的孔子,"发现和承认奴隶也是人","承认贵族奴隶同样是人,奴隶也可以作为仁的主体(奴隶也能仁)和对象(奴隶也是'仁者爱人'之'爱'之对象)"。他们认为这种说法是不能成立的。他们说:谁都知道奴隶主是不能够把奴隶当做人看待的。如果孔子确实是把奴隶当做人看待,而且是他首先发现了这一点,那么就不能说他(至少在这一点上)站在奴隶主立场;如果孔子确实是站在奴隶主立场,他不可能认为奴隶也是人。

关锋、林聿时还认为,刘节和高赞非的文章,在另外一点上离开了马克思主义的阶级分析方法。他们说,1957 年冯友兰提出了超阶级超时代的所谓"抽象继承法",当时许多同志批评了"抽象继承法",冯友兰也发表过文章,承认说哲学有超阶级的成分这一点是错误的,可是现在又从刘节和高赞非的文章中看到了类似"抽象继承法"的抽象分析。刘节在《孔子的"唯仁论"》一文中把孔子的原理、原则当作超阶级的永恒的东西。按照这篇文章的说法,孔子的"己所不欲,勿施于人"、"推己及人"、"忠恕"之道,都是超阶级超时代的、永恒的东西,对生活在现在的我们也都适用,孔子说的"忠恕"、情、理、是非、"推己及人"的"己"和"人"都是没有阶级性的。关锋、林聿时认为,这种超阶级的东西客观上是不存在的。就按这篇文章的作者所断定的孔子是地主阶级的思想家来说,孔子"推己及人"的"己",就必定是封建地主阶级之"己","己所不欲,勿施于人"的公式也不可能推及于全社会,地主阶级的思想家难道可以推出"我不愿意作农奴,也不叫人家作农奴"吗?"己所不欲,勿施于人"这个原则,对于生活在现代的我们是不适用的。我们对敌人,是"己所不欲,勿施于人",即要打倒它、消灭它,"以其人之道,还治其人之身"。对于人民内部,是坚持正确处理人民内部矛盾的原则,在马克思列宁主义、毛泽东思想的旗帜下团结起来,而"推己及人"却以"己"为中心,这是个人主义的原则,这不是以客观是非为标准,而是以个人主观好恶为标准。他们说,高赞非在《孔子思想的核心——仁》一文中也是把孔子的仁说成是超阶级的。高赞非说"把仁的思想全部内容联系起来看,无疑这是我国历史上一种伟大思想","它反映了封建社会中地主阶级在新兴时期前进的要求,也反映了这个社会中广大劳动群众一定的愿望。因此,'五四'运动以前,两千余年的历史,就时时闪耀着思想的光辉"。还说:连资产阶级的改良主义者谭嗣同为他的政治目的而英勇牺牲,也是孔子的"仁"起伟大作用、闪耀光辉的一个"彰著的事例"。按高赞非的说法,孔子的"仁"在封建社会中不但反映着新兴地主阶级的要求,而且反映着劳动人民一定的愿望,甚至在封建社会死亡的时候,也还是资产阶级革命的武器。这样,孔子"仁"的学说还有什么阶级性呢?而且不仅如此,高赞非还说,因为有了孔子思想,中国人民"更有条件在新的时代比较顺利地接受马列主义"。他们反驳说,事实恰好相反,五四运动当时,占统治地位的孔子思想是严重地阻碍着中国人民接受马克思列宁主义的。中国工人阶级和革命知识分子是经过五四运动打倒了占统治地位的孔子思想,才比较顺利地接受马克思列宁主义的。

关锋、林聿时认为,刘节和高赞非的文章,关于继承思想遗产的看法,和冯友兰的"抽象继承法"很相似。他们说,高赞非谈到对孔子的思想遗产的继承时,肯定的是孔子的"仁"的"全部思想内容",只要加以"整理、充实和提高",就能"为社会主义建设服务",这样,它和无产阶级的意识形态,和马克思列宁主义还有什么本质的区别和根本的对立呢?岂不是只有数量的区别或初级和高级的区别了吗?这是不对的,因为对于同类的东西才说得上充实和提高。刘节说:"不能说我们的时代不需要'仁'。当然,在我们时代谈'仁',其内容比古代要丰富而且切实得多。"照这种说法,由马克思、恩格斯创立的无产阶级的意识形态和由孔子创立的封建地主阶级意识形态(照刘节的说法),岂不是本质相同,只有数量或高低的差别,而非根本对立吗?

关锋、林聿时着重指出,把历史上的思想原则现成地拿来应用的方针,或者"加以整理、充实和提高"的方针,并不是马克思列宁主义的继承思想遗产的方针。《共产党宣言》指出:"共产主义革命就是要最坚决地打破过去传下来的所有制关系;所以,毫不奇怪,它在自己的发展进程中要最坚决地打破过去传下来的各种观念。"毛泽东同志在《中国共产党在民族战争中的地位》一文中写道:"学习我们的历史遗产,用马克思主义的方法给以批判的总结,是我们学习的另一任务。"对继承思想遗产的方针,毛泽东同志还生动地比喻说:"如同我们对于食物一样,必须经过自己的口腔咀嚼和胃肠运动,送进唾液胃液肠液,把它分解为精华和糟粕,吸收其精华,才能对我们的身体有益,决不能生吞活剥地毫无批判地吸收。"毛泽东同志所阐明的马克思列宁主义继承思想的方针就是"用马克思主义的方法给以批判的总结",也就是他常说的"推陈出新"。离开了这个方针,就谈不上无产阶级的继承思想遗产。现成地拿来,或者还包括"充实和提高"的抽象继承法,对于无产阶级是不适用的。

1963 年第 1 期《新建设》发表编辑部文章《从孔子讨论谈继承思想遗产问题》,进一步肯定了关锋、林聿时《关于孔子思想讨论中的阶级分析的几个问题》一文的观点,并批判了"一味颂扬孔子,把孔子思想现代化;把孔子思想说成超阶级、超时代的东西"等所谓的"不健康的倾向",以官方的口气对近一年来繁荣的孔子研究定了调子,从而不仅结束了孔子研究中的论争,也使孔子研究发生了根本性的转向。这种导向性的文章一发而动全身,使关锋、林聿时进而得势。因此,1962 年孔子学术讨论会就具有了划时代的意味,关锋、林聿时的会议发言稿也成了孔子研究方法论的某种标准和方向。而这之后的讨论,恰恰是政治定性式的讨论,学术探讨被政治取而代之。

关锋、林聿时的《关于孔子思想讨论中的阶级分析的几个问题》一文,使一些与他们持不同意见的学者受到批判。1963 年以后,孔子研究转向了纯粹的孔子研究方法的讨论。这一年发表的孔子研究文章中,很少能见到关于孔子思想本身的探讨,到处都是关于研究孔子方法论的声讨式的文章,从《谁也否认不了孔子思想的阶级性》、《历史研究中超阶级观点的实质是什么?》、《研究孔子思想必须反对超阶级论》、《阶级分析是洞察孔子哲学的根本方法》、《驳新尊孔论》、《没落阶级不可能产生进步的思想学说》等文章的题目中便可窥视出这一年孔子研究的内容和特点。由于政治斗争空气愈来愈浓烈,真正的孔子研究活动似乎"销声匿迹"。

1962 年"全国孔子学术研讨会"本来是一次学术争鸣的会议,但是,由于关锋等对部分学者的定性,导致这次会议成为政治压制学术的会议。这次会议中的一些做法,在"文化大革命"时期被运用到全民运动中,使更多的人受到迫害。因此,从某种意义上说,四年后开始的"文化大革命"运动,其实在 1962 年"全国孔子学术研讨会"就能够找到它的缩影。

(徐庆文)

"批林批孔"运动

中国大陆自 1966 年开始"文化大革命"运动后,孔子及其思想就成为封建社会的落后思想被清理。1966 年 6 月 1 日,《人民日报》发表社论《横扫一切牛鬼蛇神》,号召要横扫资产阶级的代表人物、专家、学者、权威、"祖师爷"等"牛鬼蛇神",要求把他们"打得落花流水,使他们威风扫地",同时要破除"旧思想、旧文化、旧风俗、旧习惯"。由此开始,全国掀起了"破四旧"运动,"打、砸、抢、抄、抓"等暴力事件层出不穷。同年 8 月,中共中央《关于无产阶级"文化大革命"的决定》又把"破四旧"列为"文化大革命"任务之一。于是,"专家、学者、权威、'祖师爷'"们家中的图书、典籍、文化收藏品及其他与文化有关的物品也就成了"破四旧"的重点对象,他们被抄家,图书、文物等被焚烧、砸碎,有的家虽未被查抄,但迫于形势,也不得不把一些古籍出卖或毁掉。全国的公共图书馆,学校图书馆、资料室都被勒令搜查,古籍的出借与阅览被禁止,有的则被勒令焚毁。在中国古代典籍中,儒学典籍是流传最广、在民间保存最多的,因此它在"破四旧"过程中,受到的损失也最大。即使被列为国家重点文物保护单位的孔庙、孔府、孔林也未能幸免,北京高校的红卫兵们砸毁了孔子及其孔门弟子的塑像,焚烧了清康熙帝题字的"大成至圣先师"匾额和孔子弟子及历代宣扬儒学著名人物的牌位。

1971 年 9 月,"林彪反革命集团"策划武装政变夺取最高权力的阴谋遭到挫败。在清理林彪住所的材料时,清理人员发现了一些林彪抄写的"克己复礼"之类引自孔孟的文字,逐级上报后,毛泽东认为这是批判林彪思想的重要材料。

1973 年 3 月，毛泽东在中央工作会议上讲到"批林"时，强调"批孔"。从而使孔子及其儒学与林彪的命运连在一起，成为被批斗的对象。同年 5 月，毛泽东在中央工作会议上提出应该批判孔子。随后在另外的场合，他还谈到林彪是"尊孔反法"。同时，毛泽东送给江青一本郭沫若的《十批判书》，告诉江青这是批判用的，并读给江青一首诗："郭老从柳退，不及柳宗元。名曰共产党，崇拜孔二先。"①7 月 4 日，毛泽东在谈话时认为林彪同国民党一样，都是"尊孔反法"的。8 月 5 日，毛泽东看了杨荣国的《孔子——顽固地维护奴隶制的思想家》一文，感慨颇多，让江青记录一首《读〈封建论〉——呈郭老》的诗："劝君少骂秦始皇，焚坑事业要商量。祖龙虽死秦犹在，孔学名高实秕糠。百代都行秦政法，'十批'不是好文章。熟读唐人'封建论'，莫从子厚返文王。"毛泽东认为"郭老对待秦始皇、对待孔子那种态度和林彪一样"②，并且给江青讲中国历史上的儒法斗争，认为"法家主张中央集权、郡县制，在历史上一般说是向前进的，它是厚今薄古的。而儒家呢？他满口仁义道德，一肚子男盗女娼，他是厚古薄今的，开倒车的"③。8 月 7 日，《人民日报》全文转载杨荣国的《孔子——顽固地维护奴隶制的思想家》一文。9 月 23 日，毛泽东接见外宾时说："秦始皇是中国封建社会第一个有名的皇帝。我也是秦始皇，林彪骂我是秦始皇。中国历来分两派，一派讲秦始皇好，一派讲秦始皇坏。我赞成秦始皇，不赞成孔夫子。"④

1973 年 9 月，由江青直接操纵的北京大学、清华大学"大批判组"，在《北京日报》发表《儒家和儒家的反动思想》一文。同月，"文化大革命"领导小组在上海的写作组以"石仑"的笔名在《学习与批判》创刊号发表《论尊儒反法》一文。迟群以国务院科教组的名义召开"全国教育系统批孔座谈会"。迟群指出，这是部署性的会议，不但教育战线要批孔，其他战线也要批。⑤ 其后，北京、上海、沈阳、天津等地纷纷刊载了

① 金春明：《"文化大革命"试析》，上海人民出版社 1985 年版，第 175 页。
② 金春明：《"文化大革命"试析》，上海人民出版社 1985 年版，第 176 页。
③ 陈晋：《毛泽东之魂》，吉林人民出版社 1993 年版，第 282 页。
④ 陈晋：《毛泽东之魂》，吉林人民出版社 1993 年版，第 282 页。
⑤ 中国社会科学院历史研究所编：《历史的记录——"四人帮"的影射史学与篡党夺权阴谋》，北京出版社 1978 年版，第 6 页。

批孔的文章。

1974 年 1 月 1 日,中央两报一刊联合发表社论《元旦献词》,提出"批孔是批林的一个组成部分",强调"要继续开展对尊孔反法思想的批判"。1 月 12 日,王洪文、江青致信毛泽东,建议转发由北京大学、清华大学"大批判组"汇编的《林彪与孔孟之道》,说这份材料"对当前继续深入批林批孔会有很大帮助"。1 月 18 日,经毛泽东批准,中央将北京大学、清华大学"大批判组"编辑的《林彪与孔孟之道》作为文件发至全党,文件指出:"为了深入批林,必须批判孔孟之道,在全国范围内开展一场群众性的深入的'批林批孔'运动。"①这标志着"批林批孔"运动正式展开。1 月 24 日、25 日,江青策划在北京先后召开中央军委机关和驻京部队、中央和国务院直属机关"批林批孔"动员大会,迟群等人按照江青的旨意,发表长篇煽动性讲话。他们借宣讲《林彪与孔孟之道》的材料,大谈所谓"抓大事"、"反复辟"的主题。江青、姚文元在会上不断插话,提出"不准批孔就是不准批林","凡是主张中庸之道的人,其实是很毒辣的"。② 江青甚至在大会上指责郭沫若尊孔。

1974 年 2 月,《红旗》杂志发表《广泛深入开展批林批孔的斗争》短评,宣布"一个批林批孔的群众运动正在全国掀起",并称"我们党同林彪之间围绕着反孔还是尊孔的斗争,实质上是社会主义时期前进和倒退、革命和反革命的两个阶级、两条路线的斗争"。随后,《人民日报》发表《把批林批孔的斗争进行到底》的社论,说只有"批判林彪宣扬的孔孟之道,才能进一步批深批透林彪反革命的修正主义路线的极右实质",要求"各级领导要把批林批孔当作头等大事来抓"。在短短几个月中,各地登载的批孔文章就达数百篇。这些所谓"大批判"的文章肆意诬蔑攻击孔子,许多文章连题目都用一种谩骂的口吻,诸如《孔子是一个反动的复辟狂》、《孔孟"仁政"的反动实质》、《孔夫子和丧家狗》、《孔子反革命的一生》、《维护奴隶制的反革命之道——批判孔子的"中庸之道"》等。"在十年动乱期间,全国报刊登载的批孔文章共约 4000 多篇。1973 年至 1976 年出版的评法批儒的图书大约有 1400 多种。"③

---

① 参见《人民日报》,1974 年 1 月 19 日。
② 金冲及主编:《周恩来传》,中央文献出版社 1998 年版,第 1129 页。
③ 宋仲福、赵吉惠、裴大洋:《儒学在现代中国》,中州古籍出版社 1991 年版,第 345 页。

　　"批林批孔"运动初期,江青、康生等人立即召集了几个写作班子,占领舆论阵地,充当批儒批孔的先锋和主要力量。如由江青控制的"大批判组",刚一组建就被江青指派进林彪住宅,清查林彪所写的"尊孔"笔记、条幅,编辑"批林批孔"材料,以梁效、柏青、高路、秦怀文等笔名,撰写批孔文章,成为"批林批孔"运动的中坚;又如全国最早有计划开展"评法批儒"的上海市委写作组,创办《学习与批判》作为舆论阵地,以罗思鼎、康立、石仑为笔名,撰写儒法斗争文章,成为"评法批儒"的主要力量;还有由康生控制的以赵纪彬为顾问的中央党校写作组,以唐晓文、辛风、史锦为笔名,撰写许多批孔文章,影响很大。

　　"批林批孔"前后,孔子作为儒家学派的代表人物,不但他的思想受到批判,他的言行、人格等也遭到诬陷和攻击。杨荣国在国务院科教组召开的座谈会讲演时,对《论语》"子见南子"解释说,南子长得很漂亮,孔子对她有野心,特地去会她,由此可看出孔子的品性,看出他到底是什么样的人。康立认为,孔子同一切政治骗子一样,把说假话、耍两面派看作是做人的诀窍;孔子是一个"阳奉阴违,口是心非,当面说好话,背后又在捣鬼"的两面派形象;儒家之徒在反动孔学熏陶下,学得了一身虚伪而又阴险的本领;王明、刘少奇、林彪这类机会主义头子,他们的祖师爷应该推孔老二。[①]

　　开展"批林批孔"运动的目的,按照毛泽东的设想,是为了进一步肯定"文化大革命"的理论与实践,抑制群众对于"文化大革命"的怀疑、抵制和反对。但是,江青等人想要利用"批林批孔"运动达到打倒政治上的对立面的目的,将社会上的事情上纲上线,制造了一些非常古怪的事件[②],引起了社会上的一些混乱现象。"'批林批孔'运动,使'九一三'林彪叛逃事件以后经过艰苦努力刚刚趋向稳定的政治局势,重新遭到了破坏。"[③]为制止混乱局面的发展,中共中央于1974年4月10日发出通知,规定"批林批孔运动在党委统一领导下进行,不要成立战斗队一类群众组织,也不要搞跨行业、跨地区一类的串连"。毛泽东也对江青

---

　　① 康立:《孔子和林彪都是政治骗子》,《红旗》1974年第3期。

　　② 当时社会上发生的"马振抚公社中学事件"、"白卷英雄事件"、"小学生日记事件"、"蜗牛事件"、"《三上桃峰》事件"等,都被江青等人利用,借这些事件污辱干部。

　　③ 席宣、金春明:《"文化大革命"简史》(增订新版),中共党史出版社2005年版,第241页。

等人的行为进行批评,"批林批孔"运动得到有效控制。到 1974 年 6 月,"批林批孔"作为一种运动基本结束。

"批林批孔"运动是经中共中央主席毛泽东批准的,由江青等人操纵的一场政治运动。"批林批孔"运动的主要内容既不是认真地批判林彪的各种罪行,也谈不上以科学的态度批判在中国封建社会中长期占统治地位的儒家思想。江青等人不过是利用孔子所说的"克己复礼"、"兴灭国、继绝世、举逸民"等语句,借以影射批判所谓"修正主义逆流"、"复辟资本主义"。

（徐庆文）

鹅湖月刊社及《鹅湖》

　　1975 年 7 月，王邦雄、曾昭旭、袁保新、岑溢成、杨祖汉、万金川等民间文史哲青壮年学者，在台湾义务发起创办学术月刊《鹅湖》。该刊"以复兴中国文化，发扬传统中国哲学为宗旨"，以重振中国传统文化为职志，吸纳西方文化的精华，用现代方式重新诠释儒学，在传统与现代、中学与西学之间，寻求会通的桥梁。该刊取名"鹅湖"，是借宋儒朱熹与陆象山的"鹅湖之会"，取其"儒生对话沟通"、"接续传统与现代"的意涵，作为析论古今这一学术园地的精神象征。

　　创刊之初，牟宗三、唐君毅并没有参与，直到他们从香港转到台湾后，与该刊的联系才日益紧密。创刊时王邦雄刚取得博士学位，其他人则都是学生。其创刊目的主要是对台湾师范大学国文系学风的反省，以重振中国文化传统。在唐、牟二人的赞许鼓励及几位中年学者的支持下，该刊的学术性日益加强。后来，他们在《鹅湖》月刊的基础上又办出版社，即鹅湖月刊社。鹅湖月刊社创办后，王邦雄、曾昭旭、袁保新、杨祖汉等成为该社的核心人物，他们既守师传又能创发新意，且具有西方学术的良好训练，并在开拓儒家新视野的方向上不断努力，在同人中的影响也越来越大。1988 年，成立"东方人文学术研究基金会"；同年 5 月，创刊《鹅湖学志》。

　　鹅湖月刊社经过不断发展，已有《鹅湖》月刊、《鹅湖学志》、《鹅湖学术丛刊》，出版高水平的学术著作，举办高水准的学术会议，并定期举办各类基层文化活动，如论语、学庸、老庄、佛学、宋明儒学等文化讲座、儿童读经运动、青年儒家研习营等。其中"鹅湖人文书院"更是首开台湾民间讲学读经之风。鹅湖月刊社成为一个重要的儒学研究基地。月刊社长期以来没有工作津贴,也没有稿费,完全凭文化理想与道义一路坚持。月刊社没有民间组织或政府部门的资助,并自觉地与政治流派保持距离,坚持超然的学术立场。

《鹅湖》月刊从创刊开始,每月出刊从未间断。该刊喜欢登载"能切实兴发国民之心志,建设国民之文化理想者"、"对西方文化之各种成就予以翔实报道或评论之文字"、"义理深入文笔浅出之论著"、近两年出版的人文社会类书刊评价。不仅发表"儒学"、"新儒学"、"牟宗三"、"唐君毅"、"熊十力"等经典专刊,亦广罗道、墨、佛、法家以及西方哲学思想,如"康德"、"黑格尔"、"赫尔"、"卡尔·波普尔"等。除文、史、哲、艺等学术论述外,亦有不少深入浅出之通俗文章,为家事、国事、天下事发言,既关注中国文化,也关怀台湾乡土。《鹅湖学志》则是学术性更为严谨的刊物,每半年出刊,主要展现台湾文史哲学界的研究成果。前四期由文津出版社印行,后十期改由东方人文学术研究基金会出版。两份刊物都获得了台湾相关部门颁发的"优良期刊奖"。《鹅湖学术丛刊》也已出书 20 余种,由文津出版社印行。

鹅湖月刊社定期举办"新儒学国际学术研讨会",使中国文化走出国门,走出华人圈,与各国学者进行交流。1990 年 12 月举办了第一届"当代新儒学国际学术会议",1998 年、2005 年、2011 年还分别在大陆的济南、武汉及香港地区举办了第五届、第七届、第九届"当代新儒学国际学术会议",对于推动大陆及香港地区的学者对于新儒家思想的研究起到重要作用。此外,月刊社还举办了"孔子学术国际会议"、"青年儒学国际学术会议"、"道家思想国际学术会议"以及多次"鹅湖论文研讨会"、"文化讲座"、"青年儒家研习营"等。

鹅湖月刊社通过上述各种努力,不仅使中华文化的种子在广大年轻学子心中生根发芽、绵延不绝,还使中国文化走出国门,对国际儒学研究产生了积极的影响。《鹅湖》成为儒学研究者讲学、出书的据点,得到了全球华人与汉学界的肯定,成为一份有着国际影响力的儒家思想研究刊物,尤其在推动新儒学发展上功不可没。

（法　帅）

孔子及其思想再评价

20 世纪 70 年代末 80 年代初期,学者对孔子及其思想进行了重新认识、评价和研究。

1976 年,"四人帮"倒台,"文化大革命"结束,各项工作开始了拨乱反正。从 1976 年下半年开始,就有部分学者尝试着纠正"四人帮"对孔子的歪曲,驳斥"四人帮"时期对史学事实的歪曲和影射史学的荒谬,并对孔子及其思想进行重新认识和评价。在这些批判"四人帮"搞"评法批儒"、"批林批孔"的文章里,确实有"不少颇为犀利的好文章,读来痛快淋漓,解仇雪恨,的确起到了深揭狠批的作用"。然而这个阶段的文章仍然重复着"文化大革命"时期的语调、话语、研究方法,"在差不多所有的批判文章中,那个曾经带有政治效力的口径,却像一道金箍,牢牢紧缠着作者的思想,仿佛它已成了铸就的公理,仍被用作立论的依据,被用去反击'四人帮'自己"①。

1978 年 5 月 11 日,《光明日报》发表了特约评论员文章《实践是检验真理的唯一标准》,开始了 20 世纪 80 年代的"思想解放"运动。孔子思想的再认识、再评价也紧随其后展开。"1978 年第 8 期《历史研究》发表了庞朴的《孔子思想的再评价》一文,揭开了从学理的角度重新评价孔子思想的序幕。""庞先生的文章虽说仍未能超越 60 年代对孔子思想的定性研究,虽说仍带有某种历史的惯性,仍然认为研究孔子思想是为了制服孔子思想,但它肯定了孔子思想的复杂性,肯定孔子思想中有

---

① 庞朴:《评三年来的孔子评价》,《人民日报》,1980 年 1 月 29 日。

合理因素，这是该文的价值。"①

《孔子思想的再评价》一文肯定了孔子思想的复杂性，认为孔子虽然不是站在时代前列为新制度诞生而大喊大叫的思想家，相反，他是一位哀叹世风不古的保守思想家。但是，作为一个思想家，比起本阶级的其他成员来，孔子看到的更多些想到的更远些。他探寻过夏商周三代因革损益的变迁史，知道"殷因于夏礼，所损益可知也；周因于殷礼，所损益可知也"的大致情况。他所以提出"为东周"，也正意味着要对"西周"来一个损益，以便在不触动根本利益的前提下，能使周王朝百世不替地延续下去，这是当时他那个阶级可能选择的最佳道路。孔子所主张的损益，除了"行夏之时，乘殷之辂"，在礼帽质料的俭省上表示"从众"之类的枝节变动外，更多的内容则侧重在改善统治者和人民的关系上。

庞朴认为，孔子固然不是顺应历史潮流的革新派，却也还不是冥顽不灵的顽固派，他有一套实际上是空想的理想。这个理想的实质，是保守的，但其中包含有某些从统治者的长远利益着眼的、以改善他们和人民关系为目标的办法。孔子把他的政治主张概括为理论，提出了"礼"和"仁"的学说。礼是外在的行为准则，仁是内在的精神状态。礼必须以仁为思想基础，否则就流于形式，徒具空文，所谓"人而不仁，如礼何！""礼云礼云，玉帛乎哉！"仁必须以礼为客观标准，相爱要有个节制，否则便乱了伦次，所谓"知和而和，不以礼节之，亦不可行也"。

关于孔子的"仁"，庞朴认为，孔子所说的"爱人"，就是说的爱一切圆颅方踵的人，并不包含社会的限制性在内。孔子提倡人类之爱的思想却是现实存在过的。能否实现是一回事，有无人提倡是另一回事。不能因为它不能实现，便认为不会有人去提倡。如果那样，世上便不会有唯心主义了。庞朴指出，孔子能提出"爱人"的口号，把它作为"仁"的一个定义，用以补充过去那个"克己复礼"，这在思想发展史上说，应该算作一个进步。因为它在一定程度上反映了劳动者身份变化的事实。比起"克己复礼"来，"爱人"的定义着眼于"人"，而不是着眼于"礼"；着眼于人的共同性，而不是着眼于人的社会差异性。

---

① 颜炳罡：《五十年来孔子研究的回顾与展望》，《山东大学学报》1999 年第 3 期。

究竟如何评价孔子思想？庞朴强调，"首先要弄清对象，分辨出哪些是孔子本来的东西，哪些是后世发生的东西，方不致无的放矢，李代桃僵"。他认为，"后人对孔子思想作过种种解释，并由之发挥出成套的新见解。对于无产阶级来说，这浩瀚繁杂的解释和见解，即使曾被公认，或属于孔子思想的必然引申，也都必须认真审查，不能轻易相信，并仔细判断它同孔子思想的真实关系。至于种种曲解和附会，以及出于种种需要而搞的对孔子的神化和鬼化，当然更应分辨清楚。必须指出，孔子学说在后世发生的影响，有消极的一面，也还有积极的一面；后人对孔子的利用，起过反动作用，也曾起过进步作用"。后人利用孔子的目的，"只不过是这些持不同要求的派别，有着一个共同的'隐瞒内容'的要求，都需要召唤一位亡灵，找一位圣人罢了"。因此，我们要对这些尊孔活动进行认真的清理和批判，甚至有甚于对孔子本人所应该受到的批判。当然，"批判了这些尊孔活动，并不等于批判了孔子本身，也代替不了对孔子本身的批判。这是非常清楚的"。

庞朴指出，对于孔子思想进行再认识再评价，本身并不是目的，"对待孔子思想的问题，不是消极地处理一件斑驳的古董，单纯地防范毒害的问题；更为重要的是，它还关系到'指导当前的伟大的运动'，在目前来说，关系到建设无产阶级文化这样一个大问题。这一点，不因我们注意与否而顽强地存在着，并随着我们解决的正确与否而发生着促进或阻碍社会前进的作用，是不容掉以轻心的"。

庞朴的《孔子思想的再评价》一文之所以受到重视，一方面在于文章开创了一个对孔子研究的实事求是的态度和学理上的论证的方法；另一方面在于文章试图重新理顺孔子思想本身与后世对孔子"曲解和附会"，使孔子思想的真面目浮出。这正迎合了当时思想上的"拨乱反正"的大局势。这篇文章成了对孔子思想的再认识、再评价开先河之作。

庞朴的文章发表后，学术界对于孔子研究问题又发生了争论，陈正夫等人不同意庞朴的观点，提出要与庞朴商榷，而更多的学者则纷纷就怎样对孔子思想进行研究发表自己的见解，加入孔子思想再评价的行列之中。仅在1978年下半年到1980年短短的一年半时间里，就发表了大量的关于孔子再评价的文章。其中1978年的有蔡尚思的《"四人帮"的假左真右与孔子思想的评价问题》、陈正夫的《关于孔子思想评价的几个问题》、王先进的《对孔子认识意见分歧的所在》、张岂之的《真孔子和假孔子》、葛懋春的《孔子认识论评价中的一个问题》;1979 年的有蔡尚思的《对几种有关孔子思想评价的看法》《孔子和历代孔子崇拜者的关系问题》,林乃燊的《关于孔丘的几个问题》,沈善洪的《对孔子思想评价的一种看法》,姚宝元等的《对孔子历史地位的看法》,于世君的《应当正确评价孔子的思想》,刘象彬的《关于孔子再评价的几个问题》,金景芳的《关于孔子研究的方法论问题》,孙以楷的《评价孔子必须破除上层建筑决定论》,严北溟的《真假批孔论》,周予同等的《关于孔子的几个问题》,孙叔平的《孔子思想评析》,冯契的《孔子哲学思想分析》,李启谦的《关于孔子评价中的一个问题》。此外,还有一些对于孔子研究评价进行总结的文章发表,如庞朴的《评三年来的孔子评价》、傅云龙的《新中国成立以来的孔丘研究》、钟泽恩的《关于孔子再评价的一些不同观点》等。

1978 年 10 月 21 日至 30 日,山东大学召开文科理论研讨会。研讨会专设历史组讨论孔子及孔子思想再评价。1979 年 10 月,中国哲学史方法论问题讨论会在山西太原举行。这两次会议[①]促进了学者对孔子及其思想再认识、再评价工作。

1980 年,李泽厚发表了《孔子再评价》[②]一文,成为孔子及其思想再评价的代表作。

《孔子再评价》一文首先声明,作者无法涉及社会性质问题的探讨,"只想就孔子思想本身作些分析,认为其中包含多元因素的多层次交错依存,终于在历史上形成了一个对中国民族影响很大的文化—心理结构"。

文章对孔子思想的背景进行了分析,认为在孔子思想产生的时代中,"周礼"的特征决定了孔子的价值取向。一般公认"周礼"是在周初确定的一整套的典章、制度、规矩、仪节。李泽厚则认为,它的一个基本特征,是原始巫术礼仪基础上的晚期氏族统治体系的规范化和系统化。

---

① 有关两次会议的具体情况,参见本卷"孔子(儒学)学术讨论会"条目。
② 李泽厚:《孔子再评价》,《中国社会科学》1980 年第 2 期。

早期奴隶制的殷周体制仍然包裹在氏族血缘的层层衣装之中,它的上层建筑和意识形态直接从原始文化延续而来。"周礼"就具有这种特征。一方面,它有上下等级、尊卑长幼等明确而严格的秩序规定,原始氏族的全民性礼仪已变而为少数贵族所垄断;另一方面,由于经济基础延续着氏族共同体的基本社会结构,从而这套"礼仪"一定程度上又仍然保存了原始的民主性和人民性。李泽厚认为,"以孔子为代表的儒家,也正是由原始礼仪巫术活动的组织者领导者(所谓巫、尹、吏)深化而来的'礼仪'的专职监督保存者"。所以,孔子一定要维护"周礼",充当"周礼"的守护角色。孔子在这个动荡的变革时代,明确地站在保守、落后的一方。孔子的时代已开始"礼坏乐崩",早期奴隶制在向发达的奴隶制过渡,氏族统治体系和公社共同体的社会结构在瓦解崩毁,"民散久矣","民弃其上",这些因素决定了孔子的命运。"孔子尽管东奔西走,周游列国,他要恢复周礼的事业,却依然四处碰壁。历史必然地要从早期奴隶制走向更发达的后期奴隶制。"然而,我们不能因为孔子对"周礼"的守护和他"周游列国"的碰壁,就简单地否定孔子的思想,"孔子维护周礼,是保守、落后以至反动的(逆历史潮流而动),但他反对残酷的剥削压榨,要求保持、恢复并突出地强调相对温和的远古氏族统治体制,又具有民主性和人民性"。

李泽厚认为,孔子一方面要恢复"周礼",另一方面又强调民主性和人民性。他的仁学思想体系,就是建立在这样一种矛盾复杂的基础之上。孔子的仁学结构有四因素,分别是血缘基础、心理原则、人道主义、个体人格。仁学是四因素的有机整合。"有机整体一经构成,便获得自己的特性和生命。孔子的仁学思想似乎恰恰是这样一种整体模式。"其整体特征则是实践理性。

李泽厚进一步提出了仁学结构的四因素"假说"。他认为:(一)孔子讲"仁"是为了释"礼",与维护"礼"直接相关。(二)"礼自外作。""礼"本是对个体成员具有外在约束力的一套习惯法规、仪式、礼节、巫术,包括"入则孝,出则悌"等,是并无多少道理可讲的礼仪。(三)因为建立在这种情感性的心理原则上,"仁学"思想在外在方面突出了原始氏族体制中所具有的民主性和人道主义,"仁从人从二,于义训亲"(许慎),证以孟子所谓"仁也者,人也","老吾老以及人之老,幼吾幼以及人之幼",

汉儒此解,颇为可信。(四)与外在的人道主义相对应并与之紧相联系制约,"仁"在内在方面突出了个体人格的主动性和独立性。

李泽厚通过解析孔子"仁"学结构血缘基础、心理原则、人道主义、个体人格等四因素,认为诸因素之间相互依存、渗透或制约,凝聚成一种思维模式。这种思维模式具有自我调节、相互转换和相对稳定的适应功能,其整体特性是实践理性。这一以实践理性为特征的思想有机体,具有某种封闭性,可经常排斥或消化掉外来的侵犯干扰,得以长期自我保存下来。由此得出孔子思想的弱点和长处。

他指出:"由孔子创立的这一套文化思想,在长久的中国奴隶制和封建制的社会中,已无孔不入地渗透在广大人们的观念、行为、习俗、信仰、思维方式、情感状态……之中,自觉或不自觉地成为人们处理各种事务、关系和生活的指导原则和基本方针,亦即构成了这个民族的某种共同的心理状态和性格特征,值得重视的是,它由思想模式已积淀和转化为一种文化—心理结构。不管你喜欢或不喜欢,这已经是一种历史的和现实的存在。它经历了阶级、时代的种种变异,却保有某种形式结构的稳定性,构成了某种民族文化和民族心理的特征,它有其不完全不直接服从、依赖于经济、政治变革的相对独立性和自身发展的规律。一方面,它不是某种一成不变的非历史的先验结构,而是历史地建筑在和制约于农业社会小生产的经济基础之上,这一基础虽历经奴隶制、封建制、半封建半殖民地各个阶段而并未遭重大破毁,宗法血缘关系及其相应的观念体系也长久保存下来……这正是使孔学这一文化—心理结构长久延续的主要原因。但另一方面,它既已成为一种比较稳定的心理形式和民族性格,就具有适应于各种不同阶级内容的相对独立的功能和作用,否认这一点,便很难解释一个民族的文化、心理、思想、艺术的所具有的继承性、共同性种种问题。历史主义固然不能脱离阶级分析,但阶级分析、阶级观点又并不能等同或替代整个历史主义。阶级性并不能囊括历史现象的一切。有些东西——特别是文化现象(包括物质文明和精神文明,也包括语言等等),尽管可以具有某种非阶级的性质,但却没有非历史、超社会的性质,它们仍是一定社会历史的产物,虽然并非某个阶级或某种阶级斗争的产物。在文化继承这个问题上,阶级性经常不是唯一的甚至有时也不是主要的决定因素。"①

李泽厚试图抛开孔子思想的社会属性,从"心理结构"研究孔子思想,在当时可谓是全新视角。李泽厚将孔子思想设定为一个"仁"的结构假说,这一假说将"仁"学结构分解为血缘基础、心理原则、人道主义、个体人格四个因素,认为"血缘、心理、人道、人格终于形成了一个以实践理性为特征的思想模式的有机整体。它之所以是有机整体,是由于它在这些因素的彼此牵制、作用中得到相互均衡、自我调节和自我发展,并具有某种封闭性,经常排斥外在的干扰或破坏"。如果这个假说得以成立的话,那么,孔子思想为何在中国传统文化中占据主导地位,而历次反孔批孔都没能动摇孔子思想的地位等此类问题就有了非常合理、又令人信服的解释。这种研究孔子思想的思路,无疑是一种启蒙。它的主要启示在于:他用结构分析法考察了孔子思想内部各种思想因素的联系,以及它们构成整体的结构和层次,从它们的有机联系中把握孔子思想自身的规定性,呈现出孔子思想的体系与精神。这样的分析一方面把《论语》散漫的记录,融合为一种内在统一的思想;另一方面则又深化历史唯物主义,找出中国文化—心理结构形成的因果关系,探索马克思主义者如何批判继承传统中国文化,走出一条具有中国特色的社会主义道路来。与以往的孔子研究文章相比,李泽厚对孔子的评价由原来孔子生存的外在条件及后世评孔的研究,转向了孔子思想本身,由孔子思想本身升发出孔子思想的影响,从而开辟了孔子思想研究的本体论之路。如果说,"文化大革命"后三年来对孔子研究是再评价的话,那么李泽厚的文章则是对孔子及思想的再认识。这就是李泽厚文章的价值之所在。所以台湾学者熊自健读到这篇文章后"深感有一股孔子研究的新潮要在中国大陆冒出"②,"李泽厚用结构分析法拓展了历史唯物主义的视野,打破拘禁中共学界的教条,较为全面而公允地提出一个包含多元因素、多层次交错依存的仁学结构。这种结构分析法启发许多大陆学者们的灵感,继续深入探讨孔子思想的结构"③。

匡亚明的《孔子评传》,是 20 世纪 80 年代初孔子及其思想再评价

---

① 李泽厚:《孔子再评价》,《中国社会科学》1980 年第 2 期。
② 熊自健:《中共学界孔子研究新貌》,台北文津出版社 1988 年版,第 1 页。
③ 熊自健:《中共学界孔子研究新貌》,台北文津出版社 1988 年版,第 14 页。

中最有影响力的著作之一。这部被称为"建国以来孔子研究中最为系统的学术专著"①,是作者"酝酿了四十多年"断断续续研究孔子的"初步研究成果",全面探讨了孔子的生平、社会背景、思想、业绩以及孔子学说对后世的影响,从而得出自己的见解,该书以其史料翔实、内容博大、见解新颖、逻辑严谨、文风朴实而显示出成果的鲜明特色。

在研究方法上,匡亚明提出了"三分法"。匡亚明认为,要把孔子思想分成精华、糟粕、精华与糟粕掺杂相间的三部分,精华部分可以拿来就用,对于糟粕部分要批判,对精华与糟粕掺杂的部分,要仔细研究,取其精华,去其糟粕。

在文献资料的处理上,匡亚明提出在文献资料的征引上要坚持既不迷古,也不盲目疑古的原则,在使用资料时既要做到宁缺毋滥,又要力求不遗弃可取的资料,尤其要区分历史上存在的本来面目的(真)孔子和后来人们出于不同目的而塑造的(假)孔子。前者是存在于中国历史上春秋后期的伟大的政治家、思想家、教育家、文献整理家的孔子,是布衣;后者是汉代以后人们人为造作的偶像,是素王。匡亚明从文献、考古和民族学三个方面论证了孔子所处的时代背景问题,并不顾高龄亲自到云南西双版纳进行田野调查,用活材料进行印证,认为"西周是领主制封建社会(初期封建社会),绝不是奴隶社会。正因为西周是封建社会,才能产生、才能说明孔子是封建社会的伟大思想家这一历史事实"②。"孔子思想渊源于西周领主制封建社会的各种传统,而直接孕育产生孔子思想的社会土壤则是从领主制向地主制过渡的春秋社会。"③

匡亚明认为,孔子的"仁",就是人与人之间关系的总和,是研究人之所以为人的、如何为人、人与人之间各种关系的协调和妥善处理可能出现的各种问题,以及人类的延续等的总的哲理概括。"仁"作为封建社会人与人之间关系的总和来说是包罗万象的,凡现代意义上所说的哲学思想、伦理思想、社会政治思想、教育思想、文艺思想以至音乐、体

---

① 颜炳罡:《五十年来孔子研究的回顾与展望》,《山东大学学报》1999 年第 3 期。
② 匡亚明:《孔子评传》,齐鲁书社 1985 年版,第 148 页。
③ 匡亚明:《孔子评传》,齐鲁书社 1985 年版,第 157 页。

育等方面,都统括在以仁命名的哲学思想中。[①]

匡亚明解释了自己用人本哲学概括孔子的"仁"学的四点理由:第一,孔子重人道轻天道,把人与人生看作他的仁学的根本问题;第二,孔子在当时能够达到的水平上,细密、深入地研究了人的本性,并且就此提出他有关改革社会各个方面的思想与政策;第三,孔子研究了人生的价值与意义的问题;第四,孔子研究了人类社会的发展和理想境界问题。

匡亚明认为,"仁"的人本哲学思想是孔子博大庞杂思想体系的总纲。"礼"是"仁"的表现形式,"中庸"是"仁"的方法论。孔子在两千多年前他所生长的社会条件所能达到的水平上,确实是一位视野广阔、思想深湛的大学问家。他不但建立了以"仁"为核心的人本哲学,而且以它为指导,建立了包括伦理、政治、教育等各门学说在内的一套相当完整的关于人类社会(自然只能是春秋时代的社会)的学问。在伦理学说方面,孔子以仁为内容、礼为形式,建立起包括众多德目在内的规范体系,强调了人的道德自觉与遵守礼制的统一,人道主义与等级宗法社会结构的统一。在政治学说方面,孔子以仁政礼治为根本原则,以体现仁道的小康、大同为政治理想,崇尚文德,贬抑暴力,设计了从修身到治国平天下的改良主义政治路线。在教育学说方面,孔子从仁爱出发,提倡有教无类的平民教育,以德育为主,包括智育、体育在内的全面教育,以期培养改良政治的德才兼备的治世能人。在天道观方面,他从高度重视人的世俗的道德生活出发,怀疑鬼神的存在和作用,提出"敬鬼神而远之"的现实主义观点。匡亚明指出,"仁"的观念在孔子思想中占有极其重要的地位,可以说"仁"是他的哲学,他的世界观,也是他的伦理道德学说、政治学说、教育学说,一句话,是他的全部博大庞杂的思想体系的"一以贯之"的总纲。

匡亚明认为,孔子思想的本质,就是仁学。仁学就是人性的学问,就是研究人性是什么,以及怎样做人的问题。这无疑是对孔子思想本质内容探求的回归——将过去以阶级分析法理解歪了的孔子思想"正本清源",还孔子思想为"做人"的学问。

[①] 匡亚明:《孔子评传》,齐鲁书社 1985 年版,第 27—28 页。

匡亚明指出，孔子的"仁"是强调人是活生生的、具有生物本性的个体生命。"仁者人也"是说人是人，不是神，不能靠祭肉的香味生活，而要实实在在地吃饭穿衣，这样才能维持生命，繁育后代。凡属人类，无论贵族、平民、农奴，莫不如此。他的"庶"的主张，就是要使广大民众不仅能生活下去，而且能生儿育女，增加人口。他的"富"的主张，则是要使民众的生活不限于维持生命、延续后代的水平，还要生活得富裕，也就是满足人们增长了的物质生活需要。孔子的"仁"，还强调人具有社会性。"仁者人也"，是说人是人，而不是普通的动物，人要生活在尊卑有序、亲疏有等的社会结构中。生活在带有宗法、等级制的君臣父子兄弟夫妇朋友等关系之中。任何个人都是这个结构中的成员，都是这个关系网上的一个纽结，因此都必须接受作为这个社会传统规范的礼的制约。孔子在政治上提出复礼、正名的主张，反对上对下的过分压迫，更反对下对上的僭越行为。孔子的"仁"，更强调人具有道德本性。"仁者人也"是说人的最高本性即是道德本性。道德对于人不是外在的、可有可无的东西，它乃是人类的本性。没有道德自觉、道德观念、道德生活，就不成其为人。人活着要吃饭穿衣，但是只会吃饭穿衣的，还不能算真正的人。因为这点不能把人和动物根本地区别开来。孟子说："人之所以异于禽兽者几希，庶民去之，君子存之。"人和禽兽只差一点点，这就是道德观念，君子与普通人不同之处就在于他有意识地保持道德观念。孟子的话，道出了孔子没有直接表述的思想，这就是物质生活对人固然重要，但那还不是真正的人的生活。人必须有充实的精神生活，进行道德的修养，这样才能使自己区别于动物，超越于动物，真正地做一个人。"仁是一切人的共同本性，因此它不仅具有伦理的意义，而且具有哲学的意义。这就是说，它是人的伦理道德原则（包括人道主义）的最终根据，人类社会政治原则的最终根据，也是人类社会变化发展的最终根据。在西方，不管文艺复兴时期的人文主义，还是启蒙运动和资产阶级革命时期的人道主义，作为历史观来说，都是唯心主义的。他们所说的人和人性都是抽象的人、抽象的人性。在他们看来，历史发展和社会进步的动力，似乎都应该是人类的善良天性或者人类的理性。孔子关于人性的思想,也同样如此。"①

这样,匡亚明就把孔子关于"做人"的原则还原为生活化的、不带任何附加条件的、孔子思想最本质最核心的内容,从而真正理解了孔子的思想精髓。匡亚明的《孔子评传》,"精彩之处不在于作者对方法论本身的反省与建构,而是他超出历史唯物主义的束缚,把握到孔子人格的伟大与不朽之处……匡亚明于《孔子评传》一书中,企图在不背离历史唯物主义之下,处处发扬孔子的伟大人格,赞誉孔子是一个言行一致、学识渊博、品德高尚的伟大思想家、政治家、教育家,他集以往文化思想之大成,开后世儒家学说之先声"②。

20世纪70年代末80年代初期发生的孔子及其思想再评价,不仅对当时的儒学研究起到了拨乱反正的作用,而且从某种意义上讲,直接影响到20世纪90年代的"国学热"。

(徐庆文)

---

① 匡亚明:《孔子评传》,齐鲁书社1985年版,第188—189页。
② 熊自健:《中共学界孔子研究新貌》,台北文津出版社1988年版,第18页。

关于儒学是否是宗教的争论

20 世纪 80 年代初及 90 年代,学术界对儒学是否是宗教这一问题①进行了争论。

1978 年,任继愈在中国无神论学会成立大会上,提出"儒教是宗教"的观点。其后,任继愈又在《论儒教的形成》、《儒家与儒教》等文章中进一步阐述了儒学是宗教的观点,认为春秋时期孔子创立的儒家学说,本来就是直接继承了殷周奴隶制时期的天命神学和祖宗崇拜思想,并发展形成的。从汉代董仲舒开始至宋明理学的建立,经历了千余年的时间,形成了不具宗教之名而有宗教之实的儒教。从汉武帝独尊儒术起,儒家已具有宗教雏形。但是,宗教的某些特征,尚有待于完善。经历了隋唐佛教、道教的不断交融,互相影响,又加上封建帝王有意识地推动,三教合一的条件已经成熟。宋明理学以儒家封建伦理为中心,吸取了佛教、道教一些宗教修行方法,标志着中国儒教的完成。它信奉的是"天地君亲师",把封建宗法制度与出世的宗教世界观有机地结合起来。宗教的教主是孔子,其教义和崇奉的对象为"天地君亲师",其经典为儒家六经,教派及传法世系即儒家的道统论。儒教在古代曾有过功劳,因为它为巩固大一统的封建王朝起过积极作用。但儒教给中国历史带来了具有中国封建宗法社会特点的宗教神权统治,给中国人民

---

① 儒学是否是宗教? 20 世纪初期康有为等人极力主张孔学就是孔教,为此建立了孔教会等团体,欲将孔教定为国教。当时影响很大,也受到许多学者及政界人士的批评。20 世纪 80 年代初及 90 年代关于儒学是否是宗教的争论与孔教会无关,是纯学术问题的争论,没有任何政治色彩。

带来的是灾难、是桎梏、是毒瘤,是封建宗法专制主义的精神支柱,是使中国人民长期愚昧落后、思想僵化的总根源。①

任继愈提出的"儒教是宗教"的观点受到许多学者的质疑。

李国权、何克让认为,孔子的"天"不是上帝的天,不是虚幻的精神世界。他说过"天何言哉? 四时行焉,百物生焉,天何言哉?""天"是不断运行的自然界,这与《易传》的唯物主义思想是符合的。凡信天者,笃信冥冥之中神的支配力量,而孔子十分强调人的主观努力,尊重人的意志。若再结合孔子对鬼神的存疑,绝口不谈鬼神的问题,我们看到的儒家的"天命观",是对殷周的祖宗崇拜天命神学的怀疑和否定。儒家学说从其原始形态来看,发展的可能性是多样的。姑以任文所指的这条唯心主义发展线索来考察,的确为封建宗法制度提供一套理论,但封建政治、封建伦理等道德理论不是宗教。哲学唯心主义为宗教开放绿灯,提供方便。但是,这仅仅是提供方便,或者说哲学唯心主义仅仅是起着保护宗教的作用,而本身绝不是宗教。②

冯友兰认为,中国本来所谓三教的那个教,指的是三种可以指导人生的思想体系,这个数字,与宗教这个名词的意义不同。在封建社会中,宗教、儒家都是为统治阶级服务的。但是,上层建筑也分为许多部门,各部门各有自己的特点。宗教的一些特点,一个思想流派是可以有的,但不能说,因为有这些情况,一个思想流派就是宗教。至于说到精神世界,那也是一种哲学所应该有的。不能说主张有精神世界的都一定是宗教。如果那样说,古今中外的哲学流派的大多数都可以称为宗教了。问题不在于讲不讲精神世界,而在于怎么讲精神世界。如果认为所谓精神世界是一个具体的世界,存在于人的这个世界以外,那倒是可以说是宗教的特点。但是道学所讲的儒家思想,恰好不是这样。道学不承认孔子是一个具有半人半神地位的教主,也不承认有一个存在于人的这个世界以外的、或是将要存在于未来的极乐世界。道学,反对这些宗教的特点,怎么反而成了宗教了呢?③

崔大华认为,儒家学说不是由殷周宗教思想发展而来,而是从西周

① 任继愈:《论儒教的形成》,《中国社会科学》1980 年第 1 期。
② 李国权、何克让:《儒教质疑》,《哲学研究》1981 年第 7 期。
③ 冯友兰:《略论道学的特点、名称和性质》,《社会科学战线》1982 年第 3 期。

的伦理道德思想发展而来。孔子所继承的不是"殷周的宗教思想",而是"周人的伦理道德思想";孔子宗教观念淡薄,其理论取向是"伦理"的,而非"宗教"的。儒家学说作为一种伦理思想体系,其从先秦儒家到宋明理学的发展,不是"造神运动"。宋明理学虽然受到佛学、道教或道家思想的深刻影响,但是其理论核心仍是儒家传统的伦理观念,而非作为宗教思想本质特性的"神"和"彼岸"的观念;它既不是宗教,也不具有宗教属性。[①]

李锦全认为,儒家虽然主张神道设教,但它本身只是讲道德伦理的教化作用,并没有形成宗教信仰。宋明儒学以气质之性为罪恶的起源,然而极本穷源的天命之性与本心,他们认为还是善的,这与宗教的"原罪"说不同。[②]

也有学者认同或基本认同任继愈"儒教是宗教"的观点。

何光沪认为,儒教尊奉"天地君亲师",这个"天",不是自然的天,而是"天佑下民,作之君,作之师"的天,是"天叙有典"、"天秩有礼"、"天命有德"、"天讨有罪"的天,是"天监在下,有命既集"的天,是万物的主宰,是有意志的神。很多人反对"儒教"说,主要理由之一是,"天"不具有人格性,所以不是神。姑不论这是以对神的十分狭隘的、以基督教为标准的界定(神必须具有人格性)为前提的,也不论基督教的神的"人格性",并不是他们所理解的那种人格性,并不是对其上帝的本质性界说,就以这一说法本身而论,也是站不住脚的。孔子的"予所否者,天厌之!天厌之!"、"天丧予!天丧予!"、"天之未丧斯文也,匡人其如予何?"等说法中的"天",不可能是没有人格的天,否则也不会有"丘之祷久矣"之说。归根到底,对丝毫不具人格性的"天"是无法祷告,也不必设立牌位的,因为这种天与人无法相通,当然也就不是宗教的神了。但儒教的"天"绝非与人的无法相通。[③]

李申认为,中国古代文化的各个方面,乃是一个相互关联的整体。这个整体,有统有宗,儒教,就是整个中国古代文化的统和宗。儒教,不仅总统着一切方面,而且把它的精神贯彻到这各个方面之中,构成了中

①　崔大华:《"儒教"辨》,《哲学研究》1982 年第 6 期。

②　李锦全:《是吸取宗教的哲理,还是儒学的宗教化?》,《中国社会科学》1983 年第 3 期。

③　何光沪:《多元化的上帝观》,贵州人民出版社 1991 年版,第 5 页。

国古代文化的大背景,其他一切文化建树,都须以儒教精神为出发点,也以儒教精神为归宿。只有弄清了儒教问题,才能更加深刻地理解中国传统文化。因此,我们研究传统文化,就要"以儒教是教立论"。[①]

20 世纪 90 年代,关于儒学与儒教问题的争论又一次成为学者关注的热点。

1996 年 6 月 24 日,成中英就"儒学与宗教问题",与中国社会科学院历史研究所、宗教研究所的学者进行对话。

成中英认为,宗教作为对人的巨大吸引力,是因其具有相当大的超越性。儒家的超越并没有延伸到出世的程度,没有把传道(教)工作组织起来,不是一宗教。[②]

姜广辉认为,儒学是一种非宗教的信仰,具体可定义为"意义的信仰"。儒学的信仰与一般宗教相比较,有两个显著的特点:一是此岸性。意义就在于生活,礼仪规范被儒者视为生活的价值准则,儒者努力使之习俗化、自然化,使生活和意义统一起来,而对彼岸世界不感兴趣。二是包容性。宗教信仰总是强调唯一性、排他性。而意义的信仰则强调"道并行而不悖","殊途而同归"。儒家的《六经》根本在"礼",人们常以"礼教"作为儒家儒教的代名词,儒学主要是讲"道德仁义"。孔子说"克己复礼,天下归仁",所以我们无论称儒学为礼教也好,仁学(或人学)也好,它实际是一种"意义的信仰"。[③]

卢钟锋认为,宗教作为一种精神文化现象,其本质特征应在于它的彼岸性,在于它的"出世"思想。儒学从创立之日始,就以重人伦、尚经世而见称于世。孔子罕言"性与天道"、"敬鬼神而远之",与超验的存在保持着距离。这说明超越性不是孔子的思想特点,也不是孔子的思想追求,孔子的思想特点是重"尊尊"、"亲亲"的人伦,尚"礼治"的经世之道。孔子的思想追求不在超越的精神层面,而在历史的层面,即在恢复"三代"之治。孔子的这些思想特点为历代儒家所继承和发扬,它反映

① 李申:《〈中国儒教史〉自序》,《中国哲学史》1997 年第 4 期。
② 吴锐:《儒学与宗教性问题——成中英与中国社会科学院专家对谈纪要》,《现代传播》1996 年第 6 期。
③ 吴锐:《儒学与宗教性问题——成中英与中国社会科学院专家对谈纪要》,《现代传播》1996 年第 6 期。

了儒学的伦理政治一体化的本质特征。儒学这一本质特征具有鲜明的现实性即"此岸性",它同宗教的"彼岸性"的本质特征形成强烈的对比。在认识方法上,孔子主张"每事问",主张"学而时习之"、"温故而知新",主张"知之为知之,不知为不知"……这是一种务实反虚的理性主义态度,它与宗教的反实证、非理性主义的态度,显然是对立的。儒学虽历经变迁,但它的重人伦、尚经世的思想传统,它的伦理政治一体化的本质特征没有改变,而这正是儒学之区别于宗教的根本所在。①

1998 年,《文史哲》杂志组织"儒学是否宗教"笔谈。

张岱年认为,假如对于宗教作广义的理解,虽不信鬼神、不讲来世,而对于人生有一定理解,提供了对于人生的一定信念,能起指导生活的作用,也可称为宗教。则以儒为宗教,也是可以的。孔子不语怪力乱神,言生而不言死,在这一意义上,孔子学说与其他宗教不同。然而孔子提出了人生必须遵循的为人之道,使人民有坚定的生活信仰。在这一意义上,孔子学说又具有宗教的功用。可以说孔学是一种以人道为主要内容、以人为终极关怀的宗教。②

季羡林认为,宗教的四个条件:一要有神;二要有戒约;三要有机构或组织;四要有信徒崇拜信仰。拿这四个条件来衡量一下孔子和他开创的儒学,则必然会发现,在孔子还活着的时候以及他死后相当长的一段时间,只能称之为"儒学",没有任何宗教色彩。到了唐代,儒、释、道三家就并称"三教"。到了建圣庙,举行祭祀,则儒家已完全成为一个宗教。因此,从"儒学"到"儒教"是一个历史演变的过程。③

蔡尚思认为,原始的儒学,第一,是学而不是教;第二,这种教也是教育、教化而不是宗教、神教;第三,儒主要是宗法、礼教、礼治,其次才是礼仪,礼仪也是与宗法礼教有密切的关系;第四,儒学本身不是宗教。如果硬要把它宗教化,当然也有些先例可援。但究竟都是没有道理而不合事实的,宗教最大特点是有他界与未来世等,孔学却根本没有。儒

---

① 吴锐:《儒学与宗教性问题——成中英与中国社会科学院专家对谈纪要》,《现代传播》1996 年第 6 期。

② 参见《"儒学是否宗教"笔谈》,《文史哲》1998 年第 3 期。

③ 参见《"儒学是否宗教"笔谈》,《文史哲》1998 年第 3 期。

学不是宗教,却起了比某些宗教还要大的作用。①

郭齐勇认为,儒学就是儒学,儒家就是儒家。它是入世的、人文的,又具有宗教性的品格。你可以说它是"人文教",此教含有"教化"和"宗教"两义。它虽有终极关怀,但又是世俗伦理。它毕竟不是宗教,也无需宗教化。②

张立文认为,儒学既然有很深厚的天命的宗教根基,又具有终极关切和灵魂救济的内在超越的品格和功能,儒学自身已具备精神化宗教的性质(或称其为智慧宗教)。③

李申认为,说儒教是教化之教,不是宗教之教,是把教化看做今天的教育。其实教育也有两种,世俗的教育是教育,宗教的教育也是教育。名词本身决定不了事物的性质,说儒教是教化之教并不能够说明儒教就不是宗教,问题要看是否在神的名义下进行教化。教化作为一个特定的概念,是儒教所大力主张的。在孔孟的著作中,一般的只讲"教"。到董仲舒,不仅明确提出了教化的概念,而且有着重的论述。孔子既没,儒者仍存。儒者之行政治、行教化,乃是承天之命,遵伏羲、神农等先王之道,继孔子未竟之业。这样的教化,就是作为宗教的儒教的教育,而不是普通的世俗教育。结论:儒教是教化之教,这教化之教就是宗教之教。④

(徐庆文)

---

① 参见《"儒学是否宗教"笔谈》,《文史哲》1998 年第 3 期。
② 参见《"儒学是否宗教"笔谈》,《文史哲》1998 年第 3 期。
③ 参见《"儒学是否宗教"笔谈》,《文史哲》1998 年第 3 期。
④ 参见《"儒学是否宗教"笔谈》,《文史哲》1998 年第 3 期。

中国孔子基金会

中国孔子基金会(China Confucius Foundation)是由国家拨款作为启动资金支持的全国性乃至国际性的学术基金组织。基金会旨在通过募集基金,组织或支持国内及海外儒学研究,为弘扬祖国优秀传统文化、建设有中国特色的社会主义精神文明服务,为增进海内外华人团结、促进各国文化交流服务。

1984 年 9 月,中国孔子基金会在谷牧指导下,经中共中央批准在山东省曲阜市成立。其后,基金会移到北京。1996 年 8 月,根据中共中央和国务院的指示精神,由北京转回济南,受中共山东省委领导。谷牧为名誉会长。

中国孔子基金会自成立以来,先后在海内外举办了一系列重大的学术研讨与文化交流活动,使孔子、儒学广泛传播,学术研究领域深入发展;加强了基金管理与募集工作;大力发展文化产业和文化事业,为社会文明事业作出了应有贡献,受到中央政府及社会各界高度重视和大力支持,在组织和推动孔子、儒学及中国传统思想文化研究方面做了大量的工作。具体有以下几点:

第一,基金会先后举办了一系列全国性及国际性学术研讨会。规模和影响比较大的有:1985 年的孔子研究学术报告会,1986 年的《孔子研究》杂志首届春季学术讨论会,1987 年与新加坡东亚哲学研究所在曲阜联合召开的"儒学国际学术讨论会",1989 年的"孔子诞辰 2540 周年纪念与国际儒学学术讨论会",1994 年的"孔子诞辰 2545 周年纪念与国际学术讨论会",1999 年的"纪念孔子诞辰 2550 周年国际学术讨论会"等。这些会议邀请与组织海内外专家、学者就"儒学与 21 世纪"、"儒学与当代道德建设"、"儒家中和思想与世界和平"、"儒家思想与当代诚信建设"等重要学术理论问题进行深入研讨,在海内外产生了广泛影响。江泽民、李瑞环、李岚清等中共中央领导人曾出席会议讲话或接见与会代表。

第二,组织编辑出版了一批孔子、儒学研究方面的著作和期刊,包括《中国孔子基金会文库》和《孔子研究》等。其中,《孔子研究》是中国孔子基金会主办,专门反映孔子、儒学和中国传统思想文化诸方面最新最重要研究成果及学术动态的国际性中文学术期刊。《孔子研究》于1986 年创刊,创刊的宗旨是"提倡不同学派不同观点的讨论和交流,以推动孔子、儒家和中国传统文化思想的研究工作"①。《孔子研究》注重遵守学术规则,提倡严谨、扎实的学风,赞成不同学派、不同学术观点之间自由平等、相互尊重的交流、讨论和争鸣,支持有新突破、新贡献的创造性研究,坚持以学术价值和学术水平作为取舍稿件的基本标准。《孔子研究》主要刊登研究孔子、儒家和其他各学术流派的哲学、政治、经济、道德教育、宗教等思想的学术论文,国内外有关的学术动态和资料介绍、书评、文摘,有关孔子、儒家和其他各学派思想家的生平事业的文物、史迹介绍、历史资料等。多年来,《孔子研究》坚持"致力于推动孔子、儒学及中国传统思想文化的研究工作,总结继承古代丰富、珍贵的文化遗产,繁荣学术,古为今用,为建设有中国特色的社会主义文化服务"的办刊方针,以其高质量、高水准、高品位赢得了社会各界的好评,在海内外享有较高的声誉。

第三,赞助和支持了国内部分学术机构、学术团体的建立及其活动,发起和筹建了国际儒学联合会。

第四,组织和参与了众多海内外学术交往活动,先后与中国香港的孔教学院,中国台湾的孔孟学会、鹅湖月刊社、孔圣会以及韩国的成均馆、日本的筑波大学、德国的阿登纳基金会等组织、团体建立和发展了学术合作关系,并且与俄罗斯东方研究中心、美国哈佛大学亚洲研究中心、日本儒学传播协会、韩国东方文化振兴会、马来西亚孔学研究会等

---

① 谷牧:《〈孔子研究〉发刊词》,《孔子研究》1986 年创刊号。

国际著名学术团体建立了经常性联系,使学术交流活动更加深入扎实。

第五,与北京远望公司联合制作发行了孔子金像,与新华社山东分社合作出版发行了金版《论语》。在与曲阜师范大学合办孔子文化大学、着手编辑《儒学年鉴》的同时,积极筹备中国儒学文化出版社和出版《大众儒学》,不断扩大优秀传统文化建设事业。

第六,与华夏银行济南分行合作,发行华夏孔子认同卡及创设孔子文化投资基金,扩大基金实力,为搞好学术文化服务。

(徐庆文)

中国文化书院

中国文化书院是冯友兰、张岱年、朱伯崑、汤一介等学者发起，联合北京大学、中国社会科学院、中国人民大学、清华大学、北京师范大学等单位及港台地区和海外的数十位著名学者，于1984年10月在北京创建的一个民间学术研究和教学团体。

中国文化书院的宗旨，是通过对中国传统文化的研究和教学活动，继承和阐扬中国的优秀文化遗产；通过对海外文化的介绍、研究以及国际性学术交流活动，提高对中国传统文化的研究水平，并促进中国文化的现代化。书院以培养从事研究中国传统文化、哲学、历史、文学等的中外青年学者为主要目标，通过书院所组织的各种教学与研究活动，使他们加深对中国文化的理解和内在的感受能力；同时，在熟悉中国文献的基础上，较为系统地掌握中国传统文化发展、演变的脉络及其精神内涵。在书院所组织的各项活动中，遵循百家争鸣的原则，学者们完全自由地根据其个人立场进行学术研讨和教学。中国文化书院是民间团体、自立团体，书院经费全部通过收费办学和接受个人及团体资助等方式自筹。中国文化书院由院务委员会、学术委员会、理事会及下设的各分院组成。书院最高领导机构是由导师推举产生的院务委员会。院务委员会主要负责院务的决策及人事任免事宜。院委会下设执行委员会，处理院委会的日常工作。书院学术委员会负责书院学术研究、学术交流及教学活动的规划与实施。书院下设的各分院有绿色文化分院、企业文化研究院、中国文化书院杭州分院、影视传播研究院等。

中国文化书院成立以来，围绕中国传统文化这一主题，开展过多种文化教学和学术研讨等活动。教学方面,1985 年至 1989 年,举办过"中国传统文化"、"中外文化比较"、"文化与科学"、"文化与未来"等短期讲习班、进修班共 20 多期;1987 年至 1989 年,举办了两年制的"中外文化比较研究"函授班。这些都由书院导师或书院邀请的国内著名学者亲自讲课,或编写函授教材。书院的教学活动曾产生较大的社会影响。"中外文化比较研究"班在全国有 1.2 万余名函授学员,分布于几乎所有省、自治区、直辖市,书院导师曾几次分别到全国十多个中心城市去对各地学员进行面授。一些导师的讲课还由中央电视台录制成教学专题片在全国播放,引起很大反响。此外,书院还曾和其他部门或单位合作,举办过多期有关经济管理、行政管理、环境保护、法制教育等专业性中、短期培训班,都取得了很好的效果。学术交流方面,书院举办了多次较大规模的国际学术会议,如 1987 年 10 月的"梁漱溟思想国际学术讨论会"、1988 年 10 月的"中日走向近代化比较研究国际学术讨论会"、1989 年 5 月的"纪念五四运动七十周年国际学术讨论会"和"中国宗教的过去与现在国际学术讨论会"、1990 年 12 月的"纪念冯友兰先生诞辰九十五周年国际学术讨论会"以及 1993 年 1 月在福建泉州与泉州黎明职业大学和福建省闽台经济文化交流促进会共同举办的"东亚地区经济文化互动国际研讨会"等。这些学术会议除大陆各地学者、专家外,还有多位来自港台地区以及美国、日本、法国、意大利、加拿大、澳大利亚、苏联、新加坡、韩国、菲律宾、以色列等国的学者参加。各次会议在学术界都产生了很大影响。此外,书院还曾邀请过许多位港台地区和海外的著名学者如王晓波、胡秋原、魏斐德、巴姆等到书院举行小型座谈会、讲演会,进行学术交流。书院是大陆最早与台湾地区学术界建立交流关系的机构之一。出版方面,由书院编辑的《中国文化书院文库》,其"论著类"、"讲演录类"、"资料类"及书院函授班教材等百余种图书已经出版,其中包括《中国文化研究年鉴》、《梁漱溟全集》、《中国文化与文化中国丛书》、《港台海外中国文化论丛》、《魏晋南北朝思想文化丛书》等。由书院举办的历次学术会议的论文集也正在陆续编辑出版,如《五四运动七十周年国际学术讨论会》的会议论文已经在中国大陆、香港和台湾地区分别出版;《中国宗教的过去与现在》已由北京大学出版社出版;《纪念冯友兰先生诞辰九十五周年国际学术讨论会论文集》也由北京大学出版社出版。书院还制作了《梁漱溟》、《冯友兰》、《季羡林》、《张岱年》等几部关于导师学术生活的录像资料片。

中国文化书院是改革开放后中国最早创办的颇有影响的纯民间的学术文化团体。书院集中了大批国内外研究中国文化的一流学者,举办过多次国际性学术会议,多次参与在全国各地召开的各种学术会议,开展讲习班、进修班、函授班等多种文化教学活动,对弘扬传承中华文化,推动中国文化走向现代、走向世界,推动中国的学术繁荣起了积极的作用。书院通过各种形式教学活动培养出许多优秀的青年学者,今天活跃在学界的知名学者许多都是当年中国文化书院的学生,书院已经成为一个培养中国文化研究人才的重要基地。中国文化书院的这种纯民间办学体制,对今天中国教育的发展也有着重要的借鉴意义。

（法　帅）

80 年代"文化热"中的儒学

　　20 世纪中国曾经出现过两次"文化热"。新文化运动是第一次,80 年代是第二次。两次"文化热"讨论的问题大致相同,即如何对待传统文化与西方文化以及传统文化如何适应时代变化的问题。

　　20 世纪 80 年代兴起的"文化热",是对"文化大革命"时期反文化现象的反思。1978 年 5 月,中国大陆发生了一场关于真理标准问题的大讨论。随之,知识分子阶层开始涌起思想解放的启蒙运动。由于新中国成立近 30 年来大陆运动不断,知识的断层和知识分子知识匮乏及学术荒废现象比较严重,所以,思想解放运动一开始,知识分子就迫不及待汲取知识,提高自身文化素质。正因为如此,从 1980 年开始,大陆知识分子见到有关文化的书籍,便有一种崇拜、研究的欲望。由于"文化大革命"时期中国大陆从上到下拒斥马克思主义以外的所有文化,一方面使马克思主义变成刻板的教条,另一方面也使大陆知识分子因产生了文化饥渴现象,见到马克思主义以外的文化便有一种好奇、崇拜以及汲取的欲望。"我们解放后的文化研究可以说是一片荒漠,几无成绩可以欣慰","从 1949 年到 1981 年,大陆仅出版了蔡尚思的《中国文化史要论》和李泽厚的《美的历程》两种文化论著。而且前者只是重在文献评介,后者则是美学著作"。①

　　"文化大革命"结束后,之前被打倒的一批"党内理论家"(如周扬、于光远、王若水、黎澍等)复出,他们主持清算"文化大革命"、反思党史,

----

　　①　参见夏杏珍主编:《五十年国事纪要》(文化卷),湖南人民出版社 1999 年版,第 497 页。

并开展真理标准问题讨论,组织人道主义与异化问题辩论。在学术界,1978 年,复旦大学历史系设置了中国思想文化史研究室。1979 年,中国社会科学院近代史研究所筹建近代文化研究室。1982 年 10 月,中国科学院《自然辩证法通讯》杂志社在成都召开"中国近代科学落后原因"学术讨论会,从文化研究角度探讨传统文化能否适应现代化问题。同年 12 月,联合国教科文组织《人类科学与文化发展史》中国编委会与复旦大学《中国文化研究集刊》编委会在上海举行"中国文化史学者座谈会",讨论如何填补文化史研究的空白问题。从 1984 年开始,一批比较纯粹的学者被推到理论界的前台。李泽厚的"三大思想史论"(《中国古代思想史论》、《中国近代思想史论》、《中国现代思想史论》),庞朴的《"中庸"平议》,王元化主编的"新启蒙丛书"等,引导当时知识界的理论走向,也把"文化热"推向纵深层次。也因此,这几位学者成为 80 年代"文化热"的重要代表人物。

从 1984 年开始,关于文化的各种问题逐渐提出,并出现了各种观点的分野,文化研究成为热点而凸显。1984 年上半年,新中国第一批文化史研究专刊《中国文化研究集刊》、《中国近代史文化史研究专辑》问世;下半年,《中国文化史丛书》、《中国近代文化史丛书》出版。同时,各大报刊纷纷开辟专栏,开展"中国文化与现代化"等问题的讨论,"中国近代文化史讨论会"、"东西方文化比较研究学术讨论会"、"东西方文化比较研究协调会"、"首届国际中国文化学术讨论会"等进一步推动了文化研究的热潮。

然而,80 年代"文化热"的中心是反传统,在文化热潮不断涌动的同时,各种文化思想和观点也纷纷被翻译和介绍。80 年代"文化热"对各种"主义"(比如马克思主义、存在主义、弗洛伊德主义)兴趣浓厚,对精神和文化的偏爱大大超过对制度安排的探索,人们追求深刻性、基础性、系统性,而较少表现出对现实性、直接性的焦虑,这一时期的显学是美学。

80 年代的"文化热"的主流是肯定和追求现代化,重新拾起新文化运动时期所提出的启蒙、科学、民主、理性等价值,前卫的青年学人不顾中国基本上处于前现代状况的国情,硬要跳过现代,与西方的最新潮流接轨。

1988 年,中央电视台播出政论片《河殇》,在中国知识分子层面引起了很大轰动。《河殇》效仿屈原的《国殇》而命名,意为黄河之死。主要表达了一个中心意思,就是否定中华五千年文明,把中华文明说成是"黄色文明",把西方文明说成是"蓝色文明",认为黄色文明是大陆文明,就是封建专制,蓝色文明是海洋文明,就是民主和自由。并认为中国应该抛弃有五千年历史的黄色文明,推行西方的蓝色文明。该片分为六集,分别为《寻梦》、《命运》、《灵光》、《新纪元》、《忧患》和《蔚蓝色》。由对中华传统的黄土文明进行反思和批判入手,逐步引入对西方蔚蓝色文明的介绍,对包括"长城"和"龙"在内的许多长期被中国人引以为荣的事物进行了无情剖析和嘲讽,通过黄河黄浊的水流,及黄河两岸贫困荒凉的历史和现实景象,刻意渲染中华民族在黄色文明的摧残下如何落后,与在蓝色文明滋养下的西方发达国家差距如何之大,表达对西方民主文明的向往。

于是,"文化热"的主题转变成"全盘西化"和"反传统"。与此相对应的是知识分子掀起一股强劲的民主、自由的"西化"思潮。四川人民出版社率先在 20 世纪 80 年代初期出版了百余本的"走向未来丛书",以自然科学研究者为核心,大力弘扬科学精神与方法,努力结合最新科学成果构建新的历史观和世界观,其中大部分是翻译介绍当今世界新的科技、人文、社会科学和政治法律方面的著作。上海译文出版社紧跟着出版了"现代西方哲学译丛",其中卡西尔的《人论》使中国学界对人和人的观念的思考、人的自身价值的思考找到了一个突破口。其后,三联书店推出《文化:中国与世界》、"学术文库"、"新知文库"丛书,翻译出版近百部西方近现代典籍,更推动了 80 年代中国思想界"西化"的进程。人们不仅接触到了康德、新康德主义,黑格尔、新黑格尔主义,也接触到现象学、解释学、弗洛伊德主义、存在主义、西方马克思主义、分析哲学以及现当代政治学、法学、教育学、历史学等。

在"文化热"中,与激进的青年主张西化论相反,部分学者主张文化守成。1984 年 10 月,冯友兰、张岱年、朱伯崑、汤一介等学者发起并创建了"中国文化书院"。该书院通过邀请著名学者讲学、举办学术研讨会、出版传统文化丛书等方式宣传中国传统文化,试图说明中国的现代化,不能脱离传统文化。与此同时,从事儒学研究的学者们积极回应着中西体用问题、传统文化与现代化关系问题等"文化热"的主题。

一是中西学的体用之争。20 世纪 80 年代后期的"文化热"中,随着对外开放的扩大,西方思潮在意识形态领域向国内渗透,国外和港台地区现代新儒家的"反哺"以及一大批年轻学者踊跃地加入对学术思想探究,加之一段时间内普遍出现的价值迷失、信仰危机和道德滑坡,使得在传统文化的学术研究中,表现出日趋多样的趋势,而这种多样化趋向围绕着"中西体用"论展开。传统文化与西化关系又成为知识分子讨论的热点。李泽厚提出的"西体中用"说具有代表性。他认为,"所谓'西体'就是现代化,就是马克思主义,它是社会存在的本体和本体意识。它们虽然都来自西方,却是全人类和整个世界发展的共同方向。所谓'中用',就是说,这个由马克思主义指导的现代化进程仍然必须通过结合中国的实际(其中也包括中国传统意识形态的实际)才能真正实现。这也就是以现代化为'体',以民族化为'用'"①;"体是社会存在的本体,即生产方式、生活方式。所谓西体,主要是以西方为先驱的大工业生产的社会存在……中体西用的最错误的就在于认为科技是用而不是体,其实科技恰恰是体。因为科技理性是与社会存在,与生产力、生产方式联系在一起的。商品经济的发展,必然引起价值观念、行为模式、道德标准、思维方式等一系列观念的改变,这也进一步说明了社会的生产方式是体"②。与李泽厚观点相抗争的是西化派的观点,他们认为,"纵观中国近、现代历史和思想史,不难看出,人们对中华民族现代化的认识和实践正是经历了一个从表层西化到深层西化、从部分西化到整体西化的逐渐深化、发展的过程";"'西化'是改造中国传统文化所必需的,是改革和现代化的要求";"封建主义残余成为我们社会发展的最大障碍和内阻力,是破坏我们机体的最大的隐患。我们时时批资本主义、修正主义,却往往是用比它们还落后的封建主义来批的";"'西化'的根本目的就是对中国传统文化进行根本性的改造……要彻底改造中国传统文化,这在中国历史上更是开天辟地第一次,这种惰性的危害可想而知,必须采取'西化'这种态度和方法不可"。③

---

① 李泽厚:《中国古代思想史论》,人民出版社 1985 年版,第 317 页。
② 李泽厚:《论西体中用》,《团结报》,1986 年 9 月 27 日。
③ 张允熠:《中国文化与马克思主义》,山西教育出版社 1999 年版,第 364—365 页。

　　"中西体用"的争论与全盘西化论的复活,激起了研究儒学的学者的奋勇反击,也使得孔子研究向儒学研究转化。学者们挖掘传统儒学价值资源,反击西方科学理性为人类带来的各种困惑和弊病,引起学人的共鸣。这一倾向在 20 世纪 90 年代迅速形成一股势力强大的"国学热"。"文化热"的另一个结果是现代新儒家研究的迅速兴起,诚然这与现代新儒家关注人类生命的命脉不无关系,但是,"文化热"也从另一方面促进了这种研究的横向展开与纵向深入。

　　二是儒学与现代化的关系。这是儒学研究走向现实生活的一个生动而具体的"果实"。由孔子创立的儒家思想还能否适应现代社会? 它与以西方工业化为主的现代化能否兼容和并存? 这些问题在 20 世纪 80 年代后期的学术界展开激烈的争论,学者所持的观点在逻辑上几乎穷尽各种可能。有的学者认为,儒学有许多好的东西可供选择,但从总体结构及功能评价上来看,儒学与现代化是不相容的;有的学者认为,儒学把一切都伦理化,重古贱今、重义轻利、重农贱商,它的结构系统以及与此相适应的价值体系,与现代化需要格格不入,甚至完全对立,因而要彻底重建。有的学者反对儒学重建说,主张复兴儒学,认为西方国家在现代化的过程中出现的负面现象,只有通过儒学的复兴才能加以救治,儒学的精神是人文主义的,是入世的,要参与现实政治,但又不是现实政治势力的一个环节。儒学有着相当浓厚的批判精神。为了廓清"迷失了的道德",为人的存在找到人生坐标,克服信念失落和意义危机,必须以"意义的追求"为基本努力方向,全面复兴儒学。大部分学者主张批判继承说,认为儒学屹立于中华民族两千年之久,其中必有其延续发展的思想基础,儒学中的宇宙论、认识论、历史观都具有智能价值,儒学的人性论、人生论、价值观、生死观具有道德价值,这些应该赋予其新的时代精神,并使它走向世界。

　　儒学与现代化关系的讨论,作为中国现代化进程中学者对传统文化的批判性反思,使儒学这一高高在上的"形上"思想走向"形下"的现实生活,为儒学在现实生活的扎根架起了一座桥梁。

　　从传统文化研究中的中西体用的争论、儒学与现代化关系的探讨中,学者们已不再片面停留于孔子思想的纯学术研究,而是转向了儒学价值资源与现代社会的各种关系,从这些关系中寻找儒学的价值、地位、发展方向、目标,这无疑是一种学术自觉的行为。更难能可贵的是,这些成果是学者们通过对过去的反省而取得的,并没有受到学术以外的因素的干扰。如果说,新中国成立 30 年来孔子乃至儒学的研究走了一个低谷,20 世纪 70 年代末到 80 年代中期是对低谷的反思和觉醒的话,那么 20 世纪 80 年代后期的"文化热"时期,则是儒学研究开始走上一条新路,即儒学开始与现代文明对话,挖掘儒学价值资源,疏解当代社会的困惑和问题,确立儒学自身的价值和地位。

（徐庆文）

90 年代"国学热"

20 世纪 90 年代,在中国大陆知识阶层兴起了读传统文化类书籍的热潮,同时许多国学研究机构成立,民间诵读经典活动展开。这些现象被称为"国学热"。

20 世纪 80 年代的"文化热"的主题是反传统。随着一波波西方思想的译介,中国大陆知识分子沉醉于西方思潮中,唯意志主义、存在主义、弗洛伊德主义等曾经影响了几乎所有的人文知识分子。这种浮于表面的热度使知识分子对于西方文化思想出现了盲目崇拜。另一方面,人文知识分子又无法对这些思想进行合理的消化与吸收,囫囵吞枣、一知半解的现象非常严重。进入 90 年代后,知识分子开始反思 80 年代"文化热"现象,认为盲目崇拜西方文化并不适合中国国情,而中国的传统文化则更能得到民族认同。

1989 年底,《光明日报》的陶铠、李春林、梁刚建与辽宁教育出版社的俞晓群商定组织出版"国学丛书"。1990 年底"国学丛书"推出第一批书目,这可以说是重提"国学"概念的先声。主编张岱年认为,"中华民族屹立于世界东方,创造了灿烂光辉的中国文化,对于世界文化作出了巨大的贡献。古语云:'国有与立。'我们中国必有其足以立国的思想基础。这立国的思想基础即是中国传统学术中的精湛思想"。"学术研究的最重要的任务是开拓认识真理的道路,揭示前人尚未发现的真理。要将自古以来中国学术的优秀成果昭告国人,借以启发热爱祖国的崇高感情。"①

　　1992 年 1 月,北京大学中国传统文化研究中心成立。1993 年 5 月,研究中心出版了《国学研究》年刊第 1 辑。研究中心的成立和《国学研究》的出版在学界引起了巨大反响,被认为是当代"国学兴起的标志",但这并不为一般大众所了解。学术界平实的国学研究演变为"国学热"的标志性事件是 1993 年 8 月 16 日《人民日报》以整版篇幅刊登了《国学,在燕园又悄然兴起》一文。该文报道了北京大学国学研究的有关情况,认为"国学的再次兴起,是新时期文化繁荣的一个标志,它将成为我国文化主旋律的重要基础"。两天后,该报又在头版位置刊登了《久违了,"国学"!》一文。此后,《光明日报》、《文汇报》、《文艺报》及中央电视台等媒体也纷纷报道了北京大学国学研究的情况;北京大学中国传统文化研究中心与中央电视台合作制作的 150 集大型电视系列片《中华文明之光》在海内外热播。由此,开始了 20 世纪 90 年代直到 21 世纪的"国学热"。

　　90 年代"国学热"兴起的原因比较复杂,归结起来,主要有以下几个方面的原因:

　　一是国际形势的变化。20 世纪 90 年代以后,苏联解体、东欧剧变,马克思主义遭到了前所未有的挫折和危机,社会主义失败论、马克思主义过时论、共产主义渺茫论一时间甚嚣尘上,在思想文化领域和意识形态领域出现了一些真空地带。在这种背景下,许多学者认为,中国传统文化中蕴藏着丰富的思想内容,有些内容恰恰是我们当前建设中国特色社会主义所需要的,从这种意义上说,从传统文化资源中寻找另一个精神支柱,建构一套属于自己的道德信仰体系,就成为一种现实需求。

　　二是市场经济深入推进。改革开放以来,中国社会走出了封闭保守的僵化状态,由以阶级斗争为纲走向以经济建设为中心,由计划经济走向市场经济,在各个方面取得了举世瞩目的成就。随着中国经济的发展以及与国际社会交往的日益频繁,中国人越来越迫切需要了解自己民族的历史,越来越需要表明自己民族所具有的有独特价值的东西,这就激发了中国人复兴传统文化的强烈愿望。知识分子试图从传统中寻找能

---

① 　张岱年:《以分析的态度研究中国学术》,《光明日报》,1991 年 5 月 5 日。

代表本民族的精神和文化象征,挖掘传统文化及儒家思想中有价值、有益的思想资源,这也是中华民族文化自信和文化自觉的一种表现。

三是大陆对现代新儒家的研究与现代新儒家人物对儒学的宣传。1986 年 11 月,由方克立、李锦全发起的"现代新儒家思想研究"课题成为国家哲学社会科学"七五"规划重点科研项目。1987 年 9 月,课题组召开了第一次全国性的"现代新儒家思潮学术讨论会",围绕着现代新儒家的定义、思想特征、学术贡献、历史作用、代表人物、形成原因、发展阶段以及研究方法等进行了讨论,使大陆学界中断 30 余年的现代新儒家研究得以延续。自 1985 年开始,现代新儒家主要代表人物杜维明、成中英、刘述先等先后到大陆介绍复兴儒学的构想。他们主张在西方文化面前,应该完好地保留中华民族文化的优良传统和国民精神。他们著书立说,四处讲学,身体力行,在世界一些主要国家和地区产生了很大的影响。他们的著作于 20 世纪 80 年代以后陆续在大陆出版并广为流传,大陆学者也兴起了对港台地区新儒家学者及其思想的研究高潮。

四是经济发展与道德滑坡、诚信缺失的矛盾。随着改革开放进程的加快,中国社会与改革开放以前相比,社会财富极大增加,人民的生活水平大大提高。然而另一方面,在国家富裕和人民生活水平普遍提高的背后,很多人的精神世界和心灵家园日益变得荒芜,他们感到不满足,感到困惑和迷茫。极端个人主义、拜金主义、享乐主义、功利主义有所泛滥。儒家文化中重人际关系、重社会和谐、重道德修养、重礼义廉耻、重道德自律、重理想人格、重和而不同等思想资源成为全社会最需要了解和获得的东西。人们试图通过对儒家思想、传统文化、国学的重视,来呼唤社会的道德良知,呼唤正义的力量,呼唤健全的理想人格,呼唤人性中善的本质;进而希望通过传播和弘扬中华民族优秀的传统文化,达到提高全民族的整体道德素质,再现中华民族礼仪之邦风貌的美好愿望。

90 年代"国学热"的标志之一是传统文化典籍的出版与热销。1993 年,北京大学出版《国学研究》,在学界引起巨大反响。这一时期,儒学经典的编印、诠释、解读、直解书籍以及现代版的《论语》、《孟子》等数不胜数;《儿童启蒙教育丛书》、《国学启蒙经典系列读本》、《国学举要》丛书、《经典启蒙丛书》、《中国传统文化荟要》等新编书籍以及翻印、编印的古代典籍不断面世,且非常热销。与之相对应的,在知识界,与传统文化有关的文化出版工程相继启动。1995 年,《大中华文库》(汉英对照)正式启动。《大中华文库》从我国先秦至近代文化、历史、哲学、经济、军事、科技等领域最具代表性的经典著作中选出 100 种。1996 年,《东方文化集成》正式启动。《集成》分 10 编,共约 500 种。1997 年 9 月,张岂之、徐葆耕主编《清华大学学生应读书目(人文部分)》,参考校内外专家的意见,提出供本科生试用的 80 种书目,其中中国文化书目 20 种。与原典的重印、重释相关的是儒学的研究工作。"在海内外、东亚诸国、中国两岸三地儒学研究互动的背景下,中国大陆地区学者日益以平等心与先儒作心灵交流和思想对话,体认儒学的历史意义与现代价值。在对儒学的基本看法和评价尺度上,世纪末的学者做出了极有意义的世纪性翻转……学者们纷纷以宗教学、哲学形上学、人类学、社会学、地域文化、民俗学、政治史、教育史、思想史、哲学史、知识分子问题等多种进路,或采用现象学、解释学、存在主义、沟通理论等方法,或各种进路、方法的交叉互补等,来研究儒学。"①谢祥皓、刘宗贵主编的《中国儒学》,张岱年主编的《孔子大辞典》,刘蔚华、赵宗正主编的《中国儒家学术思想史》,庞朴主编的《中国儒学》以及各种通俗的介绍儒学的图书琳琅满目。儒学的分论更是数不胜数,前孔子时代的有陈来的《古代宗教与伦理——儒家思想的根源》、吴龙辉的《原始儒家考述》、周月亮的《孔子儒术——早期儒学及其演化》等。经学著作更是汗牛充栋,有杨成孚的《经学概论》,陈克明的《群经要义》,钟肇鹏、周桂钿的《春秋繁露校释》,黄开国主编的《经学辞典》,叶舒宪的《诗经的文化阐释》,萧兵的《中庸的文化省察》,刘起釪的《尚书学史》和《尚书源流及传本考》,金景芳的《〈尚书·虞夏书〉新解》,李学勤的《古文献论丛》、《走出疑古时代》和《东周与秦代文明》,杨向奎的《宗周社会与礼乐文明》,刘家和的《古代中国与世界——一个古史研究者的思考》等。

儒学研讨会的频繁举办也是 90 年代"国学热"的一个标志。进入 20 世纪 90 年代,各种各样有关儒学的研讨会越来越多,越办越复杂与细化,平均每年有七八次之多。1994 年 10 月召开的"孔子诞辰 2545

---

① 郭齐勇:《中国大陆地区五年来(1993—1997)的儒学研究》,载刘述先编:《儒家思想在现代东亚:中国大陆与台湾篇》,台湾"中央研究院"中国文哲研究所筹备处 2000 年版,第 60 页。

周年纪念与国际学术讨论会"，全国政协主席李瑞环到会祝贺，并指出：
"纪念孔子诞辰 2545 周年并举办儒学国际学术研讨会，是一件很有意
义的事……孔子是中国伟大的思想家、教育家，他创立的儒学是中国传
统文化的支柱，是中华民族的骄傲。他希望各界共同努力，把儒学研究
提高到一个新水平。"①国务院副总理李岚清在会上指出："21 世纪行将
到来。在世纪之交看儒学和传统文化的研究工作，回顾历史，瞻望未
来，我们既为已取得的成绩而欣慰，又深感未来的事业任重而道远。21
世纪应当成为人类物质文明和精神文明相协调发展的时代。中国传统
文化中的孔子和儒家学说在新的世纪当中，也将焕发新的活力，为人类
社会进一步的发展做出新的贡献。"②1999 年"纪念孔子诞辰 2550 周年
国际学术讨论会"在北京、山东两地召开，来自 15 个国家的 400 余位学
者就儒学的发展方向进行了深入探讨与交流。

　　民间书院、民间经典诵读的悄然兴起，也成为 90 年代"国学热"的
另一个标志。继中国文化书院成立并在儒学研究方面发挥重要作用
后，岳麓书院、阳明精舍等民间书院相继复院或重建，并积极推进儒学
的复兴。而一些大学和科研机构也纷纷成立了有关中国传统文化的研
究机构，组织力量整理、研究传统文化。

　　但 90 年代的"国学热"受到以正统自居的知识分子从政治方面发
动的批判，指责其企图取代马克思主义。1994 年，罗卜在《哲学研究》
发表文章指出，"只要我们把现实生活中的文化复古热、神秘主义热与
马克思主义之冷联系起来，就不难发觉这一冷一热之间的微妙关
系"③。其后，他又对儒学与马克思主义的对话提出质疑。罗卜指出：
"马克思主义与中国社会的具体实践相结合，是我们对中国特色社会主
义的一般理解。但是'儒学热'中某些学者却对这种见解作了修正：马
克思主义与传统文化尤其是儒学精华相结合，是社会主义的中国特色
之所在。某些学者热心于显现大同世界与共产主义，天下为公和公有
制之间血脉相通的文化基因，从'一阴一阳之谓道'中考证中国是唯物
辩证法的正宗祖庭，从'富而后教'中追摹'两个文明一起抓'的滥觞。

---

①　参见《人民日报》，1994 年 10 月 6 日。
②　参见《人民日报》，1994 年 10 月 6 日。
③　罗卜：《国粹·复古·文化——一种值得注意的思想倾向》，《哲学研究》1994 年第 6 期。

这些个别论点表面上的相似性被当作马克思主义与孔子之间莫逆之交的金石之盟。既然'马克思主义与儒学并不矛盾'、'民主精神古已有之'、'唯物辩证法的故乡在中国',于是马克思主义与中国社会实践相结合,无异于儒家文化与中国当代现实相结合,尊孔读经成了'今天的现实',儒学复兴成了东西方文化的福音,河口海目的孔夫子又要重坐中国人精神的龙床,'半部论语治天下'的神话又被推上世纪末的文化晚餐。一些人张罗着回到故纸堆中去'原道',并筹划着坐待万邦来朝的东方文化出口之宏略,与这种儒学发微法不无关联。"①与罗卜观点同出一辙的王生平也在《哲学研究》上发表《跳出"国学",研究"国学"——兼评〈天和人的关系〉》一文,借批评金景芳而阐明自己的主张,"弘扬传统文化(不同于新儒家)、进行中西'对话'、文化价值重估,首先要注意:某些人称谓的国学和近现代西学之间的差异不仅仅是民族差异,更主要的是时代性的差异。从历史发展上说,二者是不同时代的产物,国学的对象是封建社会的产物,近现代西方文化是资本主义社会的产物"。"在漫长的封建社会,《周易》之所以能流传不衰,不是'天不变道亦不变',而应该倒过来讲,是'道不变天亦不变',这个'道'就是封建统治之道,这个封建统治之道的稳定,是封建社会的经济要素没有变动的缘故。""不从考察生产方式、经济结构入手研究历史,只抓住个别经典、圣人,以之作为曲直是非的尺度标准,不但不是马克思主义的方法,也不是'新学'的方法,而是径直退回到'旧学'的'考据'、'义理'上去了。"②

1995 年 1 月,中国孔子基金会组织学者在北京孔庙举行座谈会,就当前是否存在"国学热"及"国学热"与马克思主义、传统文化与马克思主义的关系问题展开热烈讨论。同年 6 月,《孔子研究》发表一组笔谈,针对《哲学研究》批评"国学热"的文章旗帜鲜明地进行了反批评。其后,中共中央党校哲学教研部和中国社会科学院哲学研究所分别举行讨论会,对传统文化与马克思主义的关系进行了专题讨论。

1995 年 12 月,中共中央党校科研部、中国特色社会主义理论研究中心精神文明课题组、中国孔子基金会学术委员会联合召开了"马克思

---

① 罗卜:《对一种儒学现代发微法的质疑》,载崔龙水、马振铎主编:《马克思主义与儒学》,当代中国出版社 1996 年版,第 176 页。

② 王生平:《跳出"国学",研究"国学"——兼评〈天和人的关系〉》,《哲学研究》1994 年第 8 期。

主义与儒学"学术研讨会,召集对"儒学与马克思主义关系"持不同意见的学者进行了面对面的争论。有的学者认为,研究马克思主义与儒学的关系,双方都应跳出自己专业的范围和局限,从更高的角度来看二者之间的关系,对二者进行双向反思,既要反思马克思主义对待儒学的态度,也要反思历史上捍卫儒学的人们对于马克思主义的态度。有的学者指出,对待马克思主义与儒学的关系,要有一个科学的文化观,既要看到文化的时代性、阶级性,又要看到普适性、人类性的一面,马克思主义要在中国扎根,必须吸收中国传统文化,必须中国化。有的学者强调,反思儒学与马克思主义的关系,首先要注意区分二者的内在逻辑演化与外在演变史,以保持历史尺度与价值尺度的统一,如果对马克思主义只作外在演变史的事例判断,对儒学只作内在逻辑上的价值判断,这种双重标准无助于我们了解马克思主义与儒学的真实关系,相反,会把非马克思主义的东西当作马克思主义来对待,因为用这种假马克思主义的革命原则指导儒学的研究,只能背离马克思主义。有的学者论述了在马克思主义意识形态下儒学的活力问题,认为儒学的活力问题可以从现实和理论两个角度来考虑。从现实上看,孝敬老人、赡养父母、尊重老师、重视教育、爱护儿童等都是传统文化,尤其是儒家的观念,至今还深深地影响着人们的日常行为,恐怕这就是它的活力所在;从理论上看,黑格尔说过,哲学史不是死人的战场,每一种哲学都表达了真理的部分内容,那么它所表达的部分真理,就应该说是它的活力所在。许多学者论证了马克思主义与儒学相结合的各种可能。有的学者认为,马克思主义与儒学是可以结合的,结合的动力在于现实社会实践的需要,不在于理论自身,结合点的选择也应由社会实践决定;结合不是拼盘,而是一个整纲,不是外在的联合,而是内在的整合,不是引马入儒和援儒入马,而是双向互动的;结合的结果是中国化的马克思主义,结合的过程是马克思主义的中国化。①

（徐庆文）

---

① 乔清举:《"马克思主义与儒学"学术研讨会述要》,载崔龙水、马振铎主编:《马克思主义与儒学》,当代中国出版社 1996 年版,第 252 页。

国际儒学联合会

国际儒学联合会（International Confucian Association），由中国、韩国、日本、美国、德国、新加坡、越南等国家和中国香港、台湾地区与儒学研究有关的学术团体共同发起，于 1994 年 10 月 5 日在北京正式成立。1995 年 7 月，国际儒学联合会在中国民政部注册登记，成为具有法人地位的国际性学术团体。国际儒学联合会的宗旨是：研究儒学思想，继承儒学精华，发扬儒学精神，以促进人类之自由平等、和平发展与繁荣。

1994 年 10 月 5 日，国际儒学联合会在北京人民大会堂宣布成立，全国政协主席李瑞环、国务院副总理李岚清、中国孔子基金会名誉会长谷牧出席会议并讲话。会议期间，国家主席江泽民接见会议部分代表并合影留念。会议选举产生第一届理事会，推举谷牧先生为会长，新加坡内阁资政李光耀先生为名誉理事长，韩国崔根德先生为理事长。

国际儒学联合会成立以后，主要开展了以下几方面工作。

第一，参与筹备或主办儒学研讨会议。主办或参与主办大中小型学术会议数十次。如 1999 年 10 月，在北京、曲阜成功举行"纪念孔子诞辰 2550 周年大会暨国际儒学联合会第二届会员大会"，海内外学者200 余名与会。

第二，编印《国际儒学联合会简报》，报道各国家和各地区儒学研究及与儒学有关的动态情况。除中国大陆外，发往海外近百家大学图书馆、汉学研究机构。

第三，编辑出版《国际儒学研究》集刊。《国际儒学研究》是执行机构主办的学术集刊,向全球 300 余位学者赠送。1995 年 10 月至 2000 年 6 月,共编辑出版了 11 辑,发表世界各地学者的文章 242 篇,309 万字。这 11 辑文集基本上反映了 20 世纪与 21 世纪之交的儒学研究状况及水平。

第四,提出研究和宣传儒学的系统构想。1995 年冬,学术委员会设计了儒学研究的十大课题,以期弘扬儒学精华,促进人类道德的改善和社会生活的健康发展。十大课题及其阐释在《简报》发表后,引起学者们的广泛注意,并为某些机构采纳列入自己的工作或研究计划。

第五,策划、组织、编写儒学论著。编纂出版专题性的儒学研究文集——《儒学与世界和平及社会和谐》、《儒学与道德建设》、《儒学与工商文明》,每本约 30 万字。与中华书局合作,推出了《文史知识》纪念孔子诞辰 2550 周年专号。

第六,组织儒学新资料研究。1998 年 5 月,一批久已失传的战国时期儒家著作《郭店楚墓竹简》由中国文物系统向社会公布。为推动对这批著作的研究,学术委员会于 1998 年 5 月至 8 月间,先后召开了四次座谈或讨论会,并与《中国哲学》编委会合作,组织出版了两辑郭店楚简研究专号,共 60 万字。

第七,接待来访学者,安排学术交流。国际儒学联合会先后接待了约 200 余人次来自世界各地的学者,并邀请部分学者来北京访问和讲学、作学术讲演。

第八,积极资助与儒学相关的学术活动。包括支持召开儒学会议,出版儒学书籍及儒学的普及宣传工作。

(徐庆文)

孔子(儒学)学术讨论会

20世纪70年代后期至20世纪末,中国大陆召开了多次孔子(儒学)学术讨论会,对于清除新中国成立至"文化大革命"时期对孔子及其思想的错误认识、重新评价儒学价值、传播儒家文化等起到了至关重要的作用。

一 文科理论研讨会

1978年10月21日至30日,山东大学在济南召开"文科理论研讨会"。研讨会专设历史组讨论孔子及孔子思想再评价,庞朴、杨向奎、钟肇鹏、张恒涛、楼宇烈、孙思白、蔡尚思等70多位从事哲学、历史教学和科研工作的学者参加了讨论。

会议在四个问题上取得了基本一致的看法,即:(一)"四人帮"搞的所谓"批林批孔",完全是为他们篡党夺权服务的政治阴谋;(二)对封建主义思想在中国历史上的影响不能低估,在史学领域中必须彻底批判封建主义;(三)必须全面地、完整地、准确地理解毛泽东同志对孔子及其思想的一系列评价;(四)对孔子及其思想、儒家学说和封建主义的评价,必须坚持以马克思主义的阶级分析和历史主义观点为指导。[①] 与会同志本着坚持真理、修正错误、虚心求教、相互学习的精神,对关于孔

---

① 山东大学历史系编:《孔子及孔子思想再评价》(论文集),吉林人民出版社1980年版,第1—4页。

子的阶级立场、思想体系、"仁"、"中庸"思想以及儒家思想和批儒问题等进行了认真的讨论。①

这次会议是重新评价孔子和儒家思想的首次大型会议,可以说是中国大陆上一连串儒学学术会议的开始。其意义在于提出了问题,摆出了观点,学者可以持不同的学术观点进行儒学方面的讨论。这次讨论会,为今后进一步深入讨论创造了条件。会后,孔子及孔子评价的文章大量见诸学术期刊,学者们已不再把主要精力放在阶级分析方法,而是转向历史分析,尝试着从史料中寻找孔子评价的支点。

1980 年 4 月,吉林人民出版社出版了这次会议的论文集《孔子及孔子思想再评价》。

二 曲阜孔子讨论会

1980 年 10 月 28 日至 11 月 3 日,曲阜师范学院在曲阜举办"孔子讨论会"。参加会议的有 13 个省、自治区、直辖市 60 多个单位的 100 多位专家学者。会议主题是:如何评价孔子及其思想。

与会专家学者提出,要对在 1962 年曲阜孔子讨论会上受到批判以及"文化大革命"十年动乱期间特别是"批林批孔"运动中遭受打击、迫害的专家学者平反昭雪、恢复名誉。与会学者强烈呼吁建立全国性的孔子研究会,向全国发出《关于成立"中国孔子学术研究会"和开展孔子学术研究的倡议书》,并提出筹集资金,群策群力整修孔庙和重塑在"文化大革命"中被毁的孔子像。

1983 年 3 月,曲阜师范学院孔子研究室编《孔子研究论文集》印行。

三 孔子学术讨论会

1983 年 4 月 21 日至 25 日,中国教育学会教育史研究会和曲阜师范学院孔子研究所联合发起的"孔子学术讨论会"在曲阜举行。全国 23 个省、自治区、直辖市的专家学者 196 人应邀出席会议。会议的主

---

① 山东大学历史系编:《孔子及孔子思想再评价》(论文集),吉林人民出版社 1980 年版,第 7—11 页。

题是:孔子思想学说的积极作用和消极作用。

与会代表从"四化"建设和振兴中华的实际需要出发,比较全面地估价了孔子思想的积极作用和消极影响,并对孔子思想在中国历史上的地位进行了分析。会议明确了时代赋予学者的使命,那就是张岱年先生提出的"尊孔的时代已经过去了,或者说也应该过去了。现在应该对孔子用马列主义的科学思想加以研究"。在研究方法上,匡亚明提出了研究孔子及其思想的"三分法"[①]。

四　孔子法律思想讨论会

1984 年 8 月 8 日至 13 日,中国法律史学会、山东大学法律学系、山东社会科学院联合召开的"孔子法律思想讨论会"在济南召开。蔡尚思、杨向奎、李光灿、张国华、张晋藩等全国各高等政法院校、科研单位及新闻出版界的专家、学者 70 余人参加了会议。会议的主题是"孔子的法律思想"。

会议就孔子法律思想的内容、特点、形成、发展及其对后世的影响等问题展开了讨论。这次会议,是新中国成立后首次以孔子思想的某一个侧面为主要内容的专业会议,对于学者们深入探讨孔子及其思想起到了非常重要的作用。

1986 年 2 月,山东人民出版社出版了这次会议的论文集《孔子法律思想研究》。

五　孔子教育思想学术讨论会

1984 年 9 月 21 日至 26 日,中国教育学会、山东省教育学会和曲阜师范学院孔子研究所联合举办的"孔子教育思想学术讨论会"在曲阜召开。全国 26 个省、自治区、直辖市的 116 名专家学者出席了会议,提交论文 97 篇。会议主题是:孔子教育思想的历史地位及其对后世的影响。

这次会议主要内容是孔子的教育思想,同时涉及古史分期、孔子的

---

① 匡亚明关于孔子研究"三分法"的具体内容,参见本卷"孔子及其思想再评价"条目。

阶级属性和政治思想、哲学思想以及研究孔子的方法等问题。这次讨论会是孔子地位得到进一步确立的会议,这次会议的召开,结束了几年来孔子思想再评价再认识的许多争议,开辟了孔子思想研究大发展的一个新局面。其标志一是这次会议采用孔子诞辰 2535 年这个时间来纪念孔子。二是会议期间举行了重塑孔子像的揭幕仪式。三是会议成立了"中国孔子基金会"和"中国孔子学术研究筹备会"。根据孔子研究发展的需要,经酝酿筹备,在会上成立了中国孔子基金会,谷牧任名誉会长,匡亚明任会长。会议协商成立了中国孔子学术研究会筹备组,推选匡亚明任组长,张健等任副组长。四是会议期间举行了两次"中外记者座谈会",广泛宣传研究孔子思想的时代意义。"这次会议在我国近年研究孔学的历史上产生了重大影响,它标志着我国全国性研究孔子的中心已经形成,它开始把儒学研究逐渐发展为国际性学术事业,使我国的儒学研究进入了一个新的历史阶段。"①

六　北京孔子学术讨论会

1985 年 6 月 11 日至 14 日,中华孔子研究所举办的"孔子学术讨论会"在北京召开,梁漱溟、冯友兰、金景芳、张恒寿等知名学者出席。这次会议主题是正确地看待历史上的"尊孔"与"批孔"问题,科学地评价孔子。

与会学者认真讨论了如何科学地评价孔子,一致认为,现在的任务是对于孔子和儒学进行科学的考察,进行历史的、辩证的分析,发扬孔学中的民主性精华,反对其中的封建性糟粕。为了完成这个任务,一方面要发扬创造精神,创造出前所未有的新事物,一方面也要对古代的精神文明进行深入的考察,作出科学的分析,对于孔子所倡导的儒学进行批判总结。

1987 年 11 月,教育科学出版社出版了《孔子研究论文集》。

七　儒学国际学术讨论会

1987 年 8 月 31 日至 9 月 4 日,中国孔子基金会与新加坡东亚哲学

---

① 宋仲福、赵吉惠、裴大洋:《儒学在现代中国》,中州古籍出版社 1991 年版,第 355 页。

研究所举办的"儒学国际学术讨论会"在曲阜召开。中国孔子基金会名誉会长谷牧,中国孔子基金会首席顾问周谷城,中国孔子基金会会长匡亚明,新加坡东亚哲学研究所董事长吴庆瑞、副董事长王鼎昌,新加坡东亚哲学研究所所长吴德耀,以及来自亚洲、欧洲、美洲、大洋洲的 12 个国家和地区的 130 余位专家、学者出席了会议。其中知名学者有中国的匡亚明、张岱年、杨向奎、金景芳、严北溟、汝信,日本的冈田武彦、金谷治、高桥进,美国的陈荣捷、狄百瑞、杜维明,英国的麦克门瑞,法国的温德默斯,澳大利亚的柳存仁等。会议的主题是"儒学及其演变和影响"。

这是新中国建立以来第一次由中外学者共同参加的会议,目的在于推进儒学的国际化进程。与会者从儒学的内容及评价,关于儒学的演变及各个历史阶段儒家学派和代表人物的研究,儒学对东亚各国的影响及在西方的传播,儒学与现代化等四个方面进行了探讨。与会者认为,儒学既具有因循保守的一面,也具有充满教益和活力的一面。若能吸收其优秀部分,则对中国正进行的改革开放事业,以及借鉴西方发达国家的经验反省自身文化价值,均具有重要的现实意义。此次讨论会涉及儒学研究多方面的问题。与会者的研究方法各异,有训诂考据法、有义理分析法、有中西文化比较法等。尽管结论不一、评价不一,但其意见都是在对儒学进行认真的分析研究基础上形成的。由于与会者对儒学与现代化问题尤感兴趣,大会还专门组织了题为"儒学与现代化"和"儒学的两重性"专题学术座谈会。

1989 年 4 月,齐鲁书社出版了《儒学国际学术讨论会论文集》。

八　孔子诞辰 2540 周年纪念与学术讨论会

1989 年 10 月 7 日至 10 日,中国孔子基金会和联合国教科文组织举办的"孔子诞辰 2540 周年纪念与学术讨论会"在北京、曲阜两地召开。25 个国家和地区的 300 余位学者出席了这次讨论会。会议的主题是"孔子儒家思想的历史地位和对现代社会的影响"。

这是为纪念中国古代伟大的思想家、教育家、政治家孔子诞辰 2540 周年召开的学术讨论,会议重点讨论了三个问题:一是孔子的思想及评价,包括孔子的"人学"思想,孔子的仁与礼、智,孔子的中庸思想;二是儒家思想及评价,包括儒学总论及其基本特征,儒家政治学说,儒家道德论,儒家教育思想;三是儒学与现代化,包括当代社会面临的问题,儒学是促进还是阻碍现代化,儒学自身现代化问题。

1992 年 5 月,上海三联书店出版了《孔子诞辰 2540 周年纪念与学术讨论会论文集》。

九　孔子诞辰 2545 周年纪念与国际学术讨论会

1994 年 10 月 5 日至 8 日,中国孔子基金会主办的"孔子诞辰 2545 周年纪念与国际学术讨论会"在北京举行。20 多个国家和地区的专家学者、社会贤达近 300 多人出席研讨会。研讨会主题是"历史的回顾与 21 世纪儒学前瞻"。

与会学者就 21 世纪儒学的发展进行展望。学者们认为近年来,中国传统文化中的孔子、孟子诸家以及以他们为代表的儒家学说,成为国际文化界关注的热点之一。有越来越多的外国专家学者从事儒学研究工作,这说明儒学在新世纪会在世界范围内产生重要影响。21 世纪是多元文化融合的世纪,也是民族文化复兴的世纪。世界发展需要儒学,儒学的发展必须走向世界。这次会议还成立了国际儒学联合会[①],旨在世界范围内研究儒学思想,继承儒学精华,发扬儒学精神,以促进人类之自由平等、和平发展与繁荣。

1995 年 11 月,华夏出版社出版了《儒学与二十一世纪:纪念孔子诞辰 2545 周年暨国际儒学讨论会会议文集》。

（徐庆文）

---

① 关于国际儒学联合会的具体内容,参见本卷"国际儒学联合会"条目。

出土文献与儒学

20世纪,有一些失传的有关儒家思想的典籍又重新面世。这些重新面世的儒家文献为考证儒家思想的发展历程、儒学的传承理路以及儒学的内容等提供了重要的依据,解决了儒学发展中的许多疑问。

一　敦煌遗书

敦煌遗书指清代以来在古敦煌境内出土的古代文献和在外地发现的敦煌古文献。它是中国20世纪重大考古发现之一。

1900年6月,道士王圆篆在敦煌莫高窟发现一个密室,洞内满是各种佛教经卷等文物。1964年在莫高窟土地祠中、1965年在莫高窟122窟前,以及在敦煌境内烽燧、古墓葬等遗址中也有少量出土。这些文献被后人称为敦煌遗书。遗书总数超过5万件,其中汉文写本在4万件以上。

遗书发现后,先后被英国、法国、俄国、日本、美国等国家的人买走。1909年,清政府将8000余卷遗书运回北京。这些文物经过儒官的精选,都是上等文物。

遗书绝大多数是佛教文献,其中也有儒家经书、官私文书等,是研究考古学、宗教学、思想史的重要研究资料。

敦煌遗书的年代上起东汉,下至元代。汉文典籍经、史、子、集中,有一部分虽然有流传于世的版本,但敦煌遗书发现的是极为罕见的古写本。这部分古写本对于校勘不同版本的典籍,具有非常重要的价值。还有部分内容是已经佚失千年以上的古书,如《隶古定尚书》、郑玄《论语注》、皇侃《论语义疏》、刘向《说苑》第 20 卷以及属于小学类的韵书、字书等。这些典籍的发现,填补了两汉时期儒家典籍的许多空白之处,为学术界研究汉代儒学提供了重要的资料。陈寅恪、王国维、罗振玉等学者对敦煌遗书的儒学部分内容都有论述。

中国科学院考古研究所资料室根据敦煌遗书整理的《唐景龙四年写本〈论语郑氏注〉残卷说明》和《唐景龙四年写本〈论语郑氏注〉校勘记》在 1972 年第 2 期的《考古》上发表,在海内外学术界引起强烈反响。

二 定州汉墓竹简

1973 年,考古工作者在河北定州八角廊村 40 号汉墓中发现了大量竹简,其中包括许多《论语》残简。这是目前所见最早的《论语》版本,也是目前唯一能够见到的《论语》的西汉抄本原件,是《论语》出土文献的代表。

定州出土竹简的汉墓后来被考古学家确定为西汉中山王刘修墓。遗憾的是,这座墓在西汉末年被盗,并被火烧过,使竹简受到严重破坏,竹简出土时已经散乱残断,碳化后的简文墨字已多不清晰。

竹简出土后于 1974 年 6 月送至北京保护整理。这批竹简内容多为先秦文献,极其珍贵。其中有《论语》620 枚简,多为残简。简长 16.2厘米,宽 0.7 厘米。每简约书 19—21 字不等。

1981 年第 8 期《文物》杂志上,刊登了河北省文物研究所撰写的《河北定县 40 号汉墓发掘简报》和国家文物局古文献研究室、河北省博物馆、河北省文物研究所、定县汉墓竹简整理组联合撰写的《定县 40 号汉墓出土竹简简介》,对该墓出土的竹简的形制、内容做了大致的介绍,同时还刊布了简文中《儒家者言》的释文。1997 年文物出版社出版了由河北省文物研究所和定县汉墓竹简整理小组合编的《定州汉墓竹简〈论语〉》一书。书中对出土简本《论语》的版本、文句也做了简单的介绍,同时还对《论语》的全部释文做了简单的注释和校勘。

竹简本《论语》虽是残本,但在《鲁论语》、《齐论语》、《古论语》三种版本基础上又为研究《论语》的版本流传提供了新的材料。

三　马王堆帛书

1973 年,湖南长沙的马王堆汉墓 3 号墓出土了一批帛书,共有 28 种,计 12 万余字。

帛书依《汉书·艺文志》分类:六艺类的有《周易》、《丧服图》、《春秋事语》和《战国纵横家书》;诸子类的有《老子》甲本(附佚书三篇)、《九主图》、《皇帝书》和《老子》乙本;数术类的有《篆书阴阳五行》、《隶书阴阳五行》、《五星占》、《天文气象杂占》、《出行占》、《木人占》、《符箓》、《神图》、《筑城图》、《园寝图》和《相马经》。其中《五星占》是中国现存最早的天文书。

马王堆帛书涉及儒学内容的主要有《周易》与《五行》。帛书《易》学偏重数术的倾向,成为研究先秦儒家《易》学的分派及象数学的重要参考资料。帛书《五行》篇仁、义、礼、智、圣与帛书《周易》五行说天、地、民、神、时均与思孟五行相合,成为学者们论证思孟学派的重要论证。

四　郭店楚墓竹简

1993 年 10 月,湖北省荆门市郭店村一处墓地中发现了一批竹简,学术界称之为"郭店楚墓竹简"。

这批竹简共 804 枚,其中有字竹简 730 枚,这是 1949 年以后简帛佚籍的重大发现。经过整理,这批竹简由荆门市博物馆编、文物出版社于 1998 年 5 月以"郭店楚墓竹简"为名正式出版,其中包括该墓出土全部竹简的图版、释文和注释。"郭店楚墓竹简"经过专家们长达五年的艰辛整理,确定为 16 篇先秦时期的文献:其中道家典籍 2 篇,分别为《老子》(甲、乙、丙)、《太一生水》;儒家典籍 14 篇,分别为《缁衣》、《鲁穆公问子思》、《穷达以时》、《五行》、《唐虞之道》、《忠性之道》、《成之闻之》、《尊德义》、《性自命出》、《六德》、《语丛一》、《语丛二》、《语丛三》、《语丛四》。这批典籍除《老子》、《缁衣》见诸传世本,《五行》见于长沙马王堆出土的帛书外,其余皆为两千多年前的先秦佚籍。

《郭店楚墓竹简》出版后,引发了海内外学术界的巨大震动。"因为这批书简,不仅要改写经学史和儒家学说史,而且要动摇中国学术思想的不少有关定论。"①郭店竹简的研究也成为 1998—2000 年学术界的热点。有关郭店楚简的研究会议在短时间内不断举办,亦有专家学者的研究成果面世。

郭店楚墓竹简的 14 篇儒家典籍,学者们一般认为绝大部分属于子思学派作品,或者是与思孟学派有重要关系的作品。郭店楚墓竹简的面世,为儒学中的"思孟学派"的形成及其发展提供了有力的证据。

（徐庆文）

---

① 庞朴:《初读郭店楚简》,《历史研究》1998 年第 4 期。

附录一

中国本位的文化建设宣言^①

一　没有了中国

在文化的领域中,我们看不见现在的中国了。中国在对面不见人形的浓雾中,在万象蜷伏的严寒中,没有光,也没有热。为着寻觅光与热,中国人正在苦闷,正在摸索,正在挣扎。有的虽拼命钻进古人的坟墓,想向骷髅分一点余光,乞一点余热;有的抱着欧美传教师的脚,希望传教师放下一根超度众生的绳,把他们吊上光明温暖的天堂;但骷髅把他们从黑暗的边缘带到黑暗的深渊,从萧瑟的晚秋导入凛冽的寒冬;传教师是把他们悬在半空中,使他们在上不着天下不着地的虚无境界中漂泊流浪,憧憬摸索,结果是同一的失望。

中国在文化的领域中是消失了;中国政治的形态、社会的组织和思想的内容与形式,已经失去它的特征。由这没有特征的政治、社会和思想所化育的人民,也渐渐地不能算得中国人。所以我们可以肯定地说:从文化的领域去展望,现代世界里面固然已经没有了中国,中国的领土里面也几乎已经没有了中国人。

要使中国能在文化的领域中抬头,要使中国的政治、社会和思想都具有中国的特征,必须从事于中国本位的文化建设。日本的画家常常

---

① 文据《文化建设》第 1 卷第 4 期。

说："西洋人虽嫌日本画的色彩过于强烈,但若日本画没有那种刺目的强烈色彩,哪里还成为日本画!"我们在文化建设上,也需要有这样的认识。

要从事中国本位的文化建设,必须用批评的态度、科学的方法,检阅过去的中国,把握现在的中国,建设将来的中国。我们应在这三方面尽其最大的努力。

二　一个总清算

中国在文化的领域中,曾占过很重要的位置。从太古直到秦汉之际,都在上进的过程中。春秋战国形成了我们的希腊罗马时代,那真是中国文化大放异彩的隆盛期。但汉代以后,中国文化就停顿了。宋明虽然还有一个新的发展,综合了固有的儒、道和外来的佛学,然而并未超出过去文化的范围,究竟是因袭的东西。直到鸦片战争才发生了很大的质的变动。巨舰大炮带来了西方文化的消息,带来了威胁中国步入新时代的警告,于是古老的文化起了动摇,我们乃从因袭的睡梦中醒觉了。

随着这种醒觉而发生的,便是曾国藩李鸿章的"洋务"运动,康有为梁启超的"维新"运动,孙中山先生的"革命"运动。

曾李的洋务运动只知道"坚甲利兵"和"声光化电"的重要,完全是技艺的模仿。康梁的维新运动在于变法自强,不过是政治的抄袭。这都可以说是"中学为体西学为用"的见解,虽在当时也自有其除旧布新之历史的使命,然毕竟是皮毛的和改良的办法,不能满足当时的要求,于是有孙中山先生所领导的辛亥革命。他以把中国固有的"从根救起来",把人家现有的"迎头赶上去"为前提,主张对中国的社会、政治、经济作彻底的改造。

民国四五年之交,整个的中国陷在革命顿挫、内部危机四伏、外患侵入不已的苦闷中,一般人以为政治不足以救国,需要文化的手段,于是就发生了以解放思想束缚为中心的五四文化运动。经过这个运动,中国人的思想遂为之一变。

新的觉醒要求新的活动,引导辛亥革命的中华革命党遂应时改组,政治运动大为展开。打倒军阀打倒帝国主义的声浪遍于全国,由此形成了一个伟大的国民革命。其间虽有种种波折,但经过了这几年的努力,中国的政治改造终于达到了相当的成功。

这时的当前问题在建设国家。政治、经济等方面的建设既已开始,文化建设亦当着手,而且更为迫切。但将如何建设中国的文化,确是一个急待讨论的问题。有人以为中国该复古;但古代的中国已成历史;历史不能重演,也不需要重演。有人以为中国应完全模仿英美;英美固有英美的特长,但并非英美的中国应有其独特的意识形态;并且中国现在是在农业的封建的社会和工业的社会交嬗的时期,和已完全进到工业时代的英美,自有其不同的情形;所以我们决不能赞成完全模仿英美。除却主张模仿英美的以外,还有两派:一派主张模仿苏俄,一派主张模仿意德。但其错误和主张模仿英美的人完全相同,都是轻视了中国空间时间的特殊性。

目前各种不同的主张正在竞走,中国已成了各种不同主张的血战之场;而透过各种不同主张的各种国际文化侵略的魔手,也正在暗中活跃,各欲争取最后的胜利。我们难道能让他们去混战么?

三　我们怎么办?

不,我们不能任其自然推移,我们要求有中国本位的文化建设!在建设的进程中,我们应有这样的认识:

(一)中国是中国,不是任何一个地域,因而有它自己的特殊性。同时,中国是现在的中国,不是过去的中国,自有其一定的时代性。所以我们特别注意于此时此地的需要。此时此地的需要,就是中国本位的基础。

(二)徒然赞美古代的中国制度思想,是无用的;徒然诅咒古代的中国制度思想,也一样无用;必须把过去的一切,加以检讨,存其所当存,去其所当去;其可赞美的良好制度伟大思想,当竭力为之发扬光大,以贡献于全世界;而可诅咒的不良制度卑劣思想,则当淘汰务尽,无所吝惜。

(三)吸收欧美的文化是必要而且应该的。但须吸收其所当吸收,而不应以全盘承受的态度,连渣滓都吸收过来。吸收的标准,当决定于现代中国的需要。

（四）中国本位的文化建设，是创造，是迎头赶上去的创造，其创造目的是使在文化领域中因失去特征而没落的中国和中国人，不仅能与别国和别国人并驾齐驱于文化的领域，并且对于世界的文化能有最珍贵的贡献。

（五）我们在文化上建设中国，并不是抛弃大同的理想，是先建设中国，成为一整个健全的单位，在促进世界大同上能有充分的力。

要而言之：中国是既要有自我的认识，也要有世界的眼光，既要有不闭关自守的度量，也要有不盲目模仿的决心。这认识才算得深切的认识。

循着这认识前进，那我们的文化建设就应是：

不守旧；不盲从；根据中国本位，采取批评态度，应用科学方法来检讨过去，把握现在，创造未来。

不守旧，是淘汰旧文化，去其渣滓，存其精英，努力开拓出新的道路。不盲从，是取长舍短，择善而从，在从善如流之中，仍不昧其自我的认识。根据中国本位，采取批判态度，应用科学方法来检讨过去，把握现在，创造未来，是要清算从前的错误，供给目前的需要，确定将来的方针，用文化的手段产生有光有热的中国，使中国在文化的领域中能恢复过去的光荣，重新占着重要的位置，成为促进世界大同的一支最劲最强的生力军。

王新命　何炳松　武堉干　孙寒冰　黄文山
陶希圣　章　益　陈高傭　樊仲云　萨孟武

民国二十四年一月十日

附录二

为中国文化敬告世界人士宣言①
——我们对中国学术研究及中国文化与
世界文化前途之共同认识

　　案：此宣言之缘起，初是由张君劢先生去年春与唐君毅先生在美谈到西方人士对中国学术之研究方式，及对中国文化与政治前途之根本认识，多有未能切当之处，实足生心害政，遂由张先生兼函在台之牟宗三徐复观二先生，征求同意，共发表一文。后经徐牟二先生赞同，并书陈意见，由唐先生与张先生商后，在美草定初稿，再寄徐牟二先生修正。往复函商，遂成此文。此文初意，本重在先由英文发表，故内容与语气，多为针对若干西方人士对中国文化之意见而说。但中文定稿后，因循数月，未及迻译。诸先生又觉欲转移西方人士之观念上之成见，亦非此一文之所能为功。最重要者仍为吾中国人之反求诸己，对其文化前途，先有一自信。故决定先以中文交《民主评论》及《再生》二杂志之一九五八年之元旦号，同时发表。特此致谢。

一　前言——我们发表此宣言之理由

　　在正式开始本宣言正文之前，我们要先说明，我们之联名发出此宣言，曾迭经考虑。首先，我们相信：如我们所说的是真理，则用一人的名义说出，与用数人的名义说出，其真理之价值毫无增减。其次，我们之

---

　　①　文据唐君毅：《中华人文与当今世界》，台湾学生书局1980年版。

思想,并非一切方面皆完全相同,而抱大体相同的中西人士,亦并不必仅我们数人。再其次,我们亦相信:一真正的思想运动文化运动之形成,主要有赖于人与人之思想之自然的互相影响后,而各自发出类似的思想。若只由少数已有某种思想的人,先以文字宣称其近于定型的思想,反易使此外的人感觉这些思想与自己并不相干,因而造成了这些思想在传布上的阻隔。

但今从另一方面想,我们至少在对中国文化之许多主张上,是大体相同,并无形间成为我们的共信。固然成为一时少数人的共信的,不必即是真理,但真理亦至少必须以二人以上的共信为其客观的见证。如果我们不将已成为我们所共信的主张说出,则我们主张中可成为真理的成分,不易为世人所共见。因此,亦将减轻了我们愿为真理向世人多方采证的愿望。至于抱有大体相同思想的中西人士,我们在此宣言上未能一一与之联络,则为节省书疏往返之繁。但我们决不愿意这些思想只被称为我们几个人的思想。这是在此宣言正文之前,应当加以预先声明的。

在此宣言中,我们所要说的,是我们对中国文化之过去与现在之基本认识及对其前途之展望,与今日中国及世界人士研究中国学术文化及中国问题应取的方向,并附及我们对世界文化的期望。对于这些问题,虽然为我们数十年来所注意,亦为中国及世界无数专家学者政治家们所注意;但是若非八年前中国遭遇此空前的大变局,迫使我们流亡海外,在四顾苍茫,一无凭借的心境情调之下,抚今追昔,从根本上反复用心,则我们亦不会对这些问题能认得如此清楚。我们相信,真正的智慧是生于忧患。因为只有忧患,可以把我们之精神,从一种定型的生活中解放出来,以产生一超越而涵盖的胸襟,去看问题的表面与里面、来路与去路。

如果世界其他国家的学者们,及十年前的我们,其他中国学者们,莫有经过同类的忧患,或具同一的超越而涵盖的胸襟,去看这许多问题,则恐怕不免为一片面的观点的限制,而产生无数的误解,因而不必能认识我们之所认识。所以我们必须把我们所认识者,去掉一些世俗的虚文,先从结论上宣告世界,以求世界及中国人士之指教。

我们之所以要把我们对自己国家文化之过去现在与将来前途的看

法,向世界宣告,是因为我们真切相信:中国文化问题,有其世界的重要性。我们姑不论中国为数千年文化历史,迄未断绝之世界上之极少的国家之一,及十八世纪以前的欧洲人对中国文化的称美,与中国文化对于人类文化已有的贡献。但无论如何,中国现有近于全球四分之一的人口摆在眼前。这全人类四分之一的人口之生命与精神,何处寄托,如何安顿,实际上早已为全人类的共同良心所关切。中国问题早已化为世界的问题。如果人类的良心,并不容许用核子弹来消灭中国五亿以上的人口,则此近四分之一的人类之生命与精神之命运,便将永成为全人类良心上共同的负担。而此问题之解决,实系于我们对中国文化之过去现在与将来有真实的认识。如果中国文化不被了解,中国文化没有将来,则这四分之一的人类之生命与精神,将得不到正当的寄托和安顿;此不仅将招来全人类在现实上的共同祸害,而且全人类之共同良心的负担,将永远无法解除。

二 世界人士研究中国学术文化之三种动机与道路及其缺点

中国学术文化之成为世界学术研究的对象,被称为所谓中国学或汉学,已有数百年之历史。而中国之成为一问题,中国文化之为一问题,亦已为百年来之中国人士及世界人士所注意。但是究竟中国学术文化之精神的中心在哪里?其发展之方向如何?中国今日文化问题之症结何在?顺着中国学术文化精神之中心,以再向前发展之道路如何?则百年来之中国人,或有不见庐山真面目,只缘身在此山中之处,此姑不论。而世界人士之了解中国与其学术文化,亦有因其出发之动机不同,而限于片面的观点,此观点便阻碍其作多方面的更深入的认识。此有三者可说。由此三者,我们可以知道中国文化,并未能真被世界人士所认识,而获得其在世界上应得的地位。

(一)中国学术文化之介绍入西方,最初是三百年前耶稣会士的功绩。耶稣会士之到中国,其动机是传教。为传教而输入西方宗教教义,及若干科学知识技术到中国。再回欧洲即将中国之经籍,及当时之宋明理学一些思想,介绍至西方。当然他们这些使中西文化交流的功绩,都是极大的。但是亦正因其动机,乃在向中国传教,所以他们对中国学术思想之注目点，一方是在中国诗书中言及上帝，与中国古儒之尊天敬神之处，而一方则对宋明儒之重理重心之思想，极力加以反对。此种反对之著作，可以利玛窦之天主实义，孙璋之性理真诠作代表。他们回到欧洲，介绍宋明儒思想，只是报导性质，并不能得其要点。故不免将宋明儒思想，只作一般西方当时之理性主义、自然主义，以至唯物主义思想看。故当时介绍至欧洲之宋明思想，恒被欧洲之无神论者、唯物主义者引为同调。照我们所了解，宋明儒之思想，实与当时西方康德以下之理想主义哲学更为接近。但是西方之理想主义者，却并不引宋明儒为同调。此正由耶稣会士之根本动机，是在中国传教，其在中国之思想战线，乃在援六经及孔子之教，以反宋明儒、反佛老，故他们对宋明儒思想之介绍，不是顺着中国文化自身之发展，去加以了解，而只是立足于传教的立场之上。

（二）近百年来，世界对中国文化之研究，乃由鸦片战争、八国联军，中国门户逐渐洞开，而再引起。此时西方人士，研究中国文化之动机，实来自对运入西方，及在中国发现之中国文物之好奇心。例如斯坦因、伯希和等，在敦煌所发现之文物，所引起之所谓敦煌学之类。由此动机而研究中国美术考古，研究中国之西北地理，中国之边疆史、西域史、蒙古史、中西交通史，以及辽金元史，研究古代金石甲骨之文字，以及中国之方言、中国文字与语言之特性等，皆由此一动机一串相连。对此诸方面之学问，数十年来中国及欧洲之汉学家，各有其不朽之贡献。但是我们同时亦不能否认，西方人从中国文物所引起之好奇心，及到处去发现、收买、搬运中国文物，以作研究材料之兴趣，并不是直接注目于中国这个活的民族之文化生命、文化精神之来源与发展之路向的。此种兴趣，与西方学者，要考证已死之埃及文明、小亚细亚文明、波斯文明，而到处去发现、收买、搬运此诸文明之遗物之兴趣，在本质上并无分别。而中国清学之方向，原是重文物材料之考证。直到民国，所谓新文化运动时整理国故之风，亦是以清代之治学方法为标准。中西学风，在对中国文化之研究上，两相凑泊，而此类之汉学研究，即宛成为世界人士对中国文化研究之正宗。

（三）至最近一二十年之世界之对中国文化学术之研究，则又似发展出一新方向，此即对于中国近代史之兴趣。此种兴趣，可谓由中日战争及中国大陆之赤化所引起。在中日战争中,西方顾问及外交界人士之来中国者,今日即多已成为中国近代史研究之领导人物。此种对中国近代史研究之动机,其初乃由西方人士与中国政治社会之现实的接触,及对中国政治与国际局势之现实的关系之注意而引起。此种现实的动机,与上述由对文物之好奇心,而作对文物之纯学术的研究之动机,正成一对反。而此种动机,亦似较易引起人去注意活的中华民族之诸问题。但由现实政治之观点,去研究中国历史者,乃由今溯古,由流溯源,由果推因之观点。当前之现实政治时在变化之中,如研究者对现实政治之态度,亦各不一致,而时在变化之中。如研究者之动机,仅由接触何种之现实政治而引起,则其所拟定之问题,所注目之事实,所用以解释事实之假设,所导向之结论,皆不免为其个人接触某种现实政治时之个人之感情,及其对某种现实政治之主观的态度所决定。此皆易使其陷于个人及一时一地之偏见。欲去此弊,则必须顺中国文化历史之次序,由古至今,由源至流,由因至果之逐渐发展之方向,更须把握中国文化之本质,及其在历史中所经之曲折,乃能了解中国近代史之意义,及中国文化历史之未来与前途。由此以研究近代史,则研究者必须先超越其个人对现实政治之主观态度,并须常想到其在现实政治中所接触之事实,或只为偶然不重要之事实,或只为在未来历史中即将改变之事实,或系由中国文化所遇之曲折,而发生之事实。由是而其所拟定之问题,当注目之事实,及用以解释事实之假设,与导向之结论,皆须由其对中国文化历史之整个发展方向之认识,以为决定。然因世界汉学者,研究中国近代史之兴趣,本多由其对中国政治社会之现实的接触,及对中国政治与国际局势之现实关系之注意而起,则上述之偏弊,成为在实际上最难除去者。我们以上所说,并无意否认根据任何动机,以从事研究中国学术文化史者所作之努力,在客观上之价值。此客观价值,亦尽可超出于其最初研究时之主观动机之外。而研究者在其研究过程中,亦可不断改变其原来之主观动机。但是我们不能不说此诸主观动机,在事实上,常使研究者只取一片面的观点,去研究中国之学术文化,而在事实上亦已产生不少对于中国学术文化之过去现在与未来之误解。故我们不能不提出另一种研究中国学术文化动机与态度,同时把我们本此动机与态度,去研究所已得的关于中国学术文化之过去现在与未来的结论,在大端上加以指出,以恳求世界人士的注意。

三　中国历史文化之精神生命之肯定

我们首先要恳求:中国与世界人士研究中国学术文化者,须肯定承认中国文化之活的生命之存在。我们不能否认,在许多西方人与中国人之心目中,中国文化已经死了。如斯宾格勒,即以中国文化到汉代已死。而中国五四运动以来流行之整理国故之口号,亦是把中国以前之学术文化,统于一"国故"之名词之下,而不免视之如字纸篓中之物,只待整理一番,以便归档存案的。而百年来中国民主建国运动之着着失败,及今十分之九的中国人,在列宁史大林之像前缄默无言,不及十分之一的中国人,漂流于台湾孤岛及海外,更似客观的证明,中国文化的生命已经死亡。于是一切对中国学术文化之研究,皆如只是凭吊古迹。这一种观念,我们首先要恳求大家将其去掉。我们不否认,百年来中国民主建国运动之着着失败,曾屡使爱护中国的中国人士与世界人士,不断失望。我们亦不否认,中国文化正在生病,病至生出许多奇形怪状之赘疣,以致失去原形。但病人仍有活的生命。我们要治病,先要肯定病人生命之存在。不能先假定病人已死,而只足供医学家之解剖研究。至于要问中国文化只是生病而非死亡之证据在哪里?在客观方面的证据,后文再说。但另有一眼前的证据,当下即是。就是在发表此文的我们,自知我们并未死亡。如果读者们是研究中国学术文化的,你们亦没有死亡。如果我们同你们都是活的,而大家心目中同有中国文化,则中国文化便不能是死的。在人之活的心灵中的东西,纵使是已过去的死的,此心灵亦能使之复活。人类过去之历史文化,亦一直活在研究者的了解、凭吊、怀念的心灵中。这个道理,本是不难承认的极平凡的道理。亦没有一个研究人类过去历史文化的人,不自认自己是活人,不自认其所著的书,是由他的活的生命心血,所贯注的书;不自认其生命心血之贯注处,一切过去的东西,如在目前。但是一个自以为是在用自己之生命心血,对人类过去之历史文化作研究者,因其手边只有这些文物,于是总易忘了此过去之历史文化之本身,亦是无数代的人,以其生命心血,一页一页的写成的;总易忘了这中间有血,有汗,有泪,有笑,有一贯的理想与精神在贯注。因为忘了这些,便不能把此过去之历史文化,当作是一客观的人类之精神生命之表现。遂在研究之时，没有同情，没有敬意，亦不期望此客观的精神生命之表现，能继续的发展下去；更不会想到：今日还有真实存在于此历史文化大流之中的有血有肉的人，正在努力使此客观的精神生命之表现，继续发展下去，因而对之亦发生一些同情和敬意。这些事，在此种研究者的心中，认为是情感上的事，是妨碍客观冷静的研究的，是文学家、政治宣传家，或渲染历史文化之色彩的哲学家的事，不是研究者的事。但是这种研究者之根本错误，就在这里。这一种把情感与理智割裂的态度，忽略其所研究之历史文化，是人类之客观精神生命之表现的态度，正是原于此种研究者之最大自私，即只承认其研究工作中，有生命、有心血，此外皆无生命、无心血。此是忘了人类之历史文化，不同于客观外在的自然物，而只以对客观外在之自然物之研究态度，来对人类之历史文化。此是把人类之历史文化，化同于自然界的化石。这中间不仅包含一道德上的罪孽，同时也是对人类历史文化的最不客观的态度。因为客观上的历史文化，本来自始即是人类之客观精神生命之表现。我们可以说，对一切人间的事物，若是根本没有同情与敬意，即根本无真实的了解。因一切人间事物之呈现于我们之感觉界者，只是表象。此表象之意义，只有由我们自己的生命心灵，透到此表象之后面，去同情体验其依于什么一种人类之生命心灵而有，然后能有真实的了解。我们要透至此表象之后面，则我们必须先能超越我们个人自己之主观的生命心灵，而有一肯定尊重客观的人类生命心灵之敬意。此敬意是一导引我们之智慧的光辉，去照察了解其他生命心灵之内部之一引线。只有此引线，而无智慧之运用，以从事研究，固然无了解。但是莫有此敬意为引线，则我们将对此呈现于感觉界之诸表象，只凭我们在主观上之习惯的成见，加以解释，以至凭任意联想的偶发的奇想，加以解释。这就必然产生无数的误解，而不能成就客观的了解。要成就此客观的了解，则必须以我们对所欲了解者的敬意，导其先路。敬意向前伸展增加一分，智慧的运用，亦随之增加一分，了解亦随之增加一分。敬意之伸展在什么地方停止，则智慧之运用，亦即呆滞不前，人间事物之表象，即成为只是如此如此呈现之一感觉界事物，或一无生命心灵存在于其内部之自然物；再下一步，便又只成为凭我们主观的自由，任意加以猜想解释的对象，于以产生误解。所以照我们的意思,如果任何研究中国之历史文化的人,不能真实肯定中国之历史文化,乃系无数代的中国人,以其生命心血所写成,而为一客观的精神生命之表现,因而多少寄以同情与敬意,则中国之历史文化,在他们之前,必然只等于一堆无生命精神之文物,如同死的化石。然而由此遽推断中国文化为已死,却系大错。这只因从死的眼光中,所看出来的东西永远是死的而已。然而我们仍承认一切以死的眼光,看中国文化的人,研究中国文化的人,其精神生命是活的,其著的书是活的精神生命之表现。我们的恳求,只是望大家推扩自己之当下自觉是活的之一念,而肯定中国之历史文化,亦是继续不断的一活的客观的精神生命之表现,则由此研究所得的结论,将更有其客观的意义。如果无此肯定,或有之而不能时时被自觉的提起,则一切对中国历史文化的研究,皆似最冷静客观,而实则亦可能只是最主观的自由任意的猜想与解释,在根本上可完全不能相应。所以研究者切实把自己的研究动机,加以反省检讨,乃推进研究工作的重大关键。

四　中国哲学思想在中国文化中之地位
及其与西方哲学之不同

如上所说,我们研究中国之历史文化学术,要把它视作中国民族之客观的精神生命之表现来看。但这个精神生命之核心在哪里?我们可说,它在中国人之思想或哲学之中。这并不是说,中国之思想或哲学,决定中国之文化历史。而是说,只有从中国之思想或哲学下手,才能照明中国文化历史中之精神生命。因而研究中国历史文化之大路,重要的是由中国之哲学思想之中心,再一层一层的透出去,而不应只是从分散的中国历史文物之各方面之零碎的研究,再慢慢地综结起来。后面这条路,犹如从分散的枝叶,去通到根干,似亦无不可。但是我们要知道,此分散的枝叶,同时能遮蔽其所托之根干。这常易使研究者之心灵,只是由此一叶面,再伸到另一叶面,在诸叶面上盘桓。此时人若要真寻得根干,还得要翻到枝叶下面去,直看枝叶之如何交会于一中心根干。这即是说,我们必须深入到历史留传下之书籍文物里面,探求其哲学思想之所在,以此为研究之中心。但我们在了解此根干后,又还须顺着根干,延伸到千枝万叶上去,然后才能从此千枝竞秀、万叶争荣上,看出树木之生机郁勃的生命力量，与精神的风姿。

我们之所以要用树木之根干与枝叶之关系，来比喻中国历史文物之各方面，与中国之哲学思想，对于中国文化精神生命之关系，同时是为表明中国文化之性质，兼表明要了解中国哲学思想，不能只用了解西方哲学思想之态度来了解。我们此处所指之中国文化之性质，乃指其"一本性"。此一本性乃谓中国文化，在本源上，是一个体系。此一本并不否认其多根。此乃比喻在古代中国，亦有不同之文化地区。但此并不妨碍，中国古代文化之有一脉相承之统绪。殷革夏命而承夏之文化，周革殷命而承殷之文化，即成三代文化之一统相承。此后秦继周，汉继秦，以至唐、宋、元、明、清，中国在政治上，有分有合，但总以大一统为常道。且政治的分合，从未影响到文化学术思想的大归趋，此即所谓道统之相传。

中国历史文化中道统之说，或非中国现代人与西方人所乐闻，但无论乐闻与否，这是中国历史上的事实。此事实，乃源于中国文化之一本性。中国人之有此统之观念，除其理论上之理由，今暂置不说外，其事实上的原因，是因中国大陆与欧洲大陆，其文化历史，自来即不一样。欧洲古代之希腊城邦，势力分布于希腊本土，及诸海上殖民地，原无一统的希腊世界。而近代西方文化，除有希腊之来源外，尚有罗马、希伯来、日耳曼、回教等之来源。中国文化，虽亦有来源于印度文化、阿拉伯文化，及昔所谓四夷者，亦有间接来自希腊罗马者；然而在百年以前之中国，在根本上只是一个文化统系一脉相传，则是没有问题的。西方文化之统，则因现实上来源之众多，难于建立，于是乃以超现实世界之宗教信仰中之上帝，为其统。由希伯来宗教与希腊思想罗马文化精神之结合，乃有中古时代短期存在的神圣罗马帝国之统。然此统，不久即告分裂。今欲使西方诸国家及其文化复归于统一，恐当在全人类合归天下一家之时。而中国文化则自来即有其一贯之统绪的存在。这是中西文化，在来源上的根本分别，为我们所不能忽略的。

这种西方文化之有各种文化来源，使西方文化学术之内容，特显复杂丰富，同时亦是西方之有明显的分门别类，而相对独立之学术文化领域之原因。西方之科学哲学，源于希腊，法律源于罗马，宗教源于希伯来，其文化来源不同，研究之方法、态度、目标亦不必相同，而各自成范围,各成界限。而单就哲学说,西方之哲学自希腊以来,即属少数哲学家,作遗世独立之思辨(Speculation)之事。故哲学家之世界,恒自成一天地。每一哲学家,都欲自造一思想系统,穷老尽气,以求表现于文字著作之中。至欲表现其思想于生活行事之中者,实寥寥可数。而此类著作,其界说严,论证多,而析理亦甚繁。故凡以西洋哲学之眼光,去看中国哲人之著作,则无不觉其粗疏简陋,此亦世界之研究中国学术文化者,不愿对中国哲学思想中多所致力的原因之一。

但是我们如果首先认识此中国文化之一本性,知中国之哲学科学与宗教、政治、法律、伦理、道德,并无不同之文化来源。而中国过去,亦并无视一个人哲学之思辨,可自成一天地之说。更无哲学家必须一人自造一思想系统,以全表之于文字著作中之说。则中国哲学著作以要言不繁为理想,而疏于界说之厘定,论证之建立,亦不足为怪。而吾人之了解中国哲学思想,亦自始不当离哲学家之全人格、全生活,及其与所接之师友之谈论,所在之整个社会中之行事,及其文化思想之渊源,与其所尚论之古今人物等,而了解,亦彰彰明甚。而人真能由此去了解中国哲人,则可见其思想之表现于文字者,虽似粗疏简陋,而其所涵之精神意义、文化意义、历史意义,则正可极丰富而极精深。此正如一树之根干,虽极朴质简单,而透过其所贯注之千条万叶以观,则生机郁勃,而内容丰富。由此我们可知,欲了解中国文化,必须透过其哲学核心去了解,而真了解中国哲学,又还须再由此哲学之文化意义去了解。以中国文化有其一本性,在政治上有政统,故哲学中即有道统。反之,如果我们不了解中国文化之一本性,不知中国之哲人及哲学,在中国文化中所处之地位,不同于西方哲人及哲学,在西方文化中所处之地位,则我们可根本不从此去看:中国哲学思想,与中国文化之关系及多方面之意义,更不知中国哲学中,有历代相传之道统之意义所在,而将只从中国哲学著作外表之简单粗疏,以定为无多研究之价值,并或以道统之说,为西方所谓思想统制之类。而不知其以看西方哲学著作之眼光,看中国哲学著作,正由于其蔽于西方文化历史之情形,而未能肯定中国文化之独立性;未知中国文化以其来源为一本,则其文化之精神生命之表现方式,亦不必与文化来源为多元之西方文化相同也。

五　中国文化中之伦理道德与宗教精神

对于中国文化，好多年来之中国与世界人士，有一普遍流行的看法，即以中国文化，是注重人与人之间伦理道德，而不重人对神之宗教信仰的。这种看法，在原则上并不错。但在一般人的观念中，同时以中国文化所重的伦理道德，只是求现实的人与人关系的调整，以维持社会政治之秩序；同时以为中国文化中莫有宗教性的超越感情，中国之伦理道德思想，都是一些外表的行为规范的条文，缺乏内心之精神生活上的根据。这种看法，却犯了莫大的错误。这种看法的来源，盖首由于到中国之西方人初只是传教士、商人、军人与外交官，故其到中国之第一目标，并非真为了解中国，亦不必真能有机会，与能代表中国文化精神之中国人，有深切的接触。于是其所观察者，可只是中国一般人民之生活风俗之外表，而只见中国之伦理规范，礼教仪节之维持现实社会政治秩序之效用的方面，而对中国之伦理道德，在人之内心的精神生活上之根据，及此中所包含宗教性的超越感情，却看不见。而在传教士之心中，因其目标本在传教，故其目光亦必多少不免先从中国文化之缺乏宗教精神之方面看。而传教士等初至中国之所接触者，又都是中国之下层民众。故对于中国民间流行宗教性之迷信，亦特为注意。此种迷信中，自更看不出什么高级的宗教精神。又因近百年来西方人在中国之传教事业，乃由西方之炮舰，先打开了中国门户，再跟着商船来的。中国之传统文化，自来不崇拜武力与商人，因而对于随炮舰商船来之传教士，旋即视之为西方文化侵略的象征。由此而近代中国之学术界，自清末到"五四"时代之学者，都不愿信西方之宗教，亦不重中国文化之宗教精神。五四运动时代领导思想界的思想家，又多是一些只崇拜科学民主，在哲学上相信实用主义、唯物主义、自然主义的人，故其解释中国之学术文化，亦尽量从其缺宗教性方面看。而对中国之旧道德，则专从其化为形式的礼教风俗方面看，而要加以打倒。于是亦视中国之伦理道德，只是一些外表的行为规范，而无内在之精神生活之内容者。至后来之共产主义者，因其为先天的无神论者，并只重道德之社会效用者，更不愿见中国文化精神中之宗教性之成份，而更看不见中国之伦理道德之内在的精神生活上的根据。此与西方传教士等，初到中国之观感所得，正可互相配合,而归于同一之论断。

但是照我们的看法,则中国莫有像西方那种制度的宗教教会与宗教战争,是不成问题的。但西方所以有由中古至今之基督教会,乃由希伯来之独立的宗教文化传统,与希腊思想、罗马文化、日耳曼之民族气质结合而来。此中以基督教之来源,是一独立之希伯来文化,故有独立之教会。又以其所结合之希腊思想、罗马文化、日耳曼之民族气质之不同,故有东正教、天主教及新教之分裂,而导致宗教战争。然而在中国,则由其文化来源之一本性,中国古代文化中,并无一独立之宗教文化传统,如希伯来者,亦无希伯来之祭司僧侣之组织之传统,所以当然不能有西方那种制度的宗教。但是这一句话之涵义中,并不包含中国民族先天的缺乏宗教性的超越感情,或宗教精神,而只知重现实的伦理道德。这只当更由以证明中国民族之宗教性的超越感情,及宗教精神,因与其所重之伦理道德,同来源于一本之文化,而与其伦理道德之精神,遂合一而不可分。这应当是非常明白的道理。然而人们只以西方之文化历史的眼光看中国,却常把此明白的道理忽视了。照我们的看法,中国诗书中之原重上帝或天之信仰,是很明显的。此点,三百年前到中国之耶稣会士亦注意到,而祭天地社稷之礼,亦一直为后代儒者所重视,历代帝王所遵行,至民国初年而后废。而中国民间之家庭,今亦尚有天地君亲师之神位。说中国人之祭天地祖宗之礼中,莫有一宗教性的超越感情,是不能说的。当然过去中国之只有皇帝,才能行郊祀之礼,便使此宗教感情在民间,缺乏礼制以维持之,而归于薄弱。而皇帝之祭天,亦或是奉行故事,以自固其统治权。皇帝祭天,又是政教合一之事,尤为西方人及今之中国人之所呵责。但是中国人之只以皇帝祭天,亦自有其理由。此乃以天子代表万民祭天,亦犹如西方教皇之可代表万民,向上帝祈祷。而政教合一之所以被西方人视为大忌,亦根本上由于西方教权所在之教会,与西方历史中政权所在之政府,原为不同之文化来源之故。因其来源不同,故无论以教权统制政权,或以政权统制教权,皆使一方受委屈,因而必归于政教分离。而此政教分离,亦确有其在客观上使政治宗教各得其所之价值。此亦为我们在理论上所承认者。但以中西文化之不同,则在西方之以政教合一为大罪者,在中国过去历史中,则未必为大罪。而在西方,以宗教可与政治以及一般之社会伦理道德皆分离，固特见其有宗教。然在中国，则宗教本不与政治及伦理道德分离，亦非即无宗教。此二点，仍值得吾人研究中国文化者之注意。

至于纯从中国人之人生道德伦理之实践方面说，则此中亦明涵有宗教性之超越感情。在中国人生道德思想中，大家无论如何不能忽视，由古至今中国思想家所重视之天人合德、天人合一、天人不二、天人同体之观念。此中之所谓天之意义，自有各种之不同。在一意义下，此天即指目所见之物质之天。然而此天之观念，在中国古代思想中，明指有人格之上帝。即在孔孟老庄思想中之天之意义，虽各有不同。然无论如何，我们不能否认他们所谓天之观念之所指，初为超越现实的个人自我，与现实之人与人关系的。而真正研究中国学术文化者，其真问题所在，当在问中国古代人对天之宗教信仰，如何贯注于后来思想家之对于人的思想中，而成天人合一一类之思想，及中国古代文化之宗教的方面，如何融和于后来之人生伦理道德方面，及中国文化之其他方面。如果这样去研究，则不是中国思想中有无上帝或天、有无宗教之问题，而其所导向之结论，亦不是一简单的中国文化中无神、无上帝、无宗教，而是中国文化能使天人交贯，一方使天由上彻下以内在于人，一方亦使人由下升上而上通于天。这亦不是只用西方思想来直接类比，便能得一决定之了解的。

此外中国人之人生道德伦理之实践方面之学问，此乃属中国所谓义理之学中。此所谓义理之学，乃自觉的依义理之当然以定是非，以定自己之存心与行为。此亦明非只限于一表面的人与人之关系之调整，以维持政治社会之秩序，而其目标实在人之道德人格之真正的完成。此人格之完成，系于人之处处只见义理之当然，而不见利害、祸福、得失、生死。而此中之只求依义理之当然，不求苟生苟存，尤为儒者之学之所特注重。我们须知，凡只知重现实的功利主义者、自然主义者，与唯物主义者，都不能对死之问题正视。因死乃我的现实世界之不存在，故死恒为形上的宗教的思想之对象。然而中国之儒家思想，则自来要人兼正视生，亦正视死的。所谓杀身成仁，舍生取义，志士不忘在沟壑，勇士不忘丧其元，都是要人把死之问题放在面前，而把仁义之价值之超过个人生命之价值，凸显出来。而历代之气节之士，都是能舍生取义、杀身成仁的。西方人对于殉道者,无不承认其对于道有一宗教性之超越信仰。则中国儒者之此类之教,及气节之士之心志与行为,又岂无一宗教性之信仰之存在?而中国儒者之言气节,可以从容就义为最高理想,此乃自觉的舍生取义。此中如无对义之绝对的信仰,又如何可能?此所信仰的是什么,这可说即是仁义之价值之本身,道之本身。亦可说是要留天地正气,或为要行其心之所安,而不必是上帝之诚命,或上帝的意旨。然而此中人心之所安之道之所在,或天地正气之所在,即使人可置死生于度外,则此心之所安之道,一方内在于此心,一方亦即超越过个人之现实生命之道,而人对此道之信仰,岂非即宗教性之超越信仰?

我们希望世界人士研究中国文化,勿以中国人只知重视现实的人与人间行为之外表规范,以维持社会政治之秩序,而须注意其中之天人合一之思想,从事道德实践时对道之宗教性的信仰。这是我们要大家注意的第一点。

六 中国心性之学的意义

我们从中国人对于道之宗教性信仰,便可转到论中国之心性之学。此心性之学,是中国古时所谓义理之学之又一方面,即论人之当然的义理之本源所在者。此心性之学,亦最为世之研究中国学术文化者,所忽略所误解的。而实则此心性之学,正为中国学术思想之核心,亦是中国思想中之所以有天人合德之说之真正理由所在。

中国心性之学,乃至宋明而后大盛。宋明思想,亦实系先秦以后,中国思想第二最高阶段之发展。但在先秦之儒家道家思想中,实已早以其对心性之认识为其思想之核心。此我们另有文讨论。古文《尚书》所谓尧舜禹十六字相传之心法,固是晚出的,但后人之所以要伪造此说,宋明儒之所以深信此为中国道统之传之来源所在,亦正因为他们相信中国之学术文化,当以心性之学为其本源。然而现今之中国与世界之学者,皆不能了解此心性之学,为中国之学术文化之核心所在。其所以致此者,首因清代三百年之学术,乃是反宋明儒,而重对书籍文物之考证训诂的。故最讨厌谈心谈性。由清末西化东渐,中国人所羡慕于西方者,初乃其炮舰武器,进而及其他科学技术,政治法制。五四运动时代之中国思想界,一方讲科学民主,一方亦以清代考证之学中有科学方法,而人多喜提倡清代颜习斋、戴东原之学,以反对宋明儒。后来共产主义讲存在决定意识,亦不喜欢讲心性。在西方传入之宗教思想,要人自认本性中涵有原始罪恶。中国传统的心性之学,则以性善论为主流。此二者间亦至少在表面上是违反的。又宋明儒喜论理气,不似中国古代经籍中尚多言上帝。此乃自耶稣会士以来之基督教徒,亦不喜宋明儒的心性之学之故。由清末至今之中国思想界中,只有佛家学者是素重心性之学的。而在清末之古文学家如章太炎,今文学家如龚定庵,及今文学家康有为之弟子如谭嗣同等,亦皆重视佛学。但佛家心性之学,不同于中国儒家心性之学。佛学之言心性,亦特有其由观照冥会而来之详密之义。故佛学家亦多不了解中国儒家心性之学。由是中国传统的心性之学,遂为数百年之中国思想界所忽视。而在西方,则耶稣会士把中国经籍及宋明理学介绍至西方时,乃把宋明理学只当作一般西方之理性主义、自然主义、唯物主义看,此在上文已说。所以宋明理学在西方亦只被理性主义者如莱布尼兹,唯物主义者如荷尔巴哈(Holbach)等引为同调。后来虽有人翻译《朱子语录》中之人性论及其他零碎的宋明儒之文章,但亦似无人能对宋明心性之学作切实的研究者。而宋明儒之语录,又表面上较先秦诸子更为零碎,不易得其系统所在,亦与西人治哲学者之脾味不合,于是中国心性之学,遂同为今日之中国人与西方人所忽略。

中国心性之学,在今日所以又为人所误解之主要原因,则在于人恒只把此心性之学,当作西方传统哲学中之所谓理性的灵魂(Rational Soul)之理论,或认识论形上学之理论,或当作一种心理学看。而由耶稣会士下来的西方宗教家的观点,则因其初视宋明理学为无神论的自然主义,所以总想象其所谓人心人性,皆人之自然的心、自然的性。由他们直至今日,中国之性字总译为 Nature。此 Nature 一名之义,在希腊斯多噶哲学近代之浪漫主义文学,及斯宾诺萨及少数当今之自然主义哲学家如怀特海之思想中,皆颇有一深厚之意义,足与中国之性字相当。但自基督教以 Supernature 之名与 Nature 之名相对后,则 Nature 之名之义,在近代日沦于凡俗。而在西方近代之一般自然主义唯物主义哲学兴起以后,我们谈到 Human Nature,通常总是想到人之自然心理、自然本能、自然欲望上去,可以卑之无甚高论。人由此以看中国的心性之学,亦总从其平凡浅近处去解释,而不愿本西方较深入于人之精神生活内部之思想去解释。

然而照我们的了解,则认为把中国心性哲学,当作西方心理学或传统哲学中之理性的灵魂论,及认识论形上学去讲,都在根本上不对。而从与超自然相对之自然主义的观点,去看中国心性之学,因而只从平凡浅近处去加以解释,更属完全错误。西方近代所谓科学的心理学,乃把人之自然的行为当作一经验科学研究的对象看。此是一纯事实的研究,而不含任何对人之心理行为,作价值的估量的。传统哲学中之理性的灵魂论,乃将人心视作一实体,而论其单一不朽,自存诸形式的性质的。西方之认识论,乃研究纯粹的理智的认识心,如何认识外界对象,而使理智的知识如何可能的。西方一般之形上学,乃先以求了解此客观宇宙之究极的实在,与一般的构造组织为目标的。而中国由孔孟至宋明儒之心性之学,则是人之道德实践的基础,同时是随人之道德实践生活之深度,而加深此学之深度的。这不是先固定的安置一心理行为或灵魂实体作对象,在外加以研究思索,亦不是为说明知识如何可能,而有此心性之学。此心性之学中,自包含一形上学。然此形上学,乃近乎康德所谓的形上学,是为道德实践之基础,亦由道德实践而证实的形上学。而非一般先假定一究竟实在存于客观宇宙,而据一般的经验理性去推证之形上学。

因中国此种由孔孟至宋明之心性之学,有此种特殊的性质,所以如果一个人其本身不从事道德实践,或虽从事道德实践,而只以之服从一社会的道德规律、或神之命令、与新旧约《圣经》一章一句为事者,都不能真有亲切的了解。换句话说,即这种学问,不容许人只先取一冷静的求知一对象,由知此一对象后,再定我们行为的态度。此种态度,可用以对外在之自然与外在之社会,乃至对超越之上帝。然不能以之对吾人自己之道德实践,与实践中会觉悟到之心性。此中我们必须依觉悟而生实践,依实践而更增觉悟。知行二者,相依而进。此觉悟可表达之于文字,然他人之了解此文字,还须自己由实践而有一觉悟。此中实践如差一步,则觉悟与真实之了解,即差一步。在如此之实践与觉悟,相依而进之历程中,人之实践的行为,固为对外面之人物等的。但此觉悟,则纯是内在于人自己的。所以人之实践行为,向外面扩大了一步,此内在之觉悟,亦扩大了一步。依此,人之实践的行为及于家庭,则此内在之觉悟中,涵摄了家庭;及于国家,则此内在之觉悟中,涵摄了国家;及于天下宇宙,及于历史,及于一切吉凶祸福之环境,我们之内在的觉悟中,亦涵摄了此中之一切。由此而人生之一切行道而成物之事,皆为成德而成己之事。凡从外面看来,只是顺从社会之礼法,或上遵天命,或为天下后世立德、立功、立言者,从此内在之觉悟中看,皆不外尽自己之心性。人之道德实践之意志,其所关涉者无限量,而此自己之心性亦无限量。然此心性之无限量,却不可悬空去拟议,而只可从当人从事于道德实践时,无限量之事物自然展现于前,而为吾人所关切,以印证吾人与天地万物实为一体。而由此印证,即见此心此性,同时即通于天。于是人能尽心知性则知天,人之存心养性亦即所以事天。而人性即天性,人德即天德,人之尽性成德之事,皆所以赞天地之化育。所以宋明儒由此而有性理即天理,人之本心即天心,人之良知之灵明,即天地万物之灵明,人之良知良能,即乾知坤能等之思想,亦即所谓天人合一思想。此中精微广大之说,自非我们今所能一一加以论列者。然由先秦之孔孟,以至宋明儒,明有一贯之共同认识。共认此道德实践之行,与觉悟之知,二者系相依互进,共认一切对外在世界之道德实践行为,唯依于吾人之欲自尽此内在之心性,即出于吾人心性,或出于吾人心性自身之所不容自己的要求;共认人能尽此内在心性,即所以达天德、天理、天心而与天地合德,或与天地参。此即中国心性之学之传统。今人如能了解此心性之学,乃中国文化之神髓所在,则决不容许任人视中国文化,为只重外在的现实的人与人之关系之调整,而无内在之精神生活,及宗教性形上性的超越感情之说。而当知在此心性学下,人之外在的行为,实无不为依据;亦兼成就人之内在的精神生活,亦无不兼为上达天德,而赞天地之化育者。此心性之学,乃通于人之生活之内与外及人与天之枢纽所在,亦即通贯社会之伦理礼法,内心修养,宗教精神,及形上学等而一之者。然而在西方文化中,言形上学、哲学、科学,则为外于道德实践之求知一客观之对象,此为希腊之传统;言宗教则先置定一上帝之命令,此为希伯来之传统;言法律、政治、礼制、伦理,则先置定其为自外规范人群者,此主要为罗马法制伦理之传统。中国心性之学,于三者皆不类。遂为今日世界与中国之学人，习于以西方文化学术观点，看中国之学术文化者所忽略，或只由一片面之观点去看，而加以误解。此不知不了解中国心性之学，即不了解中国之文化也。

七　中国历史文化所以长久之理由

我们如果能知中国心性之学的重要，我们便可以再进而讨论，中国民族之历史文化，何以能历数千年而不断之问题。以文化历史之不断而论，只印度可与中国相比。但印度人以前一直冥心于宗教中之永恒世界，而缺历史之意识。故其文化历史虽长久，而不能真自觉其长久。中国则为文化历史长久，而又一向能自觉其长久之唯一的现存国家。然则中国文化、历史何以能如此长久？这不能如斯宾格勒之以中国文化，自汉以后即停滞不进来作解说。因汉以后中国文化并非停滞不进，若其真系停滞不进，即未有不归于死亡消灭者。有的人说，中国文化历史之所以长久，乃以中国文化注重现实生活的维持，不似西方文化之喜从事超现实生活之理想，或神境之追求，故民族现实生命，能长久保存下去。又有人说，此乃以中国文化重保守，一切生活，皆习故蹈常，不须多耗力气。故民族生命力，得因节约而长久不弊。又有人说，此因中国人重多子多孙，故历代虽迭遭天灾人祸，但以生殖繁多，人口旋即恢复，民族遂不致绝灭。此外还有各种不同之说法。这些说法，我们不能一概抹煞，说其全无理由。但皆未能从中国学术之本身以求此问题之解答。照我们的了解，则一民族之文化，为其精神生命之表现，而以学术思想为其核心。所以此问题之解答，仍应求之于中国学术思想。

如从中国之学术思想去看此一问题，则我们与其说中国文化，因重视现实生活之维持，遂不作超现实生活的追求；不如说中国之思想，自来即要求人以一超现实的心情，来调护其现实的心情，来调护其现实生活。与其说因中国文化偏重保守，致其生活皆习故蹈常，不须多耗气力；不如说中国之思想，自来即要求人不只把力气向外表现，而耗竭净尽，更要求人把气力向内收敛，以识取并培养生命气力的生生之原。与其说中国民族，因重多子多孙，而民族不易灭绝；不如说在中国之极早思想中，即重视生命的价值，因而重视生命之传承不绝。总而言之，我们与其说中国民族文化历史之所以能长久，是其他外在原因的自然结果,不如说这是因中国学术思想中,原有种种自觉的人生观念,以使此民族文化之生命,能绵延于长久而不坠。

我们之所以要说,中国思想中原有种种人生观念,以使此民族之文化生命长久,其客观的证据,是此求"久"之思想,在中国极早的时代中已经提出。中国古代之宗教思想中,有一种天命靡常的思想。此思想是说上帝或天,对于地上之各民族各君王,并无偏袒。天之降命于谁,使之为天下宗主,要视其德而定。周代的周公,即是深切认识天之降命于夏、于殷之无常,由是而对周之民族,特别谆谆告诫,求如何延续其宗祀的。此即是求民族文化之"久"的思想,而周代亦竟为中国朝代中之最久者。此中不能说没有周公之反省告诫之功。至于久之哲学观念的正式提出,则在儒家之《易传》、《中庸》中,有所谓"可大可久"及"悠久成物"之观念,《老子》中有人要法"天长地久"及"深根固蒂长生久视"之观念。《易传》、《中庸》、《老子》,皆成于战国时代。战国时代是中国古代社会,发生急剧变化,一切最不能久的时代。而此时代正是久之哲学观念,在儒家道家思想中,同时被提出的时代。可知求久先是中国古人之自觉的思想中的事,而此后之汉唐宋等朝代之各能久至数百年,皆由其政治上文化上的措施,有各种如何求久的努力。而中国整个民族文化之所以能久,则由于中国人之各种求久的思想。这些思想,由古代的史官之记载与训诫,后来历史家所叙述的历代成败兴亡之故,及哲学家指出久与不久之原理,而散布至中国之全民族,其内容是非常复杂丰富的。

简单说,这些思想,以道家形态表现的,是一种功利主义的,以退为进的,"不自生故能长生","后其身而身先,外其身而身存"的思想。此种以退为进的思想,正是以一种超越一般人对其现实的生命身体之私执,及一往向外用力之态度,而使力气向内收敛凝聚,以求身存及长生之态度。这一种态度,要人少私寡欲,要人见素抱朴,要人致虚守静,要人专气致柔,以归根复命。这是可以使人达于自然的生命力之生生之源,而保持长养人之自然生命力的。

至于这些思想,以儒家形态而表现的,则儒家亦有要人把自然生命之力气,加以内敛之一方面,其动机初是要成就人与人之间之礼。儒家承周之礼教,以温其如玉,表示君子之德。玉之特色是外温润而内坚刚。坚刚在内,则一切生命力量,都积蓄起来。《中庸》所崇尚之南方之强,与北方之强之不同处,正在北方之强,是力量都在外,而南方之强则"宽柔以教,不教无道",力量都向内收敛,所谓外温润而内坚刚。及南方之强,本是指人在道德上人所当有的德性。但是此种德性,能附带把人之生命力量,收敛积蓄于内,亦即使人之德性,更能透过身体之内部,而表现出来。则德性兼能润泽人之自然身体之生命,此即所谓"德润身""心广体胖"。在西方伦理学上谈道德,多谈道德规则、道德行为、道德之社会价值与宗教关系,但很少有人特别着重道德之彻底变化我们自然生命存在之气质,以使此自然的身体之态度气象,都表现我们之德性,同时使德性能润泽此身体之价值。而中国之儒家传统思想中,则自来即重视此点。同时中国儒者所讲之德性,依以前我们所说,其本源乃在我们之心性,而此性是天理,此心亦通于天心。此心此性,天心天理,乃我们德性的生生之源。此德性既能润泽我们之身体,则此身体之存在,亦即为此心此性之所主宰,天理天心之所贯彻,因而得被安顿调护,以真实存在于天地之间。

至于克就中国民族生命之保存而言,则中国人之重视多子多孙,亦不能仅自生物本能之欲保存种族,以为解说。因中国人之重视子孙,自周代起,即已自觉此乃所以存宗祀。存宗祀之观念的事,乃兼有宗教道德与政治之意义的。人顺其自然的生命本能,是只知男女夫妇之爱,与对所生之子女之爱的。此自然的生物本能之欲延续其生命的要求,乃一往向前流,向下流的。人只有依其能超越此向前流向下流之自然生命的趋向,而后能对其生命之所自来之父母祖宗,有其孝思。由此孝思,而虑父母祖宗之无人祭祀。此正为一超现实的求上慰父母之心、祖宗之灵之要求。由此而谓"不孝有三,无后为大"乃重生子孙,以求现实生命之继续,而其望子孙之万代不绝,亦复为一超越的理想,这不可只以生物之种族保存的本能,来作说明。这正当以贯通于中国人之思想之中,原以人之心当上通千古、下通万世,乃能显发此心之无限量,来加以说明的。

我们说中国文化中之重子孙,及承宗祀之思想,不应只以保存种族之生物本能来说明。同时认为中国人之求保存文化于永久,亦不应只以保守之习惯来说明。此二者同有一客观的证据。即在中国古代之儒家思想中,明白的以亡他人之国,灭他人之宗祀为不义。在儒家思想中,不仅须保存周公传下之文化,而且望存二王之后,以保存夏殷之文化。《春秋》所谓"兴灭国、继绝世"乃一客观普遍的原则,而不只是为孔子所在之鲁国。孔子周游列国,亦明是求当时整个之天下之有道,这不应说儒家之重保存民族与文化之思想,只是种族主义,或狭隘的国家思想,或只出于一保守习惯之动机。至于孔子之宗周攘夷,及历代中国儒者之要讲夷夏之辨,固然是一事实。但此中亦有"夷狄而中国,则中国之"的思想。依于中国文化核心的心性之学来说,则心之量无限。故凡为人之心性所印可的文化学术,即为吾人心性之所涵容摄取,而不加排斥。此即《中庸》上之所谓道并行而不相悖。由此以成就中国文化的博大的性格,而博大亦是悠久的根源。所以中国是对宗教最为宽容的国家。佛教的三武之难,及义和团事案,其原因皆由政治因素而来,而不来自文化自身,这是不消多说的。

所以只用种族本能与保守习惯一类名词,来解释中国人之重民族的文化生命之保存,解释中国历史之所以长久,我们绝对不能接受。如果要解释中国古人何以如此重夷夏之辨,其真正之理由,只在中国之文化之客观价值,是较古代之四夷为高,故不应用夷变夏。至于其他民族中文化之好的部分,依此道理,中国人则当接受而保存之。所以现在之马列主义者,要否认佛教基督教之价值,与西方文化之价值,真正之中国人仍愿为保存之而奋斗。保存到何时? 要到亿万斯年。这依于什么? 这还是依于我们之心量,应为上通千古,下通万世之心量。这是中国人重视历史文化保存之自觉的思想中,核心理由之所在,亦是中国之历史文化,所能实际存至数千年而有一贯之传统保存下来之核心理由所在。

我们以上所讲的数点,是针对世界及中国人士对于中国文化之一些流行但并不真实之观念,而把中国文化根本上的几点性质加以指出,以端正一般人研究中国学术文化的基本认识。这几点亦是中国文化之正面的价值之所在。至于中国文化理想有所不足之处,及其在现实上的缺点,我们当然承认。此俟以下再说。但是我们必须认清:看任何文化,如果真能视之为人类之客观的精神生命之表现,则我们首当注目而加以承认的,当是其原来理想所具备的正面价值的方面。我们须知,理想之不足,是在理想伸展为更大之理想时,才反照出来的。现实上的缺点与坏处,是在我们实现理想时,受了限制、阻碍及其他牵挂而后反照出来的。此乃属于第二义。我们能对于个人先认识其理想的长处,则我们可先对人有敬意。再继以认识其理想之不足与现实上之缺点,则可使我们想方法补救其理想之不足与现实上之缺点,以表现我们对他的爱护。对于为人类客观精神生命之表现的文化,也应当如此。

八 中国文化之发展与科学

我们方才说中国文化理想之不足,必待于理想之伸展,为更高更大之理想时,乃能反照出来。这亦即就是说,我们不能只以一外在的标准,来衡量中国文化之价值,指导中国文化之前途。我们要论中国文化理想之不足,我们必需先了解中国文化之理想,其本身应向什么方向伸展,才能更高更大,以反照出以前文化之缺点。要使此理想更高更大,一般的想法,总是最好把其他文化之理想,亦包括于中国文化的理想之中。但是这种想法,只是想由加添法,来扩大中国文化之理想,而没有注意到此文化之本身,要求向什么方向伸展其理想之问题。如依此加添法的想法,则世界上所有的好东西,最好中国文化中都有,这亦未尝不是一理想的扩大。如中国有通哲学道德宗教以为一之心性之学,而缺西方式之独立的哲学与宗教,我们亦愿意中国皆有之,以使中国文化更形丰富。但是如依中国之传统文化之理想说,则我们亦可认为中国无西方式之独立的宗教与哲学,并非如何严重的缺点。而西方之哲学、宗教、道德之分离,缺少中国心性之学,亦可能是西方文化中之一缺点。此点我们后当论之。故我们今不采加添法以扩大中国之文化理想。我们只当指出中国文化依其本身要求应当伸展出之文化理想是什么。

我们说中国文化依其本身之要求,应当伸展出之文化理想,是要使中国人不仅由其心性之学,以自觉其自我之为一"道德实践的主体",同时当求在政治上,能自觉为一"政治的主体",在自然界、知识界成为"认识的主体"及"实用技术的活动之主体"。这亦就是说中国需要真正的民主建国,亦需要科学与实用技术,中国文化中须接受西方或世界之文化。但是其所以需要接受西方或世界之文化,乃所以使中国人在自觉成为一道德的主体之外,兼自觉为一政治的主体、认识的主体,及实用技术活动的主体。而使中国人之人格有更高的完成,中国民族之客观的精神生命有更高的发展。此人格之更高的完成,与民族之精神生命之更高的发展,正是中国人之要自觉的成为道德实践之主体之本身所要求的,亦是中国民族之客观的精神生命之发展的途程中,原来所要求的。

我们承认中国文化历史中,缺乏西方之近代民主制度之建立,与西方之近代的科学,及各种实用技术,致使中国未能真正的现代化工业化。但是我们不能承认中国之文化思想,没有民主思想之种子,其政治发展之内在要求,不倾向于民主制度之建立。亦不能承认中国文化是反科学的,自来即轻视科学实用技术的。关于民主一层,下文再论。关于科学与实用技术一层,我们须先承认中国古代之文化,分明是注重实用技术的,故传说中之圣王,都是器物的发明者。而儒家亦素有形上之道,见于形下之器的思想,而重"正德""利用""厚生"。天文数学医学之智识,中国亦发达甚早。在十八世纪以前,关于制造器物与工农业上之技术知识,中国亦多高出于西方,此乃人所共知之事。然而我们仍承认中国的文化,缺乏西方科学者,则以我们承认西方科学根本精神,乃超实用技术动机之上者。西方科学精神,实导源于希腊人之为求知而求知。此种为求知而求知之态度,乃是要先置定一客观对象世界,而至少在暂时,收敛我们一切实用的活动,及道德实践的活动,超越我们对于客观事物之一切利害的判断,与道德价值之判断;而让我们之认识的心灵主体,一方如其所知的观察客观对象,所呈现于此主体之前之一切现象;一方顺其理性之运用,以从事纯理论的推演;由此以使客观对象世界之条理,及此理性的运用中所展现之思想范畴,逻辑规律,亦呈现于此认识的心灵主体之前,而为其所清明的加以观照涵摄者。此种科学之精神,毕竟为中国先哲之所缺,因而其理论科学,不能继续发展;而实用技术之知识,亦不能继续扩充;遂使中国人之以实用技术,利用厚生之活动,亦不能尽量伸展。中国人之缺此种科学精神,其根本上之症结所在,则中国思想之过重道德的实践,恒使其不能暂保留对于客观世界之价值的判断,于是由此判断,即直接的过渡至内在的道德修养,与外在的实际的实用活动,此即由"正德"直接过渡至"利用厚生"。正德与利用厚生之间,少了一个理论科学知识之扩充,以为其媒介;则正德之事,亦不能通到广大的利用厚生之事,或只退却为个人之内在的道德修养。由此退却,虽能使人更体悟到此内在的道德主体之尊严,此心此性之通天德天理——此即宋明理学之成就——然而亦同时闭塞了此道德主体之向外通的门路,而趋于此主体自身之寂寞与干枯。由是而在明末之王船山、顾亭林、黄梨洲等,遂同感到此道德主体只是向内收缩之毛病,而认识到此主体有向外通之必要。然因中国之缺理论科学之精神传统,故到清代,其学者之精神虽欲向外通,其对外面世界所注意及者,仍归于诸外在之文物书籍,遂只以求知此书籍文物,而对之作考证训诂之功为能事。终乃精神僵固于此文物书籍之中,内既失宋明儒对于道德主体之觉悟,外亦不能正德以利用厚生,遂产生中国文化精神之更大闭塞。但由明末清初儒者之重水利、农田、医学、律历、天文,经颜元、戴东原,以直至清末之富强运动,此中仍一贯有欲由对自然之知识,以达于正德兼利用厚生之要求,贯注于其中。而其根本之缺点所在,则只在此中间之西方理论科学之精神之媒介,为中国文化所缺,而不能达其目标。中国人欲具备此西方理论科学精神,却又须中国人之亦能随时收敛其实用的活动,暂忘其道德的目标,而此点则终未为明末以来思想家所认清。今认清此点,则中国人不仅当只求自觉成为一道德的主体,以直下贯注于利用厚生,而为实用活动之主体;更当兼求自觉成为纯粹认识之主体。当其自觉求成为认识之主体时,即须暂忘其为道德的主体,及实用活动之主体。而此事,则对在中国之传统文化下之中国人,成为最难者。但是中国人如不能兼使其自身,自觉为一认识的主体,则亦不能完成其为道德的主体,与实用活动之主体。由是而中国人真要建立其自身之成为一道德的主体,即必当要求建立其自身之兼为认识的主体。而此道德的主体之要求建立其自身之兼为一认识的主体时,此道德主体,须暂忘其为道德的主体。即此道德之主体,须暂退归于此认识之主体之后,成为认识主体的支持者。直俟此认识的主体,完成其认识之任务后,然后再施其价值判断,从事道德之实践,并引发其实用之活动。此时人之道德的主体,乃升进为能主宰其自身之进退,并主宰认识的主体自身之进退,因而更能完成其为自作主宰之道德的主体者。然而我们可以说,人之道德的主体,必须成为能主宰其自身之进退,与认识的主体之进退者,乃为最高的道德的主体。此即所谓人之最大之仁,乃兼涵仁与智者。而当其用智时,可只任此智之客观的冷静的了解对象,而放此智以弥六合,仁乃暂退隐于其后。当其不用智时,则一切智,皆卷之以退藏于密,而满腔子是恻隐之心,处处是价值判断,而唯以如何用其智,以成己成物为念。依此精神以言中国文化之发展,则中国文化中,必当建立一纯理论的科学知识之世界,或独立之科学的文化领域;在中国传统之道德性的道统观念之外,兼须建立一学统,即科学知识之传承不断之统。而此事,正为中国文化中之道德精神,求其自身之完成与升进所应有之事。亦即中国文化中道统之继续所理当要求者。至由理论科学之应用,以发展实用技术,以使中国工业化,则本与中国数千年文化中,重利用厚生之精神一贯者,其为中国人所理当要求,自更无庸论。

九　中国文化之发展与民主建国

至关于民主建国之问题,我们上已说过,中国文化历史中,缺乏西方近代之民主制度之建立。中国过去历史中,除早期之贵族封建政治外,自秦以后即为君主制度。在此君主制度下,政治上最高之权源,是在君而不在民的。由此而使中国政治本身,发生许多不能解决之问题。如君主之承继问题,改朝易姓之际之问题,宰相之地位如何确定之问题,在中国历史上皆不能有好的解决。中国过去在改朝易姓之际,只能出许多打天下的英雄,以其生命精神之力,互相搏斗,最后归于一人为君,以开一朝代。但在君主世袭之制下,遇君主既贤且能时,固可以有政治上之安定;如君主能而不贤,则可与宰相相冲突,亦可对人民暴敛横征;如君主不能不贤,则外戚、宦官、权臣皆觊觎君位,以至天下大乱。然贤能之君不可必,则一朝代终必衰亡。以致中国之政治历史,遂长显为一治一乱的循环之局。欲突破此循环之唯一道路,则只有系于民主政治制度之建立。故四十六年前,亦终有中华民国之成立。而现在之问题,则唯在中国民族迄今尚未能真正完成其民主建国之事业。

但是中国今虽尚未能完成其民主建国之事业,然我们却不能说中国政治发展之内在要求,不倾向于民主制度之建立。更不能说中国文化中,无民主思想之种子。首先我们应当知道,中国过去政治,虽是君主制度,但此与一般西方君主制度,自来即不完全相同。此种不同,自中国最早的政治思想上说,即以民意代表天命。故奉天承命的人君,必表现为对民意之尊重,且须受民意之考验。所以在政治制度上,遂"使公卿至于列士献诗……百工谏,庶人传语,近臣尽规,亲戚补察,瞽史教诲",以求政府成为通上下之情的机构。同时史官的秉笔直书,人臣对于人君死后所共同评定的谥法,都是使人君的行为有多少顾忌。这些都是对君主所施之精神上之限制。中国政治发展到后来,则有代表社会知识分子在政府中的力量之宰相制度,谏诤君主之御史制度,及提拔中国知识分子从政之征辟制度、选举制度、科举制度等。这些制度,都可使君主在政府内部之权力,受一些道德上的限制。并使政府与社会民间,经常有沟通之桥梁。而这些制度之成立,都表示中国社会之知识分子,所代表之中国文化之力量。只是这些制度之本身,是否为君主所尊重,仍只系于君主个人之道德。如其不加尊重,并无一为君主与人民所共认之根本大法——宪法——以限制之。于是中国知识分子,仍可被君主及其左右加以利用,或压迫、放逐、屠杀。而在此情形下,中国知识分子,则只能表现为气节之士。在此气节之士之精神中,即包涵对于君主及其左右之权力与意志之反抗。由此反抗之仍无救于政治上之昏乱,国家之败亡,即反照出:中国政治制度中,仅由政府内部之宰相御史等,对君主权力所施之限制,必须转出而成为:政府外部之人民之权力,对于政府权力作有效的政治上的限制。仅由君主加以采择与最后决定,而后施行之政治制度,必须化为由全体人民所建立之政治制度,即宪法下之政治制度。只是由篡窃战争,始能移转之政权,必须化为可由政党间,作和平移转之政权。此即谓由中国君主制度本身之发展,及中国文化对于君主制度下政治之反抗与要求,中国政治必须取消君主制度,而倾向于民主制度之建立。

至于我们不能说中国文化中无民主思想之种子者,则以儒道二家之政治思想,皆认为君主不当滥用权力,而望君主之无为而治,为政以德。此固只是一对君主之道德上的期望。但儒家复推尊尧舜之禅让,及汤武之革命,则是确定的指明"天下非一人之天下,而是天下人之天下"及"君位之可更迭",并认为政治之理想乃在于实现人民之好恶。此乃从孔孟到黄梨洲,一贯相仍之思想。过去儒家思想之缺点,是未知如何以法制,成就此君位之更迭,及实现人民之好恶。禅让如凭君主个人之好恶,此仍是私而非公,而儒家禅让之说,后遂化为篡夺之假借。而永远之革命,亦不能立万世之太平。儒家所言之革命,遂化为后来之群雄并起,以打天下之局。但是从儒家之肯定:天下非一人之天下,并一贯相信在道德上,人皆可以为尧舜为贤圣,及民之所好好之,民之所恶恶之等来看,此中之天下为公,人格平等之思想,即为民主政治思想根源之所在,至少亦为民主政治思想之种子所在。

我们所以说中国过去儒家之"天下为公"、"人格平等"之思想,必须发展为今日之民主建国之思想与事业者,则以此思想之发展,必与君主制度相矛盾。因君主之家天下,毕竟仍是天下为私。同时人民在政治上之地位,不能与君主平等,所谓"臣罪当诛,天王圣明";则在道德人格上,亦不能与君主平等。反之,如君主与人民在道德人格上,真正平等,则人民在政治上,应亦可言"人民圣明,君罪当诛"。若欲使此事成为可能,则君主制度必然化为民主制度。故道德上之天下为公、人格平等之思想,必然当发展至民主制度之肯定。

此种政治上之民主制度之建立,所以对中国历史文化之发展成为必需,尚有其更深的理由。在过去中国之君主制度下,君主固可以德治天下,而人民亦可沐浴于其德化之下,使天下清平。然人民如只沐浴于君主德化之下,则人民仍只是被动的接受德化,人民之道德主体仍未能树立,而只可说仅君主自树立其道德主体。然而如仅君主自树立其道德主体,而不能使人民树立其道德的主体,则此君主纵为圣君,而其一人之独圣,此即私"圣"为我有,即非真能成其为圣,亦非真能树立其道德主体。所以人君若真能树立其道德的主体,则彼纵能以德化万民,亦将以此德化万民之事本身,公诸天下,成为万民之互相德化。同时亦必将其所居之政治上之位,先公诸天下,为人人所可居之公位。然而肯定政治上之位,皆为人人所可居之公位,同时即肯定人人有平等之政治权利,肯定人人皆平等的为一政治的主体。既肯定人人平等的为一政治的主体,则依人人之公意而制定宪法,以作为共同行使政治权利之运行轨道,即使政治成为民主宪政之政治,乃自然之事。由是而我们可说,从中国历史文化之重道德主体之树立,即必当发展为政治上之民主制度,乃能使人真树立其道德的主体。民主之政治制度,乃使居政治上之公位之人,皆可进可退。而在君主制度下,此君主纵为圣君,然其一居君位,即能进而不能退。纵有圣人在下,永无为君之一日,则又能退而不能进。然本于人之道德主体对其自身之主宰性,则必要求使其自身之活动之表现于政治之上者,其进其退,皆同为可能。此中即有中国文化中之道德精神与君主制度之根本矛盾。而此矛盾,只有由肯定人人皆平等为政治的主体之民主宪政加以解决,而民主宪政亦即成为中国文化中之道德精神自身发展之所要求。今日中国之民主建国,乃中国历史文化发展至今之一大事业,而必当求其成功者,其最深理由,亦即在此。

十　我们对中国现代政治史之认识

我们以上论中国历史文化精神之发展至今,必然要求民主建国,使我们触及中国之现代史。所以我们须一略述我们对中国现代史之一些基本认识。

在怀疑中国能否民主建国的人,常由中华民国史以举证。中华民国之历史,从民国初年之一度袁世凯称帝,一度张勋复辟,及十余年之军阀割据,到民国十五年国民革命成功,即开始国民党二十年之训政,训政刚结束,表面行宪选举完成,在中国大陆即有共产党之取国民政府而代之,今已实行专政九年。这都似可证明中国政治永不能真正走上民主宪政之路,以至使人可根本怀疑,中国人民之是否真要求民主政治。

照我们之看法,关于中国人民之要求民主政治,根本是不成问题的。因袁世凯称帝,亦要先伪造民意,而洪宪之命运,亦只有数月。张勋复辟之命运更短。而国民党之训政,在中山先生之思想中,亦自始只以之作为宪政之准备工作。只有共产党所宗之马列主义,在理论上是反对西方民主的。然其必以"人民民主"之名置于专政之上,并首先以新民主主义为号召,则仍证明其未能真正否定民主,足见中国人民之要求政治民主,是不成问题的。

现在的问题是何以中国人民要求民主,而民主宪政终不能在此数十年之中国历史中实现? 则此中有现实社会的理由,亦有学术思想上之理由。就民国初年一段时期说,则辛亥革命之成功,本来主要系依于清末变法图强运动之失败,而汉民族之民族主义意识之兴起,遂将清王朝推倒。变法图强运动,虽亦要求立宪,然当时立宪之目标,只重在用新人才以求富强。而汉民族之民族主义意识之兴起,则是要雪所受于清王朝的三百年之耻辱。当时的思想中,虽亦有民权民主之观念,但这些观念之涵义,中国人民并不清楚,或视民国之成立,只为中国历史上改朝换代之类。而中国社会又自来缺乏各种宗教、经济、学术、文化之团体与地方自治之组织,及各阶级之对峙。于是民国初年之议员,多只是一种纯粹之知识分子,无社会之客观力量,以为其基础,亦不能真正代表社会某一组织某一阶层之利益。我们看西方民主政治之起源,分明由于社会之各组织各阶层之利益,互相限制,互相争取而成立。而西方之议员,亦恒有社会之客观力量,以为其言论所以有效之基础。中国则一向唯以知识分子作为社会之中心,而此知识分子,又素未与工商界结合,亦无教会之组织,则民国初年之议会,必只成为社会中浮游无根知识分子之结合;其终于不能制裁袁世凯之称帝,不能抵制曹锟之贿选,亦无足怪。至于从民主之思想方面说,则由中山先生之民权主义思想,民国初年之代议政治之理论,以至陈独秀办《新青年》之标出科学与民主之口号,固皆是民主思想。但是陈独秀等,一方面标科学与民主之口号,一方面亦要反对中国之旧文化,而要打倒孔家店。这样,则民主纯成为英美之舶来品,因而在中国文化中是无根的。以民主与科学之口号,去与数千年之中国历史文化斗争,中国文化固然被摧毁,而民主亦生不了根,亦不能为中国人共信,以成为制度。于是陈独秀终于转向社会经济方面,而重视西方帝国主义与资本主义对中国之侵略。由是而改谈马克思主义,不再谈所谓资产阶级之民主。以陈独秀这种特别标榜民主口号的人,终于一度抛弃了民主口号,这即是民国初年之民主思想之最明显的自我否定。于是民国十二三年后的中国思想,便一步步的走入马克思之旗帜下去。这不仅共产主义者为然,即当时之三民主义者如胡汉民、廖仲恺等,亦同样是唯物史观之信徒。民国十三年国民党改组,归于联俄容共,亦重在共建立一革命组织,以为北伐之准备,而不在直接实现民主制度。中山先生与陈独秀之不同,只在他始终有一由军政训政,以达民主宪政之理想。然在国民革命的实际行动中,此民主宪政之观念,并不能凸显,为人所注意。而在国民党训政的廿年中,此观念亦几为党治观念所代替。

　　至于国民党之训政,何以延至廿年之久? 此固可说是由于国民党人,在主观上之不愿轻易放弃其政权。但在客观上的原因,则由一九三〇年日本侵占东三省后,又特别唤起了中国人之民族思想。民族思想,常不免要求集中力量意志,以便对外,因而一时有各种仿效希特勒、莫索里尼等思想之兴起。及中日战争起,政体自更不易轻于改变。然人欲由此推论中国人民愿长为训政下之人民,则并无是处。故在民主政治以外之任何努力,对于解决中国问题,终皆一切归于无效。

　　至于今日共党在大陆之专政,似最易证明中国人民之不要求民主。再连上面所说的陈独秀之讲民主,而改信马列主义,及国民党人士在思想及作法上,曾受共党及法西斯之影响等,似更证明中华民国以来之思想界,并不重视民主之思想。对于这个问题,我们的答复是此共产主义思想之来源,根本不是中国的。其所以能在中国蔓延,乃由于自十九世纪末以来,中国确曾受西方资本主义的侵略,与帝国主义的压迫。此共产主义之思想,乃由住在租界中的亭子间的知识分子,因深感此侵略压迫之存在,而后介绍至中国的。这种思想之介绍至中国,并非由中国民族文化思想中,所直接发展而出,而只是由于中国民族与其文化,因受侵略压迫,不能一直发展,然后才由外输入的。这种思想之本身,并非真为中国人民,本其客观的精神生命之要求,而在正面加以接受。对中国共产党之所以能取得政权,我们不能忽视两个重大的事实。第一,即共党之坐大,初由于以共同抗日为号召,这是凭借中华民族之民族意识。第二,共党在中国大陆能取国民政府之政权而代之,其初只是与其他民主党派联合,以要求国民党还政于民,于是使国民党之党治,先在精神上解体。这是凭借中国人民之民主要求,造成国民党精神之崩溃,而收其果实。由此二者,即可证明中共今虽然在思想上要一面倒于苏俄,并实行无产阶级专政,然其所以有此表面的成功,仍正由于它凭借了中国人民之民族意识,及民主要求,而不是由于人民正面的接受了马列主义专政思想。因此马列主义之专政思想,是决不能长久成为中国文化与政治之最高指导原则的。

　　马列主义之专政思想,所以不能长久成为中国文化政治之最高指导原则,其根本理由:一、在马列主义想否认普遍的人性,而只承认阶级的人性,因而想打倒一切建基于普遍的人性基础上之宗教、哲学、文学、艺术、道德,而彻底以阶级的观点,加以划分。此处是违悖了世界一切高级文化之共同原则,尤与中国数千年之文化思想之植根于此人心人性,以建立道德的主体者,相违,而想截断中国历史文化之统绪。二、在由其阶级的人性观,所产生的无产阶级的组织,想否认每一人的个性与自由人权,这是与一切人之各为一个人,因而必有其个性,亦当有其自由人权相违的。三、在中国文化之历史的发展,是必然要使中国人除成为一道德的主体外,兼成为一政治的主体、认识的主体、实用技术的主体。人要成为一认识的主体,则其思想理性决不能为教条所束缚,而思想之自由、学术之自由,必当无条件的被肯定。四、在中国人民要成为政治的主体,则既不能容许君主一人在上,人民成为被治者,亦不能容许一党专政,使党外人只成为被治者。五、在中国传统政治中问题之一,在对于改朝易姓,君主继承等问题,无妥善的解决。但以前之君主继承,尚有习惯相传,儒者所力加维护以求天下之安定之传长子制度。而在共党之极权政治中,则最高政治领袖之继承问题,连类似传子之制亦无法建立,则只有归于如苏联列宁死后史大林死后之互相砍杀。此砍杀之必然产生,乃在于共党体制之内,视抱不同之意见之人,为必不能并存的敌人。有我无敌,有敌无我。此乃共党体制所造成之心理状态。于是共党内权力之争,同时即为参与者的生命的生死之争。故此砍杀,乃由一党专政之本性所注定者。欲避此砍杀,只能依由全民依共同遵守之宪法,以行自由之选举。使政权能在和平中移转。由此种种理由,虽则我们亦可承认在中共之集体组织之专政下,若干集体的实用技术性之事业,可暂表现若干成绩;然对整个文化之发展言,对人之个性自由人权言,对人之普遍的人性,与依于此普遍的人性,而建立之一切人类文化言,此专政乃不当长久,事实上亦必不能长久者。

其所以在事实上必不能长久之理由,即在吾人前面所言,此马列主义之思想,在中国民族之客观精神生命之要求上,本无正面之基础。中国人之接受此思想,唯因此思想乃直接以反帝国主义,反资本主义之侵略为目的。在此点之上,此种思想亦实较任何其他中国思想西方思想,其旗帜较为鲜明,而富于激动力。故自民国十二三年以来,即流行于国内。然而中国民族之所以反帝国主义、资本主义,则唯由其自身要求独立存在,并继续发展其文化于当今之世界。而此则有中华民族之精神生命正面要求的存在。此正面要求是"正"，此正面要求之受百年来之帝国主义、资本主义之侵略压迫是"反"，而马列主义则至多只是被中国人一时所信，而用以反此反者。则马列主义在根本上只是此正面要求之暂时工具。因而绝不可能倒转来代替原初之正面要求，或妨碍到此正面要求。如妨碍之，则此正面要求既能因受外来之侵略压迫，而寻求此工具，则他亦能因此工具之与其自身之矛盾，而舍弃此工具。所以无论中国今后政治发展之曲折情形，我们纵不能一一预料；然马列主义思想本身，总是要归于被否定，而中国文化之客观的精神生命，必然是向民主建国之方向前进，则是我们可以断言的。

十一　我们对于西方文化之期望及西方所应学习于东方之智慧者

西方文化是支配现代世界的文化，这是我们不能否认的事实。自十九世纪以来，世界各民族的文化，都受到西方文化的影响，都在努力学习西方之宗教、科学、哲学、文艺、法律、实用技术，亦是不能否认的事实。但是毕竟西方文化之本身，是否即足够领导人类之文化？除东方人向西方文化学习以外，西方人是否亦有须向东方文化学习之处？或我们期望西方人应向东方文化学习者是什么？由此东西文化之互相学习，我们所期待于世界学术思想之前途又是什么？这是一个大问题。我们于此亦愿一述我们之意见。

照我们对于西方文化的看法，我们承认西方文化精神之最高表现，主要在其兼承受了希腊的科学哲学精神，与希伯来之宗教精神。希伯来之宗教精神，使西方人之心灵直接通接于上帝。希腊的科学哲学精神，使西方人能对宇宙间之数理秩序，对各种事物存在之普遍范畴与特殊法则，对人类思考运行所遵守之逻辑规律，都以清明之心，加以观照涵摄，而人乃得以其认识的主体，居临于自然世界之上，而生活于普遍的理性之世界。近代之西方人最初是北方蛮族，而此蛮族又以其原始朴质之灵魂，接受此二文化精神之陶冶，而内在化之。于是此近代西方人之心灵，乃一面通接于唯一之上帝之无限的神圣，一面亦是能依普遍的理性，以认识自然世界。由此而转至近代文艺复兴时代，人对其自身有一自觉时，此二者即结合为个人人格尊严之自觉，与一种求精神上的自由之要求。由此而求改革宗教,逐渐建立民族国家,进而求自由运用理性,形成启蒙运动;求多方面的了解自然与人类社会历史,并求本对自然之知识,以改造自然;本对人类社会政治文化之理想,以改造人间。于是政治上之自由与民主、经济上之自由与公平、社会上之博爱等理想,遂相缘而生。而美国革命、法国革命、产业革命、解放黑奴运动、殖民地独立运动、社会主义运动,亦都相继而起。由科学进步之应用于自然之改造,及对社会政治经济制度之改造,二者相互为用,相得益彰;于是一二百年之西方文化,遂突飞猛进,使世界一切古老之文化,皆望尘莫及。凡此等等,盖皆有其普遍永恒之价值,而为一切其他民族所当共同推尊、赞叹、学习、仿效,以求其民族文化之平流竞进者也。

　　然此近代之西方文化,在其突飞猛进之途程中,亦明显的表现有种种之冲突、种种之问题。如由宗教改革而有宗教之战争;由民族国家之分别建立而有民族国家之战争;由产业革命而有资本主义社会中劳资之对立;为向外争取资源,开发殖民地,而有压迫弱小民族之帝国主义行动;及为争取殖民地而生之帝国主义间之战争;为实现经济平等之共产主义之理想,而导致苏俄之极权政治,遂有今日之极权世界,与西方民主国家之对立;而二十世纪以来,亚洲非洲之民族主义兴起,既与西方国家之既得利益相冲突,又因其对欧美之富强而言,整个之亚洲非洲,无异于一大无产阶级,于是亚非民族,既受西方政治上经济上之压迫侵略于前,故共产主义之思潮最易乘虚透入。亚洲非洲之民族主义与共产主义相结合,以反抗西方国家,又适足以遂苏俄一国之野心。在今日科学已发展至核子武器,足以毁灭人类之时期,人类之前途乃惶惶不可终日。此皆近代西方文化之突飞猛进所带来之后果。则我们今日对西方文化,究竟应如何重新估价? 并对之应抱有何种希望? 应为吾人所认真思考之问题。

　　从一方面看,由近代西方文化进步所带来之问题,亦多西方人自身所逐渐解决。如由宗教自由原则之确立,宗教战争已不可再起。对劳资之冲突,西方文明国家,亦有各种政治上、经济上、社会上之措施。对狭隘的民族国家观念,亦先后有国际联盟、联合国之成立,希望由此加以破除。而自美国由殖民地成为独立国家以来,世界人类的良心,在廿世纪,亦皆同趋向于谋一切殖民地之独立。人类当前的问题,唯在共产之极权世界,与西方民主国家间之对立,而亚非之民族主义,又可能与共产主义相结合。然此亦正为西方人士所竭心尽智,以求解决者。但是照我们的看法,这许多问题虽多已解决,但其问题之根源于西方文化本身之缺点者,则今日依然存在。不过今只表现的苏俄之极权世界,与西方民主国家之对立局势而已。

在今日苏俄之极权世界,与西方民主国家之对立中,居于举足轻重之地位者,分明系亚非之民族之何去何从。本来亚洲之中国文化、印度文化,及横贯亚非之回教文化,在先天上皆非唯物主义,在理论上正应与西方之自由民主文化相结合,然其今日何以尚未如此,实值得西方人士作深刻的反省。

西方人士初步之反省,是归其原因于十九世纪以来西方对亚洲非洲之侵略,以致今日尚有历史遗下之殖民地存在于亚洲及非洲。此种反省之进一步,是如罗素、斯宾格勒之说:西方人在其膨胀其文化力量于世界时,同时有一强烈的权力意志、征服意志,于是引起被征服者之反感。但是照我们之意见,此权力意志还是表面的。真正的西方人之精神之缺点,乃在其膨胀扩张其文化势力于世界的途程中,他只是运用一往的理性,而想把其理想中之观念,直下普遍化于世界;而忽略其他民族文化的特殊性,因而对之不免缺乏敬意与同情的了解,亦常不能从其他民族文化自身之发展的要求中,去看西方文化对其他民族文化之价值。此义在我们研究中国文化的态度时,已提到而未加说明。本来这种运用一往的理性,而想把理想中之观念直下普遍化出去,原是一切人之同有的原始的理性活动之形态。但因西方文化本源于希伯来与希腊之文化传统,而近代西方人又重实用技术之精神,于是近代西方人遂特富于此心习。因为依希腊文化之传统,人之理性的思维,须自觉的把握一切普遍者,而呈现之于人心之前。又依希伯来之宗教文化传统,则人信上帝是有预定之计划,乃由上至下以实现其计划于世界者。而本近代之实用技术之精神,则人对自然社会之改造,都是把由我们之理性,所形成之普遍理想,依一定之方法,而实现之于现实者。由是而上信上帝,又有依理性而形成之普遍理想,而兼习于实用技术精神之西方人,遂有一种自觉或不自觉的心习,即如承上帝之意旨,以把其依理性所形成之理想,一直贯注下去之心习。这个心习,在一个人身上表现,后果还不严重，但在一群人身上表现，以形成一宗教社会政治经济之改革运动时，则依此心习所积成之一群人之活动，遂只能一往直前，由是而其力量扩张至某一程度，即与另一群抱不同理想之人，互相冲突。此乃近代之宗教战争，民族国家之冲突，经济上阶级之冲突，各种政治上主义信仰者间之斗争，恒归于非常剧烈，无从避免之原因。亦是各西方国家之政治经济文化之力量，必须转而向亚非各洲膨胀，以暂缓和其内部之冲突，遂再转而为对弱小民族之侵略压迫，并造成争殖民地之战争之原因；同时亦即是西方人今日之良心，虽已认殖民地为不当有，在亦愿与亚洲非洲民族结合，但仍不能对亚洲民族文化之特殊性，加以尊重与同情的了解，而仍貌合神离之原因。

又据我们东方亚洲人之所感觉，西方之个人，在本其此种心习，来与东方人办理外交政治事务，以及传教或办教育文化之事务，而同时又在对东方作研究工作时，更有一种气味，为我们时时会接触，觉其不好受，而又不易表诸文字者。此即在其研究的态度中，把其承继希腊精神而来之科学的理智的冷静分析态度，特为凸出；而在此态度之后，则为其所存之于心的理想计划，预备在研究之后，去实施或进行者。于此情形下，东方人一方自觉成为西方人之冷静的研究对象，一方又觉其正预备以其理想计划，自上贯注下来，到自己身上。东方人在觉其自身只为一冷静的研究对象时，即觉为被西方人所推远，而感到深细的冷酷；而在其觉西方正以其预定之理想贯注下来时，则感一精神上的压迫。而此种感觉，则更使东方人与西方人之直接的交际关系，亦归于貌合神离。而在西方人方面，如自信其理想是公的好的，亦是为东方人本身想的，则恒以此种东方人之貌合神离，乃由东方人之不知其好意，或东方人对西方人有距离感、自卑感，以及仇恨心，或为东方人之狭隘的民族国家意识，及文化意识，从中为梗。这些东西，我们亦不能完全否认东方人之莫有，而且亦可能有得很多。但是西方人本身之态度，亦正有极大的关系。而此种态度，在根本上正由西方所承受之希腊文化精神、希伯来精神，及近代之实用技术精神，三者之一种方式的结合之产物。此乃与西方文化之好处、西方人之长处，难于分别者。当我们东方人了解到此点时，亦应当对西方人之此种态度，加以谅解。然而西方人如真欲其对人之态度，与其自身之精神，再进一步。或真欲与东方人，亚洲人及非洲人接触以调整人类关系,谋取世界和平,以保西方文化本身之永远存在于人间世界;则我们认为西方人之精神理想,尚可再上升进一步,除由承继希腊精神、希伯来精神,而加以发展出之近代西方之精神以外,尚可有学习于东方之人生智慧,以完成其自身精神思想之升进者。此有五点可说。

西方人应向东方文化学习之第一点,我们认为是"当下即是"之精神,与"一切放下"之襟抱。西方文化精神之长处,在其能向前作无限之追求,作无穷之开辟。但在此向前追求、开辟之精神状态中,人虽能以宗教上之上帝为托命之所,而在真实生活中,其当下一念,实是空虚而无可在地上立足。由此念念相续,亦皆实空虚而无可在地上立足。于是西方之个人与国家,必以向前之追求开辟,填补其当下之空虚。当其追求开辟之力量,随自然之生命之限制,或外来之阻限,而不能不停顿时,其个人之生命,国家之生命亦可能同时倒下。故西方之老人,多为凄凉寂寞之老人;而西方历史上之强国,当为一仆不起,或绝灭不世之强国。中国文化以心性为一切价值之根源,故人对此心性有一念之自觉,则人生价值、宇宙价值,皆全部呈显,圆满具足。人之生命,即当下安顿于此一念之中,此即所谓"无待他求,当下即是"之人生境界。中国以知进而不知退,为人生之危机,而此正西方文化之特点。其所以不知退,则因在其当下精神中,实无可立足之地。则由当下即是之生活智慧,可与西方人以随时可有立足之地,此即可增加西方文化自身之安全感与坚韧性。

其次,西方以承希腊精神之重智而来之文化活动,必表现为概念之构成。此为成就知识之必需条件。但西方人士之沉浸于概念知识之积累者,无形中恒以概念积累之多少,定人生内容之丰富与否。此固有其一面之意义。但概念之本身,对具体之人生而言,本有一距离,且有其局限,易造成阻隔。人之精神中如时时都背负一种概念的东西,则胸襟不能广大空阔。此缺点,首表现为西方人之不易与东方人有真实的Authentic 接触。我们与他人之真实接触,首先要我们心中全莫有东西,形成一生命之直接相照射。一有此概念的东西,则此东西,虽亦可为媒介,以使我们得同其他与此概念发生关系的人接触;但是此种概念的东西,却同时可成为人与人的真实接触之阻隔。此种概念的东西,包括我们预定的计划目标,用以联系人之抽象理想,用以衡量人之抽象标准、成见、习见等。这些东西在我们求与人有真实接触时,都应一切放下。唯由此放下,而后我与人才有彼此生命间直相照射,直相肯定,而有真实的了解。此事似易而实难,必需极深的修养。此中有各层级之工夫可用。而皆须在平时用,然后我在接触人时,才有真实的接触,与真实的了解。此平时之工夫,是在我平日生活中,随时在自觉有东西时,随时超越之而放下之。此放下之智慧,印度思想中名之为空之智慧,解脱之智慧。在中国道家称之为虚之智慧,无之智慧。中国儒家称之为"空空如也""毋意、毋必、毋固、毋我""廓然大公"之智慧。由此种智慧之运用,去看生活中之一切经验事物、理想事物,都要使之成为透明无碍。于是人虽可照常的有概念的知识、理想,但他可以无执着,无执着则虽有而能超越此有,若无若有。这种智慧,要使百万富翁,觉其身无长物;使大政治家,觉"尧舜事业何异浮云过太虚";使一切大科学家,大哲学家之口,如"挂在壁上";使一切大传教师,自觉"无一法与人";使一切外交家,自觉只是临时的宾客。这种放下的智慧之表现于印度之哲学宗教中;中国之儒道禅宗之人物之思想与风度中,及中国之文学与艺术中者,实值得西方人之先放下其文化传统中之观念,去体会、欣赏、涵泳,然后知其意味之无穷。而其根源仍在于当下即是、一切平等之人生境界。此是西方人应向东方文化学习之第一点。

西方人应向东方文化学习之第二点,是一种圆而神的智慧。上所谓一切放下之智慧,是消极的。圆而神的智慧,则是积极的。所谓"圆而神",是中国《易经》里的名词,与"方以智"对照的。我们可说,西方之科学哲学中,一切用理智的理性所把握之普遍的概念原理,都是直的。其一个接一个,即成为方的。这些普遍的概念原理,因其是抽象的,故其应用至具体事物上,必对于具体事物之有些方面,有所忽,有所抹杀;便不能曲尽事物之特殊性与个性。要能曲尽,必须我们之智慧,成为随具体事物之特殊单独的变化,而与之宛转俱流之智慧。这种智慧之运用,最初是不执普遍者,把普遍者融化入特殊,以观特殊,使普遍者受一特殊者规定。但此受某一种特殊之规定之普遍者,被人自觉后又成一普遍者;仍须不执,融入特殊中,而空之。于是人之心灵,得再进一步,使其对普遍者之执,可才起即化,而只有一与物宛转之活泼周遍之智慧之流行。因此中对普遍者之执，才起即化，即如一直线之才向一方伸展，随即运转而成圆，以绕具体事物之中心旋转。此即为一圆而神之智慧。或中国庄子思想所谓"神解""神遇"，孟子所谓"所过者化，所存者神，上下与天地同流"。此神非上帝之神，精神之神。神者，伸也，人只以普遍之抽象概念原理观物，必有所合，亦有所不合。有不合处，便有滞碍。有滞碍，则心之精神有所不伸。必人能于其普遍抽象之概念原理，能才执即化，而有与物宛转俱流之圆的智慧，而后心之精神之运，无所不伸。故谓之圆而神之智慧。此种智慧不只是一辩证法的智慧，而略近于柏格森之所谓直觉。辩证法之智慧，是以一普遍者规定一具体实在后，即再观其限制，而更涌现一较具体化之普遍者以观物。此中之普遍，仍是一一凸出于意识之前的。而此种圆而神之智慧，则可对一切普遍者之执，才起而不待其凸出，即已在心灵之内部超化。于是在人之意识之前者，唯是一与物宛转，活泼周运之圆而神的智慧之流行。故略近于柏格森之所谓直觉，但柏格森之直觉，只是其个人之哲学观念。而中国人则随处以此圆而神之智慧，体会自然生命，观天地化几，欣赏赞美活的人格之风度，以至以此智慧观时代之风会气运之变，并本此智慧，以与人论学，而应答无方，随机指点，如天籁之流行。而我们在中国之文学艺术，与《论语》、《孟子》、《世说新语》、禅宗语录、宋明语录，及中国先儒之论学书信中，皆可随处发现此种智慧之流行。是皆待于人之能沉潜涵泳于中国文化之中，然后能深切了解的。西方人亦必须有此圆而神之智慧，乃能真与世界之不同民族，不同文化相接触，而能无所阻隔，并能以同情与敬意与之相遇，以了解其生活与精神之情调与心境；亦才能于其传统文化中所已认识之理性世界、知识世界、上帝世界、技术工业世界，分门别类的历史人文世界之外，再认识真正的具体生命世界，与人格世界与历史人文世界中一切，而与之感通。而西方之学者，亦才能于各自著书立说，自成壁垒之外，有真正的交谈，而彼此随时能相悦以解。

　　西方人应向东方文化学习之第三点，是一种温润而恻怛或悲悯之情。西方人之忠于理想，及社会服务之精神，与对人之热情与爱，都恒为东方人所不及，这是至可宝贵的。但是人对人之最高感情，不只是热情与爱。人之权力意志与占有之念，都可透入于人对人之热情与爱之中。要使此权力意志与占有之念不透入，在西方主要赖其宗教信仰，所陶冶之谦卑，及视自己之一切功德，皆所以光荣上帝，服务于上帝，亦由上帝之恩典而来之种种心情。但是人之权力意志，亦可借上帝作后盾，自信自己之所行，已为上帝所嘉许，而更向前施展。人亦可以私心想占有上帝，如在战事中与人冲突时，祈祷上帝帮助自己。此处上帝之道与人心之魔，又可俱生并长。于是基督教又有对敌人及一切罪人之宽赦Forgiveness，以求去此病。但是对人之绝对的宽赦，亦可化为对世间一切之"放弃"（Renunciation），而只求自己个人之道福。如要去此"放弃"之病，则仍须再重视爱与热情。此成了一圆圈，而爱与热情中，仍可有权力意志与占有之念。问题仍无究竟之解决。要使此问题有究竟之解决，只有人在开始对人之热情与爱中，便绝去其权力意志与占有之念之根。要去此根，则爱必须真正与敬同行。爱与敬真正同行，其涵义之一，是如我觉我对人之爱，是源于上帝，其泉源是无尽的上帝之爱，则我们对他人之敬，亦同样是无尽之敬。而此中对人之敬，亦可是敬人如敬上帝。中国所谓仁人之"事亲如事天""使民如承大祭"，即此之谓。此处不容许一个回头自念，自己是信上帝的，知道上帝之爱的，而对方却不是。如此一想，则觉对方比我低一级，而我对人之敬，则必有所不足。对人若须有真实之敬，则必须对人有直接的、绝对的、无条件的、真视"人之自身为一目的"的敬。能有此敬，则人对人之爱，皆通过礼而表现之，于是爱中之热情，皆向内收敛，而成温恭温润之德。而人对人最深的爱，则化为仁者之恻怛之情。此可通于佛家之悲悯。恻怛悲悯，与一般之爱之不同，在一般之爱，只是以自己生命精神之感情，视人如己的向人流注。此处之视人如己，即可夹杂"对人加以占有之念"之泥沙并下。而恻怛悲悯，则只是自己之真实存在之生命精神，与他人之生命精神间之一种忐忑的共感，或共同的内在振动。此中，人对人自然有真正的同情，亦有情流，向人流注。但这些情流，乃一面向外流注，一面亦为自己所吞咽，而回到自己，以感动自己；遂能将此情流中之夹杂的泥沙，加以清洗。这中间有非常微妙的道理。而更哲学的说，则西方人所重之爱，要真化为恻怛与悲悯，必须此爱之宗教的根源之上帝，不只是一超越于一切人精神之上，而为其贯通者，统一者，为人之祈祷之对象者，而须视同于人之本心深心，而透过我们之肉躯，以表现于一切真实存在之生命精神之间，直接的感通关系中者，然后可。但详细讨论此中问题，则非今之所及。

西方人应向东方学习之第四点，是如何使文化悠久的智慧。我们以前已说，中国文化是世界上唯一历史久而又自觉其久，并源于中国人之自觉的求其久，而后久的文化。现代西方近代文化，固然极精彩灿烂，但如何能免于如希腊罗马文化之衰亡，已有不少的人忧虑及此。照我们的意思，文化是各民族精神生命之表现。依自然的道理，一切表现，都是力量的耗竭。耗竭既多，则无一自然的存在力量能不衰。人之自然的精神生命之力，亦然。欲其不衰，人必须一方面有一由上通古今，下通万世之历史意识，所成之心量，并由此心量，以接触到人心深处，与天地万物深处之宇宙生生之源。此宇宙生生之源，在西方人称为上帝。由西方之宗教生活，人亦可多少接触此宇宙之生生之源。但是一般宗教生活，只赖祈祷与信仰，来接触上帝。上帝之对于人，终不免超越而外在。而人只想上帝之永恒，亦尚未必即能直下有上通千古，下通万世之历史意识所成之心量。且由祈祷信仰，以与此宇宙生生之源之上帝接触，乃是只以人之超越向上的心灵或精神，与之接触，此尚非直下以吾人生命存在自身与之接触。要使生命之存在自身与之接触，吾人还需有一段大工夫。此一段大工夫之开始点，乃在使吾人生活中之一切向外表现之事，不只顺着自然的路道走，而须随时有逆反自然之事，以归至此宇宙生生之源，而再来成就此自然，这正是我们以前所说之中国历史文化，所以能长久所根之智慧。这个智慧不只是一中国哲学的理论，而是透到中国之文学、艺术、礼仪之各方面的。依这种智慧，中国人在一切文化生活上，皆求处处有余不尽，此即所以积蓄人之生命力量，使之不致耗竭过度，而逆反人之自然的求尽量表现一切之路道，以通接于宇宙生生之源者。而以此眼光，看西方近代文化之只求效率之快速，这中间正有一大问题存在。在当前的世界，以中国人从前之尚宽闲从容之态度来应付，固然很多不适宜之处。但是近代西方世界，带着整个人类奔驰。人纵皆能乘火箭到星球世界，而一人飞上一个星球，还是终沉入太空之虚无。此并未得人类文化以及西方文化自身，真正长久存在之道。西方人亦终当有一日会感到只有上帝之永恒，而无历史文化之悠久，人并不能安居乐业于此世界，则星球中，亦不可久居。

这时西方人当会发展出一上通千古、下通万世之心量。并本此心量，以接触宇宙生生之源，而生活上处处有余不尽之价值，并会本此心量，而真重视到父母祖宗之孝，并为存宗祀而生子孙，为承继祖宗遗志而求文化之保存与延续，以实际的实现文化历史之悠久。但这些问题，亦不是我们在此文中，所能一一详细讨论的。

西方人应向东方人学习之第五点是天下一家之情怀。我们承认人类现在虽然有许多国家，而凡未能民主建国之国家，皆须一一先走上民主建国之路道。但是人类最后必然归于天下一家。所以现代人，在其作为一国家之公民之外，必须同时兼备一天下之情怀，而后世界真有天下一家之一日。在这点上说，东方人实更富于天下一家之情怀。中国人自来喜言天下与天下一家。为养成此情怀，儒家、道家、墨家、佛家之思想，皆有所贡献。墨家要人兼爱，道家要人与人相忘，佛家要人以慈悲心爱一切有情，儒家要人本其仁心之普遍涵盖之量，而以"天下为一家，中国为一人"，本仁心以相信"人皆可以为尧舜"，本仁心以相信"东西南北海，千百世之上，千百世之下之圣人心同理同"。儒家之讲仁，与基督教讲爱，有相通处，因基督教之爱，亦是遍及于一切人的。

但是基督教要先说人有原罪，其教徒是本上帝之意旨，而由上至下，以救人。儒家则多信人之性善，人自身可成圣，而与天合德。此是一冲突。但教义之不同处，亦可并行不悖，而各有其对人类与其文化之价值。但在养成人之天下一家之情怀上，则我们以为与其只赖基督教思想，不如更多兼赖儒家思想。此乃由以基督教为一制度的宗教，有许多宗派之组织，不易融通。基督教有天堂观念，亦有地狱观念；异端与不信者，是可入地狱的。则各宗派间，永不能立于平等之地位，而在自己之教会者与不在者，即分为二类，而一可上天堂，一可入地狱。如此，则基督教对人之爱虽似一无条件，仍可以有一条件，即信我的教。此处实有一极大之问题。照儒家的意思，则只要是人，同有能成圣而与天合德之性。儒家并无教会之组织，亦不必要人皆崇拜孔子，因人本皆可成圣而同于孔子，此即使儒家之教，不与一切人之宗教成为敌对。儒家有天地之观念，而无地狱之观念，亦无地狱以容异端。"万物并育而不相害，道并行而不相悖"，乃儒家之信仰。则人类真要有天下一家之情怀，儒家之精神实值得天下人之学习，以为未来世界之天下一家之准备。

此外,东方之印度之佛教婆罗教,同有一切人可成佛,而与梵天合一之思想,而可足养成人之天下一家之情怀者。此各种东方之思想,亦同连系于东方之文学艺术礼仪,而同值得西方人加以研究而学习者。

我们以上所说西方人应向东方学习者,并不能完备。尽可由人再加以补充。我们以上说的是西方文化如要完成其今日欲领导世界的目标,或完成其自身之更向上的发展,求其文化之继续存在,亦有须要向东方学习者。而这些亦不是在西方文化中莫有种子的。不过我们希望西方文化中这些种子,更能由对东方之学习,而开花结果而已。

十二　我们对世界学术思想之期望

我们如承认西方文化,亦有向东方学习的地方,则我们对于中国与世界之学术方向,还有几点主张可以提出。

(一)由于现在地球上的人类,已经由西方文化之向外膨胀,而拉在一起,并在碰面时彼此头破血流。我们想现代人类学术的主要方向,应当是我们上面所谓,由各民族对于其文化缺点之自己反省,把人类前途之问题,共同当作一整个的问题来处理。除本于西方文化传统之多元,而产生的分门别类的科学哲学之专门研究之外,人类还须发展出一大情感,以共同思索人类整个的问题。这大情感中,应当包括对不同民族、不同文化之本身之敬重与同情,及对于人类之苦难,有一真正的悲悯与恻怛之仁。由此大情感,我们可以想到人类之一切民族文化,都是人之精神生命之表现,其中有人之血与泪,因而人类皆应以孔子作《春秋》之存亡继绝的精神,来求各民族文化有价值方面之保存与发展,由此以为各种文化互相并存、互相欣赏,而互相融合的天下一家之世界之准备。

(二)人类要培植出此大的情感,则只是用人之理智的理性,去对各种自然社会人类历史,作客观的冷静的研究,便只当为人类学问之一方面。人类应当还有一种学问,这不是只把自然与人类自己所有之一切,客观化为对象,加以冷静的研究之学问;而是把人类自身当作一主体的存在看,而求此主体之存在状态,逐渐超凡入圣,使其胸襟日益广大,智慧日益清明,以进达于圆而神之境地,情感日益深厚,以使满腔子是恻怛之仁与悲悯之心的学问。这种学问不是神学,亦不只是外表的伦理规范之学,或心理卫生之学,而是一种由知贯注到行,以超化人之存在自己,以升进于神明之学。此即中国儒者所谓心性之学,或义理之学,或圣学。此种学问,在西方宗教之灵修中,印度之所谓瑜珈行中亦有之。而西方由开现代存在哲学之杞克果(Kierkegaard)之注重人如何成为基督教徒,而不注重人之入教会祈祷上帝之外表的宗教行为,亦是向人生存在自己之如何超化,而向上升进上用心的。但因西方之传统文化,是来源于以理智之理性,认识客观世界之条理之希腊精神,承受上帝之诫命,而信托上帝之启示之希伯来精神,注重社会国家之法制组织之罗马精神;所以这一种学问,并未成西方之学术之核心。而人不能超化其存在之本身,以向上升进于神明,则人之存在本身不能承载上帝,而宗教信仰亦随时可以动摇。同时人亦承载不起其自身所造成之知识世界,与科学技术所造成之文明世界,故核子弹似随时要从人手中滑出去,以毁灭人类自己。人亦承载不起由其自身所定之政治社会之法制组织,对个人自由所反施之压迫。此即为现代之极权国家,对个人自由所反施之压迫,而今之产业社会之组织对个人自由,亦同有此压迫。人类之承载不起人类自身之所信仰及所造的东西,此根本毛病,正在人类之只求客观的了解世界,以形成知识,本知识以造理想,而再将此理想,不断客观化于自然与社会,成为如存在于人生以外之文化物财。其不断积累加重,而自成一机械的外在桎梏,遂非人力之所能主宰。此处之旋乾转坤的学问,则在人之主体的存在之真正自作主宰性之树立,而此主宰性之树立,则系于人生存在自身之超化升进。此一种学问,亦即中国之所谓立人极之学问。人极立而后人才能承载人之所信仰,并运用人之所创造之一切,而主宰之。这是这个时代的人应当认识的一种大学问。

(三)从立人极之学所成之人生存在,他是一道德的主体,但同时亦是超化自己,以升进于神明的,所以他亦是真能承载上帝,而与天合德的。故此人生之存在,即兼成为"道德性与宗教性之存在"。而由其为道德的主体,在政治上即为一民主国家中之一真正的公民,而成"政治的主体"。到人类天下一家时,他即成为天下的公民,即孟子所谓天民,而仍为天下中之政治的主体。在知识世界,则他成为"认识的主体",而超临涵盖于一切客观对象之世界之上,而不沉没于客观对象之中;同时对其知识观念,随时提起,亦能随时放下。故其理智的知识,不碍与物宛转的圆而神的智慧之流行。而在整个的人类历史文化世界,则人为一"继往开来,生活于悠久无疆之历史文化世界之主体"。而同时于此历史文化世界之悠久无疆中,看见永恒的道,亦即西方所谓上帝之直接显示。这些我们以为皆应由一个新的学术思想之方向而开出。即为立人极之学所向往的究极目标。亦即是我们前文论中国文化,及西方人所当学习于东方智慧者时,所望于中国文化之发展,与世界文化之发展之目标之所在。而此目标之达到,即希腊文化中之重理智、理性之精神,由希腊之自由观念,罗马法中之平等观念,发展出之近代西方文化中民主政治的精神,希伯来之宗教精神,与东方文化中之天人合德之宗教道德智慧,成圣成贤之心性之学义理之学,与圆而神之智慧悠久无疆之历史意识,天下一家之情怀之真正的会通。此理想要何时实现,我们不知道。但要有此理想,则我们当下即可有。当下有此理想,而回到我们各人自己现实上之存在地位来作努力,则依我们中国人之存在地位,仍是如何使中国能承其自身文化发展的要求,而完成其数十年来之民主建国的事业,及中国之科学化工业化,以使中国之人生存在兼为一政治的主体与认识的主体。而西方人则应自反省其文化之缺点,而求有以学习于东方,同时以其今日之领导世界的地位,便应以兴灭国、继绝世之精神,来护持各民族文化之发展,并完成一切民族之民主建国之要求,使其今日先成为真正之公民,而在未来天下一家之世界成为天民。而其研究中国等东方民族之学术文化历史之态度,亦当如我们前面所说,应加以改变。

我们记得在十八世纪前的西方曾特别推崇过中国,而十九世纪前半的中国,亦曾自居上国,以西方为蛮夷。十九世纪的后半以至今日,则西方人视东方之中国等为落后之民族,而中国人亦自视一切皆不如人。此见天道好远,丝毫不爽。但是到了现在,东方与西方到了应当真正以眼光,平等互视对方的时候了。中国文化,现在虽表面混乱一团,过去亦曾光芒万丈。西方文化现在虽精彩夺目,未来又毕竟如何,亦可是一问题。这个时候,人类同应一通古今之变,相信人性之心同理同的精神,来共同担负人类的艰难、苦难、缺点,同过失,然后才能开出人类的新路。

牟宗三　徐复观　张君劢　唐君毅